教育臨床の実際［第2版］

学校で行う心と発達への
トータルサポート

武内珠美・渡辺 亘
佐藤晋治・溝口 剛 編

ナカニシヤ出版

まえがき

　今回，6年半前に出版した「教育臨床の実際」を改訂することとなった。「教育臨床の実際」は，編者を代表する私とその仲間たちが，大分大学と大分県でこれまでに行ってきた教員養成や教員への研修などを通して，臨床心理学や教育相談をどのように活かせば学校現場の児童生徒や先生方や保護者に役に立つのかという，試行錯誤の結果とこれからの方向性を示したものであった。今回は，中央教育審議会のいくつかの答申を受けて，文部科学省が学習指導要領を改正することになった等の時代的・社会的背景を受けて，改訂を行うこととした。先回は，「教育臨床の実際」とは言えない，「教育臨床の視座」とか「教育臨床ことはじめ」の段階であるとまえがきに書いたが，今回は，「教育臨床の第2ステージ」である。今回の改訂にあたり，自分たちが，大分大学や大分県でやってきていた教育臨床・学校教育相談の理念や姿形などが，ある意味この時代にふさわしいものであった，この時代が求めるものであったと自負する気持ちすら湧いている。地域の中で実践し，種をまき，育ててきたものが，「教育相談」だけでは終わらない，まさしく「チーム学校」であり，「地域包括的な，子ども・子育て支援としての学校教育相談・支援」であったからである。

　編者たちは，大分大学大学院教育学研究科において，臨床心理士養成の1種指定を受け，臨床心理士の養成にも取り組んできている。これまでにも大勢の臨床心理士を輩出し，スクールカウンセラーとして活躍している人たちも多い。臨床心理士の1種指定を受けるために，平成16（2004）年4月から心理教育相談室を開室し，地域の方々の相談をたくさん受けることとなり，地域貢献と人材育成，臨床心理学の実践と研究の拠点となっている。心理教育相談室での相談に関しても，幼児・小学生・中学生・高校生などの事例では，学校現場との連携を密に行い，実際に授業観察に出向いたり，学校での事例検討会・コンサルテーションなどの実績を積み上げてきている。当然，医療機関や福祉機関との連携が必要なケースは，ケースマネジメントの視点から，連携・協働も行う

など，地域密着型・クライエント中心型の臨床心理学的な包括的支援を提供しており，その過程の中で大学院生への実習を実施し，臨床心理士になった人たちへの研修も行う形となっている。

　また，編者たちは，学部と大学院での教員養成に携わり，現職教員の研修会や免許更新講習会，事例検討会の講師をするなど，学校現場の問題に常に触れる環境にいる。本書の中で触れるが，編者たちは，平成 19（2007）年から 21（2009）年まで，文部科学省から特別教育研究経費（教育改革）事業として予算をいただき，「教育臨床的対応力育成のための『教育臨床実習』プロジェクト－心と発達の問題に対応できる資質能力の確実な養成－」という事業を展開した。「教育臨床実習」は，平成 27（2015）年まで継続実施してきた。このとき，プログラム内容として練ってきたものが，本書の土台となっている。子どもたちの問題や困りの相談支援を，学校と家庭と地域，大学で連携しながら展開する形となっている。ここ 10 数年くらいは，発達障害と虐待・貧困の問題を抜きにしては，学校現場の子どもたちの問題を語れないと考えるようになった。編者たちは，情緒的・人格的問題を主として扱ってきた者と，認知的・発達的問題を主として扱ってきた者とで構成されている。これが，大分大学の強みであると考えている。認知的問題と情緒的問題は，裏表の関係にあり，切っても切れないものであり，両者がそろって心と発達のアセスメントと対応・支援に関わっていることが，大学教員とその実践の質を高め，大学院生や学部生，現職教員への教育・研修にプラスになっていると確信している。

　本書では，これまで大分県で一緒に幼児児童生徒の教育臨床・教育相談に関わってきた現職教員や教育委員会の先生方をはじめ，児童精神科医やスクールカウンセラーなど，臨床心理学的支援や教育相談活動を一緒に行い，「子どもと家庭への支援はどうあればよいのか」「教員になる学生たちや現職教員や，スクールカウンセラーにどのように教育・研修すればより役に立つのか」を一緒に考え，切磋琢磨してきた者が一堂に会し，本書の誕生を見ることとなった。

　子どもの問題や困り，学校が抱える問題は，多様化・複雑化・困難化し続けている。社会もめまぐるしく変化し続けている。それらの難しい問題に対して，私たちは，大分大学と大分県という実践現場において取り組み続けてきている。その成果と，私たちの成長と連携・協働の成果が一つの形として，前回，産み

落とされ，今回，さらなる脱皮をして，成長・発達し続けている姿を現すことになった。「教育臨床の実際」は，教員養成の学部のテキストとして使われると同時に，現職教員の研修会やスクールカウンセラーの研修会でも使われてきた。今後，さらに，多くの方々に本書が読まれ，多くの方からご意見や育ての手が入り，連携協力者が増え，多様な成長機会に恵まれることを願ってやまない。

　ナカニシヤ出版編集部の宍倉由高氏には，先回も，今回も，本書の企画と編集に関して，粘り強く励ましとご指導をいただきました。また編集部の山本あかね氏にも執筆や校正に関して辛抱強いお世話をいただきました。2冊の本が産まれるまでの助産師のようなご支援と先生のようなご指導に対して，ここに心からのお礼を記させていただきます。

編者代表　武内珠美

目　　次

まえがき　*i*

序　章　教育臨床とは何か ・・・・・・・・・・・・・・・・・・・・・・・・・1

　1　今日の学校現場に見られる児童生徒の教育臨床的問題　1
　2　今日の子どもが成長する環境の変化について　5
　3　教育臨床とは何か　11
　4　本書について　15

第1部　教育現場における教育臨床の現状

第1章　小学校における教育臨床の実際 ・・・・・・・・・・・・・・・・20

　1　小学校現場における今日的問題　20
　2　特別な配慮・支援を必要とする子どもへの教育相談　23
　3　効果的な指導・支援体制とは　25

第2章　中学校における教育臨床の実際 ・・・・・・・・・・・・・・・・29

　1　校内で求められる教育相談の役割　29
　2　保護者のグループカウンセリングについて　33

第3章　高校における教育臨床の実際 ・・・・・・・・・・・・・・・・・37

　1　高校の現状　37
　2　高校における教育相談　40

第4章　相談専門機関における教育臨床の実際 ・・・・・・・・・・・46

　1　はじめに　46
　2　教育相談機関　46
　3　教育支援センター――適応指導教室―　49

4　その他の相談専門機関　53
　　5　連　　携　53

第2部　教育臨床の実践的基礎

第1章　子どもの発達と問題，そして必要な関わり ・・・・・・・・・・・60
　　1　子どもの発達について学ぶ必要性　60
　　2　赤ちゃん時代　61
　　3　幼児前期　62
　　4　幼児後期　63
　　5　児童期　64
　　6　思春期・青年期　66

第2章　教育臨床の考え方・進め方・学び方
　　　　　　―カウンセリングからケースマネジメントまで― ・・・・・・・71
　　1　教育臨床の考え方　71
　　2　教育臨床の進め方―教育相談の進め方―　75
　　3　教育臨床の学び方　79

第3章　心理・情緒面のアセスメント ・・・・・・・・・・・・・・・・・・82
　　1　心理アセスメントとは　82
　　2　心理アセスメントの枠組み　82

第4章　心理・情緒の問題への援助 ・・・・・・・・・・・・・・・・・・・92
　　1　援助の基礎―「わかる」ということ―　92
　　2　対話による援助―カウンセリング的関わり―　93
　　3　遊びによる援助―プレイセラピー的関わり―　98
　　4　いくつかの誤解　101

第5章　発達・認知のアセスメント ・・・・・・・・・・・・・・・・・・103
　　1　はじめに　103
　　2　発達に関する支援ニーズ　103
　　3　適応行動　105
　　4　認知機能　108

目　次　vii

　　5　ま　と　め　113

第6章　行動・認知の問題への援助 ・・・・・・・・・・・・・・・・・・・・・・・・115

　　1　はじめに　115
　　2　行動分析の進め方　115
　　3　気になる行動へのアプローチ　118

第3部　教育臨床の諸問題

第1章　不登校 ・・・・・・・・・・・・・・・・・・・・・・・・・・・・・・・・・・・・・・128

　　1　はじめに　128
　　2　不登校の概要　128
　　3　不登校の理解　130
　　4　不登校に対する援助　133
　　5　おわりに　138

第2章　いじめ ・・・・・・・・・・・・・・・・・・・・・・・・・・・・・・・・・・・・・・140

　　1　はじめに　140
　　2　いじめの定義と実態　140
　　3　いじめ問題の理解　146
　　4　いじめ問題への対応　148

第3章　虐　　待 ・・・・・・・・・・・・・・・・・・・・・・・・・・・・・・・・・・・・151

　　1　虐待の概要　151
　　2　事　　例　156

第4章　発達障害 ・・・・・・・・・・・・・・・・・・・・・・・・・・・・・・・・・・・161

　　1　発達障害児の抱える諸問題　161
　　2　発達に偏りを示す子どもへの支援の実際―「不登校」への支援から見える発達障害―　165
　　3　おわりに―支援者として必要な視点―　172

第5章　自傷・自己破壊的行動 ・・・・・・・・・・・・・・・・・・・・・・・・・173

　　1　自傷行為とは何か　173

viii

　　2　自傷行為に対する援助の在り方　175
　　3　自傷行為の背景として考えられること　180
　　4　援助にあたって心がけたいこと　180
　　5　おわりに　181

第6章　子どもの精神医学と薬 ‥‥‥‥‥‥‥‥‥‥‥‥‥ 185
　　1　はじめに　185
　　2　子どもの総合的評価　186
　　3　子どもで見られる精神疾患　187
　　4　薬物療法　192

第7章　学校の危機管理・危機対応 ‥‥‥‥‥‥‥‥‥‥‥‥ 195
　　1　学校の危機管理・危機対応の必要性　195
　　2　学校コミュニティの危機の際の反応　196
　　3　危機介入・緊急支援と危機対応　198

第8章　学習と進路 ‥‥‥‥‥‥‥‥‥‥‥‥‥‥‥‥‥‥‥ 206
　　1　学習の問題への援助―PASS モデルに基づく支援戦略の基本―　206
　　2　進路に関する問題―SST と合理的配慮―　211

第9章　保護者への対応 ‥‥‥‥‥‥‥‥‥‥‥‥‥‥‥‥‥ 219
　　1　はじめに　219
　　2　保護者対応の基本―協力者となってもらうために―　220
　　3　協力者になりにくい場合　224
　　4　おわりに　228

あとがき　229

索　引　233

■コラム

　1　ひきこもり　　55
　2　性の問題　124
　3　摂食障害　183
　4　心 身 症　204

序　章

教育臨床とは何か

1　今日の学校現場に見られる児童生徒の教育臨床的問題

　今日の日本の学校現場では，社会が大きく変化し続ける中で，幼児児童生徒の問題が，さまざまに表れており，多様化，複雑化，重複化，困難化しているといわれている。まず，「学力低下」が取りざたされるようになり，これまでのゆとり教育から一転して，「生きる力」を育むために学習内容も大幅に増えることになり，教育基本法が改正され，平成 23（2011）年度から新学習指導要領の下で教育活動が展開されてきた。

　しかしながら，中央教育審議会が平成 27（2015）年 12 月 21 日にとりまとめた「新しい時代の教育や地方創生の実現に向けた学校と地域の連携・協働の在り方と今後の推進方策について（答申）」，「チームとしての学校の在り方と今後の改善方策について（答申）」，「これからの学校教育を担う教員の資質能力の向上について～学び合い，高め合う教員育成コミュニティの構築に向けて～（答申）」という 3 つの答申を受けて，文部科学省は平成 28（2016）年 1 月 25 日に「「次世代の学校・地域」創生プラン～学校と地域の一体改革による地域創生～」を策定した。さらに，中央教育審議会が平成 28（2016）年 12 月 21 日に「幼稚園，小学校，中学校，高等学校及び特別支援学校の学習指導要領等の改善及び必要な方策等について（答申）」をとりまとめたことを受けて，文部科学省は平成 29（2017）年 3 月 31 日に「学校教育法施行規則の一部を改正する省令の制定並びに幼稚園教育要領の全部を改正する告示，小学校学習指導要領の全部を改正する告示及び中学校学習指導要領の全部を改正する告示等の公示について（通知）」を出した。2030 年を見据えて，これからの時代が求める資質・能力を，学校教育を通していかに育成するかという視点から，平成 30（2018）

年から順次，新しい学習指導要領等が改訂され，教育活動が展開されることとなった。今回の改訂に関しては，「よくわかる小学校中学校新学習指導要領全文と要点解説」（奈須，2017）を参照されたい。

　前回の学習指導要領改訂の前には，「学力低下」の要因の一つには，小学校低学年でつけるべき「学習習慣の形成がなされていないこと」が考えられた。これは，家庭の養育機能や教育力の低下を反映していると考えられる。平成19（2007）年の国民生活基礎調査によって，日本では，相対的貧困率[1]は15.7％であり，子どもの貧困率が14.2％となり，7人に1人の子どもが「貧困」家庭に生まれ育つということが明らかにされた（厚生労働省，2007）。豊かになったかにみえる日本社会の影が子どもの生活や成長発達に大きなマイナスの影響を与えていることが，衝撃と同時に納得の感をもって捉えられた。その後，厚生労働省が公表した（2016）平成27（2015）年時点の「子どもの貧困率」は，13.9％で，12年ぶりに改善したが，「ひとり親世帯の貧困率」は50.8％と5割を超えている。貧困家庭では，子どもは虐待的環境というべき環境で育ち，家庭内しつけもできないまま，学校という集団生活に入ってくる場合もある。経済的貧困は，子どもの食生活をも脅かし，「子ども食堂」が地域の中で大事な居場所ともなるようになっている。経済的貧困は，「学習の貧困」にもつながる問題である。学習習慣が身につかない子どもたちが増えると同時に，「一斉授業の形態になじめない子どもが増加」し，「個別的対応」や「特別支援教育」の必要性が高まってきている。「発達障害」の問題も大きくなっており，平成19（2007）年4月からは「特別支援教育の推進」が始まっている。さらには，「障害者差別解消法」によって「合理的配慮」の提供が，平成28（2016）年4月から義務づけられるようになった。

　このように，教育臨床的問題や教育相談に関わる問題としては，従来から教育現場で問題とされていた「いじめ」「不登校」「別室登校」「高等学校中途退学」「暴力行為」「非行問題」「薬物乱用や不特定多数との性関係，リストカット，摂食障害などの自己破壊的行動」「犯罪被害」「神経症的問題」にプラスし

1　OECDによる定義では，等価可処分所得（世帯の可処分所得を世帯員数の平方根で割った値）が，全国民の等価可処分所得の中央値の半分に満たない国民の割合のこと。

て，「虐待問題」「子どもの貧困」「発達障害」「インターネットに関する問題，道徳的問題，ネットいじめ」「自殺（平成 20（2008）年度の小中高校生の自殺は，約 300 名）」「メンタルヘルス」などが，今日的な問題として学校現場では問題となってきている（文部科学省国立教育政策研究所，2009）。

　中央教育審議会「幼稚園，小学校，中学校，高等学校及び特別支援学校の学習指導要領等の改善及び必要な方策等について（答申）」（平成 28（2016）年 12月 21 日）では，「子供たちの現状と課題」について，以下の点を指摘している。

①子供たちの学力については，学力調査の結果によれば近年改善傾向にあるが，一方で，判断の根拠や理由を明確に示しながら自分の考えを述べることなどについては課題が指摘されている。学ぶことと自分の人生や社会とのつながりを実感しながら，自らの能力を引き出し，学習したことを生活や社会の中の課題解決に生かしていくという面には課題がある。

　　また，情報化の進展に伴い，子供を取り巻く情報環境が変化する中で，視覚的な情報と言葉との結びつきが希薄になり，知覚した情報の意味を吟味したり，文章の構成や内容を的確に捉えたりしながら読み解くことが少なくなっていること，教科書の文章を読み解けていないとの調査結果があることなど，読解力に関する課題等も指摘されている。

②豊かな心や人間性を育んでいく観点からは，子供たちが様々な体験活動を通じて，生命の有限性や自然の大切さ，自分の価値を認識しつつ他者と協働することの重要性などを，実感し理解できるようにする機会や，文化芸術を体験して感性を高めたりする機会が限られているとの指摘もある。

　　多様な人々と互いを尊重し合いながら協働し，社会を形作っていくうえで共通に求められるルールやマナーを学び，規範意識などを育むとともに，人としてよりよく生きる上で大切なものとは何か，自分はどのように生きるべきなのかなどについて考えを深め，自らの生き方を育んでいくことなどの重要さが指摘されている。

③体力については，運動する子供とそうでない子供の二極化傾向や，スポーツを「する」のみならず，「みる，支える，知る」といった多様な視点から関わりを考えることが課題となっている。

　　子供の健康に関しては，性や薬物等に関する情報の入手が容易になるな

ど，子供たちを取り巻く環境が大きく変化している。また，食を取り巻く社会環境や，子供を取り巻く安全に関する環境も変化しており，必要な情報を自ら収集し，適切に意思決定や行動選択を行うことができる力を子供たち一人一人に育むことが課題となっている。

さらに，「子供たち一人一人の成長を支え可能性を伸ばす視点の重要性」として，家庭の経済的な背景や，障害の状況や発達の段階，学習や生活の基盤となる日本語の能力，一人一人のキャリア形成など，子供の発達や学習を取り巻く個別の教育的ニーズを把握し，そうした課題を乗り越え，一人一人の可能性を伸ばしていくことも課題となっている。

子どもの「身体や体力の問題」については，学校現場からは，幼児期から外遊びをしない子どもが増えており，「暑い」「寒い」と言っては部屋遊びに戻ってくる子どもが多くなっているという指摘がある。また，小学校や中学校へ行くと，授業中に姿勢を保って座っていられない子どもも多くみられ，座位姿勢を保てない子どもや立位姿勢の保持にも困難を抱えている子どもが増えている。

さらには，「情報処理の問題」として，テレビやゲーム，ケータイといった強い光刺激が目から入らなければ，脳が活性化しにくく，先生の話という聴覚情報だけでは，注意が保てず眠ってしまう子どもも学校現場ではみかける。情報処理に関しては，視覚的情報処理と聴覚的情報処理を，私たちは行っているが，テレビのニュースやお笑い番組でさえも，テロップが画面下部に流れる時代であり，視覚的に情報処理をする方略に慣れてきてしまっている。

これらの教育臨床的問題を再度眺めてみると，児童生徒の問題は，大きく二極化してきているといえる。一方には，格差社会を反映して，親や家庭の守りが弱い子どもたちがおり，その領域に特有の問題が発生してきている。それは，言い換えれば，安全で安心な子どもらしい生活が保障されない子どもたちであり，虐待的環境で育つ子どもたちの問題である。小さいときには，愛着障害を示し，幼児期以降や児童期になると，虐待を背景としてもつ ADHD 様症状や ASD 的な問題などを呈したり，虐待による解離症状を表すこともある。さらには，思春期以降になると，無気力な不登校や退学傾向の不登校，非行問題，衝動コントロールの問題（リストカット，アームカット，薬物の使用，不特定多数との性的関係，ネット依存，摂食障害・過食嘔吐，自殺念慮など）を呈する

ようにもなる。

また一方，親・家庭の守りはあるが，教育熱心であるがゆえに，子どもへの過剰支配や過剰コントロール，過剰期待によって，子ども自身としては，自分がわかりにくく，がまんして外向きにはよい子としてふるまっていくうちに，つぶれていく子どもたちの問題がある。さらに，満たされすぎていて，悩まず・葛藤せず，消費生活だけになる子どもや，丁寧で管理的な養育を受けているために反抗もできず身体表現性障害（身体に出す問題）として表す子ども，よい子が突然切れる問題，うつや双極性気分障害，新型うつの問題，傷つきやすい自己愛と回避性の問題，思春期以降に理想的自己イメージをもてず，つくっていきにくい自分のまま生きていく問題や，フリーターやひきこもりがあげられる。

そのほかには，発達障害や，発達障害的な要素や傾向をもつ子どもたちの増加の問題があげられる。このような子どもたちは，発達障害という一次障害だけではなく，きちんと理解され対応されなければ，不登校やいじめ・いじめられ，非行，うつ，自信のなさ，意欲の低下などの二次障害をもって，教育相談や心理臨床の対象者となることがある。

上述したような問題は，子ども個人がもつ問題であると同時に，今日の児童生徒が全体的にもつようになってきている問題であり，社会や家庭や学校といった環境変化の影響を受けており，そのような理解に立ったうえでの教育活動や教育臨床実践が望まれる。

▌2　今日の子どもが成長する環境の変化について

先の中央教育審議会答申（2008）では，上述してきたような学校教育における子どもたちの豊かな心や健やかな体の育成をめぐる問題状況を招来した原因として，「社会の大きな変化の中で家庭や地域の教育力が低下したことを踏まえた対応が十分でなかった」ことにあるとしている。今回の中央教育審議会答申（2016）では，その点にかなり踏み込んだ大掛かりな議論が積み重ねられてきた成果がまとめられている。

そこで，今日の児童生徒が成長する環境について，社会全体，地域，学校，家

庭という視点から眺めてみたい。

■ 1) 社　会

　日本社会は，経済的には，戦後から続いた「重厚長大」の右肩上がりの時代や，バブル期の「一億総中流意識」の時代を過ぎて，「軽薄短小」の時代を迎え，第4次産業革命といわれるような進化した人工知能が社会や生活を大きく変えていく社会になっている。中央教育審議会答申（2016）では，「予測困難な時代に，一人一人が未来の創り手となる」として，「情報化やグローバル化といった，社会変化が，人間の予測を超えて加速度的に進展するようになっている。このような時代だからこそ，子供たちは，変化を前向きに受け止め，社会や人生を，人間ならではの感性を働かせてより豊かなものにしていくことが期待される」としている。

　日本社会全体は，経済至上主義であり，グローバルな世界の経済状況を受けやすい状態になっている。経済効率優先であり，コスト重視で，企業優先の個人切捨ての消費中心主義で，楽で便利で快適であることを追求する社会となってきている。その中で，第一次産業に携わる人口は激減し，第三次産業に従事する人口が増えるという，生産国・経済国としては衰退状況が続いている。生産拠点は低コストの国に移動し，労働者のうちの4割が非正規雇用であり，派遣社員やパート・バイトとしての雇用が常態化し，働いてもワーキングプアで，結婚して子どもを産み育てることも難しいような状態にある。あと20年もすると，人工知能の活躍で，人の仕事の4～5割がなくなる社会になるとも予測されてもいる。

　また，超高齢少子化社会となり，「高齢者への社会保障」の充実とともに，「子ども・子育て支援」の充実が一層必要となっている。女性一人が一生に産む子どもの数も増えず，国レベルでの人口減少が始まっている。その過程で，生産年齢人口は減少し，「一億総活躍世界」を唱えなければならない時代となっている。人口の都市部への一極集中が問題となっており，「地方創生」が重要課題となっている。地震や噴火，豪雨などの自然災害も増えており，国際社会の関係に関しても危機感や緊張感が高まっている。平成10（1998）年以来自殺者は年間3万人を前後しており，小中高生の自殺者も年間300人前後で推移している。

社会全体としては，不安定で不確実，不透明であり，子どもが将来に夢や希望を抱きにくい社会になっているといってもよいであろう。

また，社会全体は，情報化が進んだスピード社会であり，ビジュアル社会・デジタル社会となっている。加えて，情報機器の氾濫によって，子どもも大人も匿名性に慣れ，透明になれてしまう社会となっている。子どもは，幼児期から，テレビやまんが，アニメ，インターネット，ゲーム，ケータイなどの大量な情報と情報機器の中で成長し，情報倫理を学ばないまま技術だけを使いこなしてしまう。

さらには，格差社会である。平成 19（2007）年の「子どもの貧困」は 14.2％であり，1980 年代後半から子どもの貧困率が一貫して上がってきている世界で唯一の国である（阿部，2008）。家庭の経済的な格差が，子どもの養育や教育にも直接的に影響を与えており，学力格差と家庭環境の関係という負の連鎖が続く社会になっている。今日の日本社会では，経済的貧しさは，家庭の社会からの孤立を引き起こし，子どものクラスでの居心地を悪くさせ，子どもの環境を一層貧しくしている。

ほかには，現代日本社会は，不確実で不透明で，ストレスが高い社会であることから，利那性や享楽性が高まっているともいえる。大人の性行動の問題や性犯罪に子どもが巻き込まれたり，大人の幼児性に子どもが翻弄されたり，非行文化の大衆化が起こっている。国レベルの生産性が低下したり，人手不足が深刻化したり，国内の消費が低迷する中，外国人観光客を引き寄せ観光立国となる政策や海外から労働者を集めようとする政策も進められている。そのことが日本社会と子どもたちに与える影響についてもしっかりと考えなければならない社会となっている。また，価値観は多様なものになっており，何が良くて何が正しいのかさえも価値判断が難しい社会となっている。

■ 2）地　域

地域の中でのつながり・支え合いは，弱体化しており，地域共同体的な養育機能が低下してきている。一部に「見守り隊」などはあるが，子どもを地域で見守り，育んでいく機能は低下の一方である。大人の個人中心主義も影響して，人の家庭のことや他人のことには口出しをしないという風潮になってきている。

一部地域を除いては，血縁という概念も弱くなっており，核家族化したり，離婚して核分裂家族になった家庭の中だけで子どもが育つ状況が多くなってきている。グローバルな社会になったことと関係して，帰国子女も増えており，一方では外国籍の子どもや家族も増えている。また，無戸籍の子どもの問題や，居所不明となっている子どもの問題もある。子どもは昔であればたくさんの社会的親に育てられていたが，限定的な親に育てられることとなり，その親の養育能力が子どもの幸・不幸や成長を直接的に左右するようになっている。家庭の養育力が低下した地域の中で，「子ども食堂」のような取り組みも現れてきている。また，地域における医療・保健や福祉の専門機関には，地域格差が大きく，保育園やこども園・学童保育などの子育て支援の場も不十分である。子育て支援の政策もまだ十分であるとはいえず，地域格差も大きい。地域の中の社会的資源である人材にも，地域によってばらつきや格差がある。反対に，教育産業は活性化しているが，その恩恵を受けられるかどうかは，親の経済力によるなど格差が拡大する傾向にある。

さらに，地域による差もあるが，自然が少なくなり，小さいころに子どもが安心して自然の中で遊んだり，外遊びをしたり，遠くを見たり，さまざまな体験を通して知恵をつけたり，感動・発見することや協力することを学ぶ機会も少なくなっている。思春期になると，これまた，近所に仲間同士で群れるような場所も少なくなっている。自然の問題だけではなく，地域の中でのつながりの弱体化や省力化によって，地域伝来の伝統文化に触れる文化的体験の機会も少なくなっている。子どもが遊んだり，さまざまな体験をしたり，人とさまざまに関わるための空間と時間と人間がないという問題が，一層深まっている。

そのような中で，文部科学省は，平成28（2016）年1月に策定した「「次世代の学校・地域」創生プラン」において，「地域にかかる観点からは，次代の郷土をつくる人材の育成，学校を核としたまちづくり，地域で家庭を支援し子育てできる環境づくり，学び合いを通じた社会的包摂という方向を目指して取り組みを進める」とし，「地域学校協働活動の推進」を進めようとしている。

■ 3）学　　校

家庭や地域の養育能力の低下によるしわ寄せが，学校にきている状態である

といえる。子どもが健全に成長するためには，医療保健と福祉，教育の三つが
きちんと機能する必要がある。しかも，家庭と学校と地域で，その三つの機能
が確実に機能してはじめて，子どもの健全な成長発達が保障される。しかしな
がら，現在の日本社会では，家庭の中での医療保健，福祉，教育といった機能
が十分でない家庭も多く，また，地域の中の医療保健，福祉，教育といった機
能にも格差がある。そのために，その機能が子どもが多くの時間を過ごしてい
る学校に求められる状態になっている。学校は，本来，教育機能を中心的に担
うべきところであるが，子どもに不足している医療保健や福祉，家庭教育で行
うべきしつけまで肩代わりしなければならない，子育て支援の最前線となって
いる。平成26（2014）年8月の「子供の貧困対策に関する大綱」（閣議決定）
では，学校を子供の貧困対策のプラットフォームと位置づけて，総合的に対策
を推進することとされており，学校は福祉関連機関との連携の窓口となること
が決定された。

　一方，教員は，果てのない長時間労働のなか，事務的な仕事の増加や，手のか
かる児童生徒と保護者の増加で，メンタルヘルスにも問題をきたしたり，バー
ンアウトしがちである。学校がもっていたこれまでのシステムでは，多様化し
変化してきた教育活動内容や，児童生徒や保護者の問題に対応できなくなって
きている。

　そのような点についても，中央教育審議会の答申（2015）をうけて，文部科
学省（2016, 2017）は，教員が子どもと向き合う時間を確保し，授業改善がで
きるようにするために，教員の業務の見直しや，部活動の運営の適正化などに
よる業務の適正化を図ることや，事務体制の強化，教員以外の専門スタッフと
連携・分担する「チーム学校」を進めること等によって，学校のマネジメント
機能を強化し改善しようとしている。さらには，教員養成改革や採用・研修の
一体改革も進めようとしている。

■ 4）家　　庭

　今日の日本の家庭では，養育力が低下してきている。保護者自身が精神的に
まだ幼稚であったり，個人生活優先であったり，自分のことや働くことで精一
杯であったりして，子どもを守り・育み，しつけ，教え，自立させていくとい

う家庭での養育機能を果たせないことが多い。家族同士の関わりの希薄さもあり，ひとり親家庭も増えている。

　家庭では，歴史的にみてもかつてないほど，母親のみに子育ての機能が集中し，子育ての負担がのしかかっている。今日の保護者たちは，優しさ優先になると同時に，子どもに嫌われたくない思いと時間とエネルギーの節約から，子どもへのしつけを怠りやすい。

　家庭の養育力には，格差が大であり，適切な家庭養育が行われている家庭がある一方で，過保護・過干渉・過剰期待の家庭もあれば，他方では，子どもへの暴力やネグレクト，性的虐待や，夫婦間暴力の中で子どもが育つような家庭もある。「居所不明の子ども」「無戸籍の子ども」の問題すらある。経済格差も大きく，リストラにあった保護者や，低賃金労働の保護者がいたりする。現在では離婚によるひとり親家庭も多く，祖父母が実質的に育てている場合や，一見したところでは核家族のようにみえるが，実は再婚家庭であったり，複雑な家族背景をもっていることも多い。また，保護者の身体的な病気やメンタルな病気，人格障害の問題，社会や世間への不信感・被害感の強さや生活苦など，子どもが育つ環境としては難しい状況もある。さらには，自分なりに教育方針や人生観はもっているが偏っている保護者や，親としての機能以前に，人として傷ついたり，精神的に問題をもっていたり，発達障害的な問題をもっている保護者もいることを心にとめておきたい。グローバル化した社会であることから，日本語を十分に話せない，社会的に孤立した保護者もいることを理解しておきたい。

　以上，述べてきたように，現代の環境は，子どもが健全に成長発達しにくい要素が多く，歪んで育ってしまってもおかしくない状況にある。子どもにとっての成長発達への栄養になる環境を真剣に考え，整えるべく努力をすると同時に，子どもの成長にとっての害毒を防ぐ努力が求められる。また，学校に集中してきている機能を，家庭や地域に役割分担してもらうと同時に，学校・家庭・地域がどのように連携・協力していくかが，地域に応じて具体性をもって考えられ，実効性をもって展開される必要がある。

3 教育臨床とは何か

　以上，概説してきたように，現在日本社会における幼児児童生徒の問題は，変化している社会・文化的背景により，多様化・複雑化・重複化・困難化してきている。これまでに，このような幼児児童生徒が呈する問題に，誰がどのように取り組んできたのかについて概説するとともに，本書で言う「教育臨床」とは何かについて述べたい。

1）児童生徒の問題への取り組みの歴史

　児童生徒の不登校やいじめ問題などには，初期の時代，担任教員と教育相談担当者が中心になって行ってきていた。1970 年頃から，不登校の増加傾向，自殺，校内暴力，非行，いじめなどが多発してきた。1980 年頃から，公立小中高校教師を対象にして，教育研究所や教育センターでのカウンセリング研修が始まった。また，カウンセリングマインドを身につけるための初級研修が実施され始めた。この時期には，カウンセリングや教育相談に関心のある一部の教員の力量を上げようとしてきていたといえる。

　しかしながら，児童生徒の問題は減らなかったために，昭和 63（1988）年からは，教員養成課程への「生徒指導」2 単位必修化が導入され，教員全員に生徒指導の学習が義務づけられた。さらには，いじめによる自殺問題などの対応と開かれた学校づくりの観点から，平成 7（1995）年 4 月から「スクールカウンセラー活用調査研究委託事業」が始まり，各都道府県の学校の一部にスクールカウンセラーが配置されるようになった。外部から専門家を送り込むことによって，底上げしてきた教員を支えようということであった。このころには，虐待問題や発達障害，学級崩壊の問題も増えており，またモンスターペアレントといわれる難しい保護者への対応に苦慮するなど，学校現場は困難な時代であった。そのような現実を踏まえて，教員養成課程への「教育相談・学校カウンセリング」に関する科目の 2 単位必修化が，平成 12（2000）年から始められた。

　文部科学省は，教員養成の段階からの生徒指導・教育相談に関する教師の実践力づくりと同時に，外部の専門家を学校へ派遣することによる生徒指導・教育相談体制の強化を図ろうとしてきたのである。平成 17（2005）年からは，4

クラス以上の中学校全部に，スクールカウンセラーを配置し，「スクールカウンセラー派遣補助事業」として，国と地方自治体が取り組むべき事業として，スクールカウンセラーの派遣が位置づけられた。中学校だけではなく，高校・小学校への配置，幼稚園への保育カウンセラーの配置などが進められているところである。他にも，スクールソーシャルワーカーの導入や，平成19（2007）年からの「特別支援教育」の学校教育法への位置づけなどが行われている。

　その後，障害者差別撤廃の動きから，平成28（2016）年4月から「合理的配慮」が義務づけられた。また，社会の加速度的な変化や，子どもの問題の複雑化・困難化などを受けて，中央教育審議会は平成27（2015）年12月に「チーム学校」を提唱し，文部科学省も平成28（2016）年1月に，「「次世代の学校・地域」創生プラン〜学校と地域の一体改革による地域創生〜」を策定し，学校の中でのチーム化と，地域と学校でのチーム化によって，学校が抱える様々な課題や問題，子どもが抱えている問題などに対応していくという方向を打ち出した。

　従来から，教育相談は，生徒指導の一部であると位置づけられ，生徒指導は，教科教育と並んで教育活動の一つの柱であり，生徒指導と教科教育は車の両輪であると考えられてきた。しかしながら，実際には，生徒指導や教育相談は軽く扱われ，まだ大きなみぞや隔たりがある感は否めない。また，「教育相談」という言葉には，カウンセリングというイメージが大きく，オフィスモデルに基づいた一対一の面接やガイダンス・相談というイメージを払拭できない。当然のことながら，教育相談や学校カウンセリングの初期の研修は，カウンセリングマインドの研修やカウンセリングの技術の研修や，ロールプレイや応答訓練を中心として組み立てられていた。実際に，スクールカウンセラーの事業が展開するようになってから，臨床心理学の機能・役割の中に，「地域（コミュニティ）支援」という機能が，アセスメント，支援（援助），研究にプラスして4番目の機能として加わるようになった。カウンセリングや相談のスタイルも，オフィスモデルからコミュニティモデルへと，学校現場では変更されるようになった。その過程で，河合の「臨床教育学」（1995）という概念や，石隈の「学校心理学」（1999），伊藤・相馬の「学校臨床心理学」（2010）などの概念や用語，領域が考え出され用いられるようになった。学校で行われている「教育相

談」は，子どもの問題をなくしたり解決することだけにとどまらず，「相談」だけにとどまらない。子どもの問題や困りから始まる「相談・支援」の連続であり，子どもに対する包括的な発達支援である。その考え方から，武内らの「教育臨床学」（2011）が誕生した。

■ 2) 大分大学での取り組み

　大分大学教育学部では，「教育相談や学校カウンセリング」に関する科目が必修化される前に，教職展開科目として平成 9（1997）年度から「教育臨床学」を学部 3 年生に開講してきた。そして，平成 11（1999）年の教育福祉科学部への改組に際して，「教育臨床学」を学校教育課程の必修科目として位置づけた。それは，学校現場で発生している児童生徒の問題や子どもたちが巻き込まれる事件，保護者との対応など，学校現場が抱えている課題に対して，実践力として大変重要であると考えたからであった。その後，「教育相談」の科目が必修化されてからも，「教育臨床学」という講義名は変えずに展開してきていた。平成 28 年度に，教育学部という教員養成に特化した学部に改組されてからは，文部科学省の指導により科目名は「教育相談」となった。

　大分大学教育福祉科学部では，平成 19（2007）年から 21（2009）年まで，文部科学省から特別教育研究経費（教育改革）事業として予算が付され，「教育臨床的対応力育成のための『教育臨床実習』プロジェクト—心と発達の問題に対応できる資質能力の確実な養成—」という事業を展開し，平成 22（2010）年 3 月に統括報告書を提出した。予算獲得の際には文部科学省から，これからの教員が身につけるべき資質能力と方策として，教育臨床実習は高く評価された。学部 4 年生への「教育臨床実習」は，学部が改組される平成 27 年度まで継続した。また，大学へ内地研修に来ている現職教員にも「教育臨床実習」に参加要請しリカレント教育とした。「教育臨床実習」では，前半には，理論を学校現場における事例中心に学び，後半では，公立小中学校へ行って，個別支援の必要な子どもの目線から，個別指導と集団指導を，生活面と学習面から実習した。

　従来から，教員養成においては「教育実習」は必修単位で重視されているが，児童生徒の問題や学校現場が抱える問題がこれほど多様化・複雑化してきており，教師に求められる能力や資質が多くなっているにもかかわらず，「教育実

習」は「授業づくり」で精一杯の状態であり，旧態依然としてそれで終わっている。教員養成のあり方を考えたときにも，また，生徒指導や教育相談を養成段階で学習していない教員への研修としても，ぜひ，「教育臨床学」や「教育臨床実習」を，教員養成のカリキュラムや教員研修にきちんと位置づけたいという思いでここまでやってきた。

■ 3）教育臨床とは

「教育臨床」とは，一人一人の児童生徒の心と発達を大切にするという姿勢にゆるぎなく立ち，一人一人の児童生徒が呈する問題行動や不適応状態・症状あるいは抱えている困りやそれらのサインを読み取り，理解・アセスメントすることによって，本人またはその保護者などに，その望ましい対応・支援（援助）について助言指導するとともに，本人の「人格の完成」と「社会の形成者の育成」という視点から支援を総合的にトータルサポートすることによって具体化するものである。本人が呈している問題の理解・アセスメントをつくる際には，本人の過去・現在・未来という時間軸を見据え，また本人の周りの保護者・クラス・先生・学校・地域の状態といった環境（空間軸）を見定めたうえで，本人の心の理解や，認知面情緒面など心と発達の多方面からの理解をなすように心がける。また，対応・支援を具体化する際には，一対一のカウンセリング的対応を基礎としながらも，ケースマネジメントの視点から，学校内外の必要な連携・協力の下に実施していく。具体的には，一対一の本人や保護者へのガイダンスや相談・カウンセリングを丁寧に行い，必要に応じて，教員・管理職へのコンサルテーション，学校でのケース・ミーティングやケース・カンファレンス（事例検討会），保護者との連携，学級経営，授業づくり，個別指導の仕方，人的配置，学年経営，学校経営，特別支援教育との連携，通常学級と特別支援学級の連携，就学相談，進路指導（キャリア教育），生徒指導との連携，医療保健機関・療育機関・福祉機関・警察との連携，地域の人的資源（民政委員，児童委員など）との連携と協働など包括的にマネジメントされることによって，その心と発達のトータルサポートの実践を進めていくことが求められる。そして，さらには，そのような事例実践を行うことによって，個人情報保護という職業倫理を学び，校内外の教育・援助システムを強化・構築し，地

域における教育力や，子育て・子育ち力を底上げしていく。

つまり，新たに出てきた「チーム学校」や「学校と地域が相互にかかわり合い，学校を核として地域社会が活性化していくことが必要不可欠である」という考えや実践を，先取りするものであった。

▌4　本書について

「教育臨床」という教員養成や教員研修の新しいジャンルは，「学校」だけにとどまらない，家庭や地域や社会の教育力の再生・復興・統合化をもめざし，教科教育とは離れたところにあると思われがちな「生徒指導」や「教育相談」を通して，それらが児童生徒への教育に果たす役割と意味を探し，教科教育や道徳教育や学級経営・学校経営などといった教育の中に位置づけていこうという試みから始まっている。

本書は，これまでに大分大学と大分県という地方で取り組んできた「教育臨床とは何か」という成果を，まだ道半ばではあるが紹介し，今後のさらなる発展へ向けて進んでいけるように編集されている。

まず，序論では，これまで述べてきたように，「教育臨床」とは何か，その必要性や今日的意義について論じている。

第1部では，教育現場の第一線で活躍しておられる立場の先生方に，小学校，中学校，高等学校という校種における教育臨床的な問題と取り組みの実態や課題について，具体的に述べていただき，さらには，学校と専門機関の連携と協働のあり方について述べていただく。

第2部では，教育臨床の実践に際して，基礎的な視点や理論・技法について概説する。発達的な見方と，カウンセリングからケースマネジメントまでの視点，そしてアセスメントから支援（援助）へと，教育臨床の視座となる基礎知識と技，こころについて述べる。

第3部では，教育臨床の問題のうち，特に今日的に重要であると思われる問題やテーマについて，具体例を交えながら論じている。

本書は，教員を志望する大学生や大学院生，現職の教員・養護教諭（幼稚園，小学校，中学校，高等学校，特別支援学校）を対象として書かれている。さら

には，スクールカウンセラーやスクールソーシャルワーカー，臨床心理士や臨床心理士をめざす大学院生，一般の方にも読んでもらえるとありがたい。本書の執筆者は，第1部は，学校現場や教育行政といった第一線で活躍しておられる方々であり，第2部と第3部は，教育臨床実践に学校現場や大学の相談室で取り組んでいる臨床心理士たちと，児童精神科医である。

「教育臨床の実際」と銘打っているが，まだ道半ばであり，教科教育や教育課程，生徒指導，特別支援教育，学級経営，学校経営，社会教育などを専門とする大学教員たちと意見交換し，実践において互いの知を協働させていくことができるようになれば，さらに教員養成や教員研修，地域の教育力アップに貢献できるのではないかと期待している。さらには，この本を読んでくださった現場の教職員や管理職からもたくさんの示唆を得て，教育はどうあればよいのか，私たち大人はどうすれば子どもの健全育成にもっと貢献できるのか，そして，「教育臨床」というジャンルは，どのように教育貢献をすることができるのか，そして社会貢献することができるのかについて深めていくことができれば幸せである。

引用文献

阿部　彩　2008　子どもの貧困―日本の不公平を考える―　岩波書店
石隈利紀　1999　学校心理学　誠信書房
伊藤美奈子・相馬誠一　2010　グラフィック学校臨床心理学　サイエンス社
河合隼雄　1995　子どもと教育―臨床教育学入門―　岩波書店
厚生労働省　2007　国民生活基礎調査　http://www.mhlw.go.jp/
厚生労働省　2016　国民生活基礎調査　http://www.mhlw.go.jp/
文部科学省　2008　中央教育審議会　幼稚園，小学校，中学校，高等学校及び特別支援学校の学習指導要領の改善について（答申）
文部科学省　2015　中央教育審議会　新しい時代の教育や地方創生の実現に向けた学校と地域の連携・協働の在り方と今後の推進方策について（答申）
文部科学省　2015　中央教育審議会　チームとしての学校の在り方と今後の改善方策について（答申）
文部科学省　2015　中央教育審議会　これからの学校教育を担う教員の資質能力の向上について～学び合い，高め合う教員育成コミュニティの構築に向けて～（答申）
文部科学省　2016　文部科学大臣決定　「次世代の学校・地域」創生プラン～学校と地域の一体改革による地域創生～
文部科学省　2016　中央教育審議会　幼稚園，小学校，中学校，高等学校及び特別支援学校の学習指導要領等の改善及び必要な方策等について（答申）
文部科学省　2017　学校教育法施行規則の一部を改正する省令の制定並びに幼稚園教育要領の全部を改正する告示，小学校学習指導要領の全部を改正する告示及び中学校学習指導要領の全部を改正する告示等の公示について（通知）
文部科学省国立教育政策研究所生徒指導研究センター　2009　生徒指導資料第1集（改訂版）　生徒指導上の諸問題の推移とこれからの生徒指導―データに見る生徒指導の課題と展望―　ぎょうせい

奈須正裕（編）　2017　よくわかる小学校中学校新学習指導要領全文と要点解説　教育開発研究所
内閣府　2014　子供の貧困対策に関する大綱（閣議決定）
内閣府　2016　障害者差別解消法
大分大学教育福祉科学部　2010　特別教育研究経費（教育改革）事業〈平成 19 年度〜平成 21 年度〉教育臨
　　床的対応力育成のための「教育臨床実習」プロジェクト―心と発達の問題に対応できる資質能力の確実
　　な養成―　統括報告書

（武内珠美）

第1部

教育現場における
教育臨床の現状

小学校における教育臨床の実際

1 小学校現場における今日的問題

1）めまぐるしく変化する学校環境

　平成29年（2017）3月公示の新学習指導要領では，グローバル化や情報通信技術進展など今後の社会の変化を見据えての必要な「資質・能力の向上」，「小学校外国語の教科化」，自分で考え自分たちで学び合うことで学びの質を高めようとする「アクティブ・ラーニング」などが織り込まれ，授業改善や横断的な教育内容の組織的設定としてカリキュラム・マネジメントの考えが示されている。数年前から実施されている県・市レベルの学力テストの実施など，対外的な学力評価の開示もあり，教える内容の多様化と量の増加に学校現場は悲鳴をあげている。学校現場の多忙化がますます進み，精神的に疲弊する教員が増えていくことが予想される。また，学校選択制，小中一貫教育，学校評議員制度，教員の評価システム，学校の統廃合など学校を取り巻く環境はここ数年でめまぐるしく変化している。

　顕著なのは，いわゆる「教育の二極化」に伴う低学力，虐待，非行などの問題と発達障害の子どもの増加，そこから派生する問題である。いじめ，不登校という状況の中に家庭環境や子ども自身の発達の問題も絡んでいることが多く，「原因－結果」という単純な図式では状況を捉えきれず，解決に向けた現実的な対応が考えられないという厳しさを抱えている。

2）「グレーゾーン」の子どもの増加とそこから派生する問題

　最近の教育相談で多いのは，勉強についていけない，整理整頓が苦手，マイペースで集団行動ができない，すぐカッとなって暴力をふるい，暴言をはく，

第1章 小学校における教育臨床の実際　　21

まわりの状況の空気が読めず，友達ができないなどの相談である。

　その中でも増えているのは，知的遅れのないいわゆる「グレーゾーン」と呼ばれている子どもの相談である。こだわりや認知のゆがみ，言語的な問題からコミュニケーションがとりにくく不登校になった事例や，多くの失敗経験から自信喪失になり，学習意欲が低下し不登校になった事例がある。また，不安感や過敏さ，対人緊張から情緒不安定になり，人への暴力や器物破損という攻撃的な行動を起こす事例もあった。いずれの事例も，本人の特性の理解がまわりになく，不適切な対応から集団不適応，二次的障害へと陥ってしまった事例であった。

　さらに近年，子どもたちの精神的な幼さが学級集団全体の社会性の弱さにつながり，排斥や無関心という形で現れている。ちょっと違っている子どもを温かく受けとめられない，仲間を支えられない脆弱な学級集団という背景も抱えている。そのため，配慮の必要な子どもへの対応がうまくいかないと学級経営が困難になり，学級担任が窮地に追い込まれてしまう。

■ 3）学力不振と神経症的な問題

　学力不振の相談では，知的な遅れだけでなく，注意集中・多動・衝動性という問題が背後に隠れていることが多い。それらの問題から，授業に集中できずわからないことが増え，学習意欲の低下から授業妨害をして教室から出て行く。そのことでたびたび注意や叱責を受けて自己評価が下がり，暴言や暴力など反社会的な行動が増えるという悪循環になる。こういう悪循環になった事例での原因追及は「悪者探し」になってしまい，前向きな解決に進まないことが多い。保護者と面談をして学校の様子を話しても，集団生活の中でしかみえない問題についての保護者の反応は鈍く，学校や教師の指導への不信感を生む。そのため，面談で前向きの解決方法が提案できず，本人の発達や認知特性，困りについての話まで至らないことが多い。

　また，不眠や食欲不振などうつ的な症状，朝起きられないという睡眠障害を伴う自律神経の問題，何度も手を洗ってしまうという強迫的な症状，さらに場面緘黙などの相談がある。低学年においては母子関係が反映される分離不安などの問題，高学年の女子では摂食障害や身体的な問題から派生した問題もみら

れる。このような相談では，養護教諭と連携し，医療機関へつなぐ場合が多い。

■ 4）保護者の抱える困難さの問題

　教育相談では，最初は子どもの問題で話し合っていても，保護者自身の育ちの問題や悩みが語られることも多い。子どもを愛せない，どう育てていけばいいのかわからない，父親の協力がまったくない，相談できる人がいないなど孤立した子育ての不安や葛藤，夫婦関係や経済的な困難さが語られる。

　たとえば，子どもに発達の問題があり，育てにくさから養育が困難になり，子どもに暴力をふるい，養育を放棄して家出をした事例や，子育ての自責の念から精神的に追い込まれ，病気になった事例があった。保護者自身に発達障害があり，精神的な病気や離婚などの家庭不和を抱えている場合はなおさら深刻である。ストレスや生活の不安から，理不尽なクレーマーと化し，学校との相談過程にのらずに地域でも孤立して，子どもの支援や指導が困難になる場合もある（第3部第9章を参照）。

■ 5）子どもたちの自主相談

　子ども自身も自ら来談することがある。親の自死や離婚，再婚などの家庭の問題，きょうだいの障害の問題，友達との関係など，誰かと相談したいという意識をもっている子どももいる。自分の障害特性についての悩みや学校生活での困りについての相談もある。相談に来る子どものほとんどは，病院で障害告知を受けており，高学年になるにつれ友達との違和感を感じるようになる。自分の特性を積極的に理解していくためには第三者との面談は大変有効であり，中学校に入ってからの適応がよくなる場合も多い。

　このように，さまざまな問題の背景には，地域性や家庭環境だけでなく，ADHD（Attention Deficit/Hyperactivity Disorder 注意欠陥多動性障害）やアスペルガーなどの自閉症スペクトラム，LD（学習障害）など発達の問題がある。子どもがどういうことで困りをもっているのか，問題を投げかけていることの意味をどう理解するのか，客観的な情報に基づく状況の分析と解決への具体的な対策が必要になってくる。小学校では，対象児童がまだ幼いため，保護者自身の問題や家庭環境からの影響が大きく，子どもと保護者という二つの側面で

の効果的なアプローチが求められる。

2　特別な配慮・支援を必要とする子どもへの教育相談

1）特別支援教育という視点からの学校教育

　2016 年 4 月施行「障害者差別解消法」に伴い，障がいのある人から社会の中にあるバリアを取り除くために何らかの対応を必要としていると伝えられた時に，負担が重すぎない範囲で対応することを「合理的配慮」という言葉を使うようになった。特別支援教育では以前から障害の有無にかかわらず学習面や行動面，集団行動の適応などに困難がある子どももすべてを特別なニーズのある子どもと捉え，個別の配慮や指導の対象とすることが考えらてきたが，最近，弱視の子どもには拡大コピーを用意したり，LD（書字障がい）の子どもには板書を写真に撮ったりと具体的な配慮や支援の具体例が学校でみられるようになっている。

　しかし，発達障害の問題は障害特性だけでなく，虐待や非行などの生徒指導上の問題や家庭環境も含めさまざまな要因が複雑に絡み合っていることが多い。このようなことから，従来の局所的な生徒指導や学習指導では学級経営が困難になってきており，学級崩壊と呼ばれるような深刻な状態へと陥ってしまうこともある。よりよい学級経営という視点からも，個別の子どもだけでなく，学級のすべての子どもたちに行き届く支援や「わかる・できる」授業をめざした「ユニバーサルデザイン」（焦点化・視覚化・共有化）という授業づくりが提起されている。

2）就学前からの教育相談の重要性

　子ども一人一人を理解し，小学校 6 年間を見通して支援や指導を考えていく上で必要なのは，就学前からの教育相談である。最近は，保健所の健診から発達相談を経て，療育機関へつながり，早期療育を受けている子どもも増えてきた。インターネットや本，親の会などの情報から，障害特性について教師よりもよく知っている保護者も多く，親の障害受容が進んでいるほど入学後の指導や支援が入りやすい。就学前からの学校見学も盛んで，特別支援教育への期待

24　第1部　教育現場における教育臨床の現状

も大きい。逆にまったく知識や関心のない親もおり，二極化の感がある。その中で通常学級か，特別支援学級か支援学校か迷う場合も多いので，就学前の面談で，学校と家庭が子どもに適した学習環境や指導・支援をよく話し合うことが重要である。教育相談で信頼関係がつくれていれば，その後何かあったときの相談に結びつきやすく，即座の対応や支援も考えやすい。

　最近は，就学前に専門機関から診断書，知能検査結果や療育の報告書などが保護者を通じて渡されることが多くなってきており，「個別の指導計画」や「個別の支援計画」も立てやすい。このように就学前の教育相談から，保護者とともに担任や特別支援学級の担任が協力し合ってニーズに応じた指導や支援を明確にしていくと，学校と家庭双方に安心感が生まれ，子ども自身にとってもメリットが大きい。

■ 3）担任の気づきから始まる教育相談

　学級での不適応や問題行動の気づきは担任からである。保護者が家庭での変化を敏感に捉えて相談する場合もあるが，家庭という慣れた環境で問題が生じるのはかなり深刻化した場合であり，多くの保護者は気づきにくい。

　困難な現状では，担任一人で問題を抱え込まず，学年会で相談し，管理職や特別支援コーディネーター，相談係と協力して取り組むという姿勢が望ましい。保護者面接をして学校での本人の困りを伝えたり，クラスでの行動観察をしたり，家庭の様子を聞きながら保護者とともに児童理解をつくっていくということが大切である。初期の段階での担任の迅速な対応はもちろん，教育相談係や特別支援コーディネーターなど複数での丁寧な対応が重要である。さらに必要に応じて知能検査や質問紙・描画などを実施して，子どもの発する問題の背景と意味を探っていく。次に，検査からの見立てや担任からのコメントを保護者に伝え，共通認識に立ってどういう対応や支援をするか方向性を考えていく。場合によっては，病院や療育センターなど専門機関の情報を提示する。このような情報提示は保護者の理解度によってタイミングよく進めていくことが望ましい。専門機関を受診した場合は再度面談し，学校のとるべき役割や対応を具体的に話し合いながら，その後のフォローアップ面談につなぐ。

　以上は，個別の教育相談の流れであり，担任や保護者が自主的に来談して

協力が得られる場合である。子どもの問題に対して無関心であったり，学校への警戒心や不信感が強い場合には，面談をすること自体が難しいケースもある。問題についての学校と家庭の温度差がある場合は時間が必要であり，保護者の考え方や気持ちの変化を捉えながら，慎重に進めていくことが重要である。

3 効果的な指導・支援体制とは

1）学校と他の機関との連携・協働

　今の社会情勢の中では，"開かれた学校"として，学校が「できること」と「できないこと」を区別し教育実践を積み重ねていくことが大切だと考える。多様化する価値観，家庭や地域の教育力の低下，地域間格差，経済格差などの背景から，学校は何ができるかを明確にしなければ，効果的な指導や支援の成果は得られないであろう。

　非行・虐待・家庭の貧困などの問題では，福祉・医療・警察などとの連携が欠かせない。風呂に入っていない，服を着替えていない，集金が滞っている，学用品がない，給食で空腹を満たしている，保険証がなくて病院に行けないなどの子どもが増えている。生活不安という背景は，障害のあるなしにかかわらず，子どもの発達全般や学習，行動に大きな影響を与える。「家庭のことは家庭に」とわりきる今までの学校の姿勢では通用しない深刻な状況に陥っている子どもも多い。子どもたちを安心できる環境におき，一人一人がもっている力を伸ばしてあげられるかということが今の学校の急務である。

　そのためには，学級の中で接している担任だけでなく，管理職をはじめとして，学校が地域や他の専門機関と日常的につながっていけるかが大きな課題である。特に児童相談所や家庭相談支援センター，地域の児童民生委員などとの連携は重要であり，困難さを抱える子どもの状況を定期的に知らせていく必要がある。外部の援助資源を的確にみつけるかということも課題である。最近は，貧困や家庭の問題を抱えている子どもが多いので，スクールカウンセラーだけでなく，スクールソーシャルワーカーが派遣されている学校も多い。

　発達障害の子どもは受診や検査，療育で病院や療育センターなどを利用することが多い。そのため，特別支援コーディネーターや教育相談係が窓口となっ

26　第1部　教育現場における教育臨床の現状

て子どもについての情報交換や指導助言を求めて担当者とつながり，外部の専門機関とともに子どもの成長促進を見守っていくことが指導や支援の前提である（第1部第4章を参照）。

■ 2) 校内の教育相談体制と「校内委員会」の役割

　これからの教育臨床の方向としては，学校外のいろいろな援助資源とつながるとともに，いかに校内での指導や支援を進めていくかが課題である。特に，学校の中では，担任一人が背負い込まないための「教育相談体制」とお互いが支援し合える「チームアプローチ」が大切である。

　小学校現場は学級担任制の色合いが濃く，自分の学級について相談したり，人から支援されることについて不慣れである。そのため，校内研修などで教育相談についての理解を深め，事例研究から支援の仕方を学んでもらい，学校全体の教育相談体制をつくることで「担任一人からチームアプローチへ」という意識の変革をしていくことが重要である。昔からいわれている「ほう（報告）・れん（連絡）・そう（相談）」は基本であるが，生徒指導担当，教育相談担当，特別支援コーディネーターの役割分担や養護教諭との連携，年間の活動計画など校内で教育相談のシステムをつくるという視点が重要である。近年「チーム学校」というキーワードをよく耳にするようになったが，教師一人一人の自助努力ではなく，学校という組織レベルでのつながりが欠かせなくなっている。

　そのために運営されているのが「校内委員会」である。「校内委員会」とは，特別な教育的支援と配慮を必要とする児童についての対策委員会である。内容としては，①対象児童に関わる資料や情報を集め，②援助者の共通理解を図り，計画を立てる。③事例の検討を行い，関係者だけでなく全職員の協力・支援を要請し，役割分担をする。④さらに指導や支援を実践し，⑤その成果や課題を集め話し合い，⑥次の指導や支援を考える，という流れである。

　委員会の構成としては，管理職の他に生徒指導担当や養護教諭，教育相談係，特別支援コーディネーター，担任であり，場合によっては保護者も出席する。委員会は必要に応じて弾力的に開き，報告は必要な場合には職員会議でする。ただし，対象児童によってメンバーも変わり，機動力のあるチームとして最小限度の人数でも具体的に動くことが求められる。学校現場は時間に追われ

ることが多いので，実行可能なそれぞれの援助者が動きやすい機能的なシステムが求められる。

　さらに，スクールカウンセラーやスクールソーシャルワーカーなどの外部からの援助者が各校に一人配置できるような予算化が必要である。教育相談や特別支援コーディネーターが物理的に動ける範囲は狭く，多くは担任をしながらの兼務である。支援員（加配）など物理的な人員確保も含め，教育相談体制を進めることによって，教師が心にゆとりをもって子どもを見守ることができ，指導や支援の質が上がるのではないかと考える。

■ 3）必要な指導・支援を必要な形で

　不適応や問題行動とは，子ども自身が今の状況を何とかして抜け出したい，自分の力をもっと発揮したい，もっと自分はがんばりたいという意味だと考える。その意味では，子ども自身が困っているという気づきの視点が大切であり，そこが指導・支援の第一歩である。そこから，子どもの特性に応じた配慮や指導・援助を，ハード（場）とソフト（内容・方法）の両面でいかに具体的に考え，実践していくかということである。

　たとえばハード面では，指導や支援の場は「通常学級」か「特別支援学級」か「リソースルーム（個別の学習支援教室・通級）」か，また一つの教室で指導する場合は「少人数学習」か，「ティームティーチング」か，ソフト面では教室に入っての「入り込み支援」か他の場所での「取り出し支援」かなど，指導の場所・形態もさまざまである。場合によっては，全職員の役割化が必要な場合もある。

　ソフト面では，適切なアセスメントから一人一人の子どもの認知特性，習得度に応じた学習を展開し，教材を選ぶということが大切である。行動に問題のあった子どもたちが適切な指導方法や教材によって学習の理解が進み，情緒的にも安定し，集団適応が良くなった事例も多い。学校は，どの子どもに対しても学習に適した環境を提供する場所であり，「できるようになりたい」という子どもの力を伸ばす責務がある。障害のあるなしにかかわらず，児童期のうちに勤勉性をつけ，将来の自立へと導いていくことは重要であり，学校の中で自分が支えられ大事にされたという体験は心の成長のうえでも大きな意味をもつ。

個別のニーズに応じて作成される「個別の指導計画」の他に，学校場面以外での療育機関を含めた「個別の支援（移行）計画」も今後重要になってくると考えられる。子どもを支えるそれぞれの役割を明確にしながら，必要な指導や支援が連続して維持され，発達段階とともに修正されていくことが望ましい。

　「今，ここで」の効果的な指導・支援かどうかを評価するのは，子ども自身の変化する姿である。一人の子どもにとっての温かい支援は学級全体へのうれしい支援にもつながり，教師自身の力量も上げるという"特別でない特別支援教育"の視点が，教師にとって必要な時代である。

参考文献

一般社団法人日本LD学会（編）　2017　LD・ADHD等関連用語集　第4版　日本文化科学社
河合　洋・山登敬之（編）　2002　子どもの精神障害　日本評論社
河村茂雄　1999　学級崩壊に学ぶ─崩壊のメカニズムを絶つ教師の知識と技術　誠信書房
文部科学省　2017　小学校学習指導要領
杉山登志郎　2007　発達障害の子どもたち　講談社
月森久江（編）　2005　教室でできる特別支援教育のアイデア172小学校編　図書文化

（高倉和子）

第2章

中学校における教育臨床の実際

1 校内で求められる教育相談の役割

中学校において教育相談を進めるうえで，以下の点に配意する必要がある。

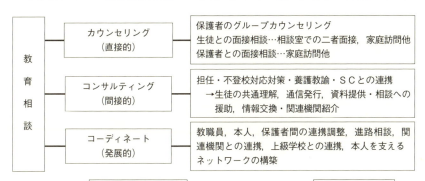

図 1-2-1　中学校での教育相談の役割

30　第1部　教育現場における教育臨床の現状

■ 1)「立場をもつ生徒」の共通理解と支援方針の共有

　子どもの成長・自立を支援していくためには,「立場」(家庭環境, 不登校, いじめ等) をもつ子どもについて, 校内で支援方針の共有を行う必要がある。その際, 本人の思いや家族の願いも共有することを忘れてはならない。

■ 2) 面接相談の実施

　個々の生徒の成長段階に応じ, 定期的な相談を実施する。さらに全教職員による相談体制を構築し, 担任によるクラスの面接相談と平行して, 担任以外の面接相談も実施する。この担任以外の面接相談では, 生徒側からの希望により指名された先生との面接相談や, 担任以外の職員による授業等で気になる生徒等を指名した面接相談等も実施することが望ましい。そのため, 事前アンケートと副担任への相談希望調査等を実施する必要がある。

　定期的な面接相談は, 生徒の成長段階に応じその出会う課題も変化することから, 学年・学期ごとにその課題を焦点化し実施する必要がある (表1-2-1)。

■ 3) 相談カードの運用

　生徒が悩みをもち, 相談したいと思った「時」を逃してしまうことがあってはならない。「いつでもどの『先生』でも, 話を聴いてもらいたいときには聴いてくれる」という雰囲気を学校の中でつくり, 信頼関係の深化を図りたい。

　そのため相談ポストを設置し, 日常的に相談カードによる生徒からの相談受付を行う必要がある。

■ 4) 研修会の実施

　生徒理解, 保護者との連携のあり方, 関係機関との連携のあり方等を校内研修と連携し, 場合によってはスクールカウンセラー等の協力も得て実施する。

■ 5) 職員間の情報の交換, 養護教諭・スクールカウンセラー等との連携

　課題の複雑化・長期化を避けるべくタイムリーな支援を行うために, 学年内はもちろん, 養護教諭, 生徒指導担当等との連携, 外部機関との連携等が必要になる。そのために定期的な関係者の話し合いの場が必要となる。

第2章　中学校における教育臨床の実際　　**31**

表1-2-1　中学校における定期面接の中心課題

	1年生	2年生	3年生
1学期	**中学校生活への適応状態を掴む** ・クラスの中に居場所があるか ・部活，上級生との関係 ・学習面のつまずき（テスト等） ・教科担任制になじんでいるか ・日常生活で困っていること ・家庭生活，親子関係は ・塾に問題はないか ・困っている友達はいないか ※諸検査結果の検討	**中堅学年としてのスタートはうまくいっているか** ・組替え，新しい人間関係は ・上級生，下級生との関係は ・校外での生活の様子 ・学習面でつまずきはないか ・塾に無理はないか ・部活が重荷になっていないか ・困っている友達はいないか ※諸検査結果の検討	**最上級生になって，あせりや不安はないか** ・新しい学級での居場所 ・友達や他校生とのつながり ・学習の遅れをどう取り戻すか ・最後の部活動は ・進路について 　自分の考えはどうか 　家族の考えはどうか ・困っている友達はいないか ※諸検査結果の検討
2学期	**夏休みを境に生活の乱れはないか** ・部活はおもしろいか ・友達関係は大丈夫か ・学習面で遅れはないか ・学校生活への不満はないか ・新しい係や役員は重荷ではないか ・学校はおもしろいか ・困っている友達はいないか	**学校生活の推進役になって** ・部活動は問題ないか ・友達関係の変化は ・下級生への接し方は ・性の問題は ・学習に意欲はあるか ・新しい係や役員が負担では ・学校はおもしろいか ・進路を考えているか ・困っている友達はいないか ・修学旅行で問題は	**進路相談を中心に** ・いたずらな不安やあせり ・保護者と本人との考えのずれ ・学力不振からの無力感 ・進路選択の不安 ・放課後の時間の過ごし方 ・部活にかわる目標がもてたか ・友人関係の変化は ・他校生との関わりは ・異性とのつき合い方 ・学校はおもしろいか ・困っている友達はいないか ・入試直前の不安への対処 ・卒業後の新たな経験に立ち向かう気力，勇気を育てる
3学期	**1年間のまとめと上級生になることへの不安はないか** ・どんな2年生になりたいか ・中学に入って成長したこと ・いま，困っていること ・学習に遅れはないか ・塾に問題はないか ・困っている友達はいないか ・自分の得意なことは何か ・自分の長所を知っているか ・興味のある職業はないか ・自分の進路希望はあるか ・家族の進路への意見は	**1年間のまとめと最上級生になることへの不安を取り除き自覚を促す** ・進路について 　自分で考えたことがあるか 　家族と話したことはあるか 　職業についての知識があるか ・部活動に問題はないか ・学習で遅れはないか ・放課後の生活時間は ・困っている友達はいないか ・自分の得意なことは何か ・自分の長所を知っているか	

特に養護教諭は，職員の健康診断等の本来の業務外の兼務等多忙化をきわめるなかで，相談業務の第一人者として活動している。子どもを支えるために日常の情報交換を細かく行っていきたい。

■ 6）教育相談室の運営

教育相談室は，意図的に進路指導室を兼ねて運営を行う。昼休みの時間に相談室をオープンし，ある種のサロン的な場所として安心できる居場所づくりを行う。進路情報や詩集・ビデオ等と，たくさんの椅子を用意し，好きな場所に気ままに座れる雰囲気をつくるとよい。

進路選択は，中学生にとって大きなテーマであり，進路指導室を兼ねることで，進路に関する悩みから，個人的な相談につながるケースも多い。

また，自由に匿名で書き込みのできる自由帳を用意し，生徒の書き込みに個々に返事をすることで支援を行う（心無い書き込み等に配意が必要）。この自由帳は，匿名の相談対応という面も有するが，そのやり取りを第三者の生徒が読むことで，同様な不安・悩みの解消につながる側面ももつ。

■ 7）再登校支援教室の運営

不登校状況にある生徒の教室への再登校のステップとして運営を行う。教育相談室を兼ねることも考えられるが，その目的から別の部屋を用意することが望ましい。学校内の配置として，他の生徒に気づかれずに入室できる場所が適当であろう。

対象や開設時間は，不登校状態から再登校への意欲をもつ生徒を対象とし，一般生徒の登校から下校終了する時間に開設する。受け入れについては，担任や所属学年との連携を必要とするため，本人と保護者の合意のうえで，担任に相談し，学年会を経て校内の不登校対応対策委員会等にて決定を行う。

参加にあたり，同室する生徒との関係から支援教室登校のルールを確認する（4つのルール：①個々の活動を尊重する，②静かな自分の時間をもつ，③ノートにその日の記録を書く，④定期的にホッとタイム（相談）をもつ）。

支援の内容は，個別支援を中心に，必要に応じてグループ活動を行う。また再登校への有効なステップとして，「課題」の段階的解決，「時間」調整（昼夜

逆転等の身体の調整や学習の遅れの調整），積極的な課題解決をめざし，クラス・学年の様子や進路資料等の情報収集等を行う。さらに，状況に応じ「チャレンジ週間」を設定し，保護者や本人と十分に話し合ったうえで学期に1〜2回程度，本人の意思・状況を尊重して部分教室登校や学習へのチャレンジを行う。この間，担任または担当が家庭訪問等の連携を密にとる。

本人のノートや記録連絡表をもとに，随時，担任との連絡会を実施し，再登校支援教室での活動状況を共有する。保護者には，不登校生の保護者を対象とした保護者会に参加してもらうとともに，必要に応じて面接を実施する。

再登校支援教室内の机やロッカーの配置は，個の場としての「家」と集団の場としての「教室」との中間の場となるよう設置する。「隠れる」場があり，他との関わりも生まれるような半開放の場となるようレイアウトを工夫することで，再登校へ向けた生徒の状況に応じた支援が可能になる。出入口に，一般生徒と交流できる場所も必要であろう。1階であれば，窓にはハーフカーテンを設置し，外部からの視線を完全にさえぎることなく和らげるなどの配慮も行いたい。その他備品として，生徒の不安の縮小や心の安定のため「音の壁」としてのラジカセや，書籍，PC等も必要となる。

不登校状態にある生徒にとっては，再登校支援教室であっても登校に踏み切りにくいため，教室内の様子がわかる写真や，気づかれずに登校できる時間帯や方法等を具体的に示すことが重要となる。また，状況により，現在，支援教室に登校している生徒に，手紙を書いてもらうことも一案である。

▌2　保護者のグループカウンセリングについて

校内での実践にとどまらず，教育相談等の分掌に期待される役割の一つとして，校外での保護者のグループカウンセリングの実施がある。大きな効果が期待される校外の保護者のグループカウンセリングについて考察する。

■ 1）不登校状態の生徒の保護者について

子どもが不登校状態になると，母親は精神的にも不安定な状態になる場合が多い。自分の殻に閉じこもる子どもと対照的に，社会と子どもの間に挟まれた

母親は，家庭内では家族や父親から責められ相談もできず，子ども以上に落ち込み孤立しがちである。このような状態では，子ども本人は母を見てさらに自分を責めたり，不安定な保護者の感情の波をそのまま被るなど，自身の問題を考えるどころではない状況となってしまう。

　保護者の心の安定は，子ども自身が自己否定の閉じこもり状態から自己肯定感をもち自己実現をめざそうと歩み出す，最初の一歩となる。小さい頃からの絶対的な存在であった保護者が，子どもの背後で「どん」と構え，そのままを認め，暖かくつつむことで，子どもの居場所と自己実現の階段を昇る足場をつくることができる。同時にこの時期は母親自身の生き方の転換期であり，子育てを終えて母親自身が，どうこれからの人生を歩むかという時期でもある。空の巣症候群等の問題は，不登校の問題と大きく関わっている。

　これらのことより，母親への支援は，不登校状態の生徒本人へ大きな効果があることが予想される。しかし，従来の個別面接のみでは，学校対母親という構図に陥りやすく，支援の深化ができにくい。

　そこで，学校でできる保護者への効果的な支援として，「みんなとちがう」わが子に戸惑い孤立する母親が集い，同じ悩みや体験，思いを共有することで，自身の安定と意識の変化をねらうグループカウンセリングを実施することが有効と思われる。

■ 2）保護者のグループカウンセリングの運営

　基本として参加者の自由な話し合いを中心に実施を行う。さらに高校紹介や研究会等の情報提供も実施し，必要に応じて，外部への研修会参加等も考えられる。慰め合いや不満解放の会ではなく，保護者として教師として，互いに「なにかできることはないか」考える，積極的なプラス思考の会として運営したい。回数は子どもの変化からも月1回程度2時間は最低必要と思える。実施場所は，学校以外の場所で実施する必要がある。保護者にとって，「学校に行く」ことは，教師が考える以上に緊張を強いるものである。また，過去に子どもの不登校経験のある保護者数人に参加してもらうことが望ましい。具体的な体験に基づくアドバイスは，悩んでいる保護者の現状を整理し意味づけ保護者の心に響き，その安定に役立っている。

第2章　中学校における教育臨床の実際　35

　教職員の参加は，保護者の思いを理解するうえでとても大切なことである。しかし，あくまで聞く立場を守ることを事前に確認する必要がある。たとえ保護者が学校批判をしても，現在の保護者の正直な気持ちとして，真摯に受け止めることの大切さを忘れてはならない。相談室登校や保健室登校の保護者にも声かけすることが必要だが，趣旨を十分に教職員が伝えるようにする必要がある。

■ 3）保護者のグループカウンセリング運営の7つのポイント

(1) 参加者の心情の受容

　保護者は，「課題」に出会ったとき，子どもの混乱を目の前にして保護者自身不安や混乱に陥ることが多い。そしてともすれば，自己批判や犯人探しに終始し，問題が子ども自身から離れてしまうことにもなりかねない。この時期の保護者の心情を受容し，保護者を安定させることで，子どもの混乱も早期に収まり，次の段階に進む勇気づけができるようになる。また，他では理解してもらえない自責感，孤立感は，同じ立場の親たちの中にいることで，理解され，受容され，解放されていく。何段階か前に歩んでいる親の姿に，希望をもちその努力を始めることもできる。

(2) 保護者の孤立からの解放とコミュニケーションの促進

　保護者は，自己の無力感や自責感から消極的になっている方が多い。初対面のグループの中に入っていくために，教師が司会を通じて，徐々にコミュケーションの促進を図ることが必要である。

(3) 体験談の引き出し

　体験談の引き出しは，話し手と聞き手双方にそれぞれ大切な意味をもつ。

　話し手となり「今まで」を語ることは，この問題を自分自身は，どう捉え，どう位置づけているのかが問われることになる。小さい頃からの子どもと自分の関係を再確認していくことにつながる。また，悲しみ，いらだち，不安……これらを話し放つなかで，また涙を流し洗い流すなかで，自分自身に目が向けられるようになる。この「離す」ことは，問題の客観化や積極的な前向きな感情が動き出すことにつながる。

　聞き手にとっては，具体的な事例を聞くことで，書籍やカウンセリングでは得られない「見通し」を得ることになる。具体的な事例は，聞き手のケースと

相違点が多く直接役に立たないように思える。しかし，聞き手の保護者は事例の経過を聞きながら，自己の感情を語り手の保護者の心と重ね，「自分だったら……」と追体験をしていく。これらを繰り返すことにより，自己の問題に戻ったときに，今までにない自分なりの見通しがもてるようになることが多い。

ただ不登校の時期を経過した保護者に話してもらう場合，体験談が語り手の感情とともにゆれてしまう場合があるので，教師は，適度に話を確認しながらフォローしていく必要がある。また，場合によっては，当の保護者の発言が，当事者にとって重すぎると思われる場合もある。そのときは，教師が適宜その趣意を説明しながら間に入り支援しなければならない。

(4) 子どもの理解方法の提供

保護者間の話し合いは，ともすれば慰め合いにとどまる懸念もある。そこで，教師は，子どもの状態の客観的な理解方法・子どもの状態の意味づけ等を行う必要がある。これは保護者の心理的安定を生み，子ども自身の安定と再出発に有効となる。

(5) 親子関係促進の支援

会の参加を通して，親子関係の課題を保護者自身が認識できるようになる。引きこもり，他者との関係構築に距離を置こうとする子どもにとって，保護者との関係は大きく，時には具体的な会話の方法まで出しながら親子関係促進の支援を行うことが，子ども自身へ支援とつながる場合がある。

(6) 教師自身の学習の場

子どもの不登校をタイプに分け診断することは教育の場になじまず，わずかな経験と知識では判断を誤ってしまう場合も考えられる。教師にできることで必要なこととして，保護者のサポートがあげられるが，研修のわずかな事例研究や専門書では，なかなか的確なサポートができない場合がある。教員自身が，保護者の声にまず耳を傾けることが必要と思われる。

(7) 情報提供

情報不足により，多くの保護者は「こんなことは，わが家だけだ」と孤立感に悩み，不安や焦燥を生む。これに対し具体的な情報（相談機関や進路，研究会等）を提示することで，その保護者の状態にあった適切なサポートができる。

（上野隆生）

第3章

高校における教育臨床の実際

1 高校の現状

1) 生徒指導上の諸問題から見えること

　平成27（2015）年度「児童生徒の問題行動等生徒指導上の諸問題に関する調査」（文部科学省，2015）によると，高校においての「暴力行為」および「いじめ」の件数の平成17（2005）年度からの推移は，図1-3-1のとおりである。「暴力行為」においては，平成17（2005）年度から19（2007）年度にかけて急激に増加したもののその後横ばい状態が続き，近年はやや減少傾向にある。暴力行為の内訳は，「生徒間暴力」が全体の68％と一番多く，生徒間のコミュニケーションがうまく行われていないことがうかがえる。次に「器物破損」が21％，「対教師暴力」が7％である。

　また，「いじめ」の認知件数は，平成18（2006）年度の12,307件をピークに

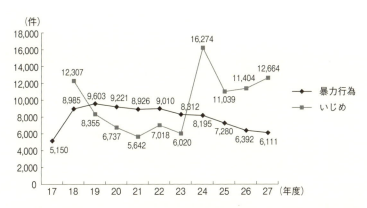

図1-3-1　高校においての「校内における暴力行為」および「いじめ」の件数の推移
（文部科学省，2015より作成）

徐々に減少しているが依然として多い状況である（平成24年度ではより積極的に状況の把握が行われたため件数が急増した）。いじめの様態としては，「冷やかしやからかい，悪口や脅し文句，嫌なことを言われる」が61.3％と最も多く，次いで「パソコンや携帯電話等で誹謗中傷や嫌なことをされる」が18.7％であり，急増傾向にある。3番目は「仲間はずれ，集団による無視をされる」で15.5％である。

また，図1-3-2は「高校における不登校生徒数の推移」であるが，平成27（2015）年度は49,563人と26（2014）年度（53,156人）より約3,500人，不登

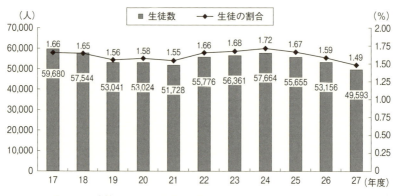

図1-3-2　高校における不登校生徒数の推移（文部科学省，2015より作成）

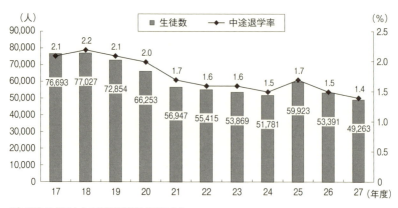

注）平成25年度からは通信制課程も調査に含む。

図1-3-3　高校における中途退学者数の推移（文部科学省，2015より作成）

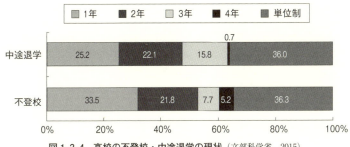

図 1-3-4　高校の不登校・中途退学の現状（文部科学省，2015）

校生徒の割合も 1.49％ と前年度（1.59％）より減少している。不登校状態の要因と考えられるものとして，「学業の不振」「いじめを除く友人関係をめぐる問題」などが目立つ。

さらに，図 1-3-3 は「高校における中途退学者数の推移」であるが，27（2015）年度は 49,263 人と，26（2014）年度（53,391 人）より，約 4,000 人減少し，中途退学者の割合も 1.4％ と 26 年度（1.5％）より若干減少している。しかし，図 1-3-4 の「高校の不登校・中途退学の現状」からわかるように，高校 1 年生の不登校・中途退学の割合が最も高くなっている。このような状況は，最近「高 1 クライシス」ともいわれている。中途退学の事由としては，「進路変更」に加え「学校生活・学業不適応」が多く，高校に入学して人間関係がうまくいかなかったり，授業に興味がわかない，学校の雰囲気が合わない等を大きな理由としている。また，不登校から中途退学となるケースも多い。

以上のことから，学校生活において人間関係がうまくいかない生徒の姿が多いことが推察される。これは，生徒間のコミュニケーション能力の不足が大きく影響していると思われる。

2）不登校等の生徒への支援体制の現状

大分県教育委員会では県内の全公立小学校，中学校，高校を対象に，平成 21（2009）年 11 月に「『不登校等児童生徒対応』及び『不登校問題対策』に関する調査」を実施した。

「全職員での現状及び指導方針等の共通理解」（図 1-3-5）では，高校において「積極的に取り組めている」と回答した学校は 23％ であり，「あまり取り組

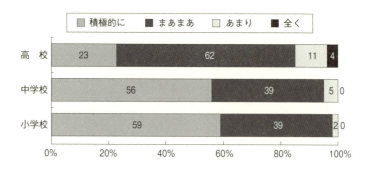

図1-3-5　全職員での現状および指導方針等の共通理解（大分県教育委員会，2010より作成）

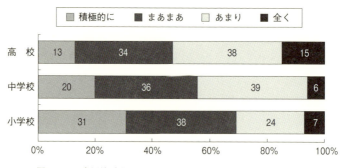

図1-3-6　事例検討会議の実施（大分県教育委員会，2010より作成）

んでいない」「全く取り組んでいない」学校が15％存在し，小学校，中学校と比較すると組織としての取り組みが十分できていない現状がある。

また，「事例検討会議」（図1-3-6）の実施では，高校において50％弱の学校でしか意識的に取り組めておらず，小学校，中学校に比較すると少ない。高校では消極的な取り組みの学校が相当数あり，見通しをもった効果的な指導・支援を行うという点から大きな課題を抱えているといえる。

2　高校における教育相談

1）学校における教育相談

『心理臨床大事典』（培風館，1992）では，教育相談とは，「幼児・児童・生徒・学生の教育上の問題に関し，本人，保護者または教師などと面接し，相

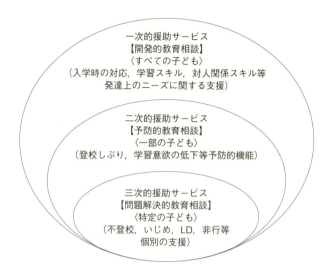

図 1-3-7　3段階の援助サービス，その対象，および問題の例　(石隈, 1996)

談・指導・助言を行うこととされる」「一般の学校が教育相談を学校教育相談として，教育相談所の行う教育相談と区別する」とあり，学校教育相談とは「学校に在籍するすべての子どもを対象とするもので学校教育における予防的なかかわりともいえる。中でも，児童生徒の人格的な成長・発達を目指す点を強調して，**開発的教育相談**とも呼ばれる」とある。

また，石隈 (1996) は，「開発的教育相談には，促進的援助と予防的援助とがある。促進的援助は児童生徒が学校生活を通して発達上の課題や教育上の課題に取り組む上で必要とする基礎的な能力の開発を援助することであり，予防的援助は，多くの児童生徒が出会う課題の遂行上の困難を予測して，課題への準備を前もって援助することである」としている。石隈は図 1-3-7 のように「一次的援助サービスは，児童生徒が発達上の課題や教育上の課題を遂行する上でもつ援助ニーズであり，主として教員が行うものである。二次的援助サービス，三次的援助サービスは主として，教育相談担当やスクールカウンセラー等が中心に，援助を必要とする一部の子どもに対して行うものであり，個別指導やカウンセリング等がこれにあてはまる」と，3段階の援助サービスを示している。

■ 2）問題解決的・予防的教育相談

　不登校等の生徒の早期発見・早期対応や指導・支援については，クラス担任一人での対応でなく，全職員の共通理解や支援が不可欠である。そこで，次のような方策が必要となる。

（1）教育相談室の整備

　生徒が相談したいときにいつでも相談できる教育相談室の整備が重要である。そのため相談室には相談担当やスクールカウンセラーの常駐が必要であり，随時相談が望まれる。また，緊急避難的な場所としてこの相談室を活用することや教室で授業を受けられない生徒に対しては教育相談室登校が可能となるような配慮も必要となる。

（2）心理検査・悩み調査等の実施

　生徒理解につなげられるように心理検査等の実施も望まれる。また，生徒のもつ悩みを理解するためにも悩み調査等を実施し，生徒把握につなげることが必要となる。また，その調査を活用した個人面談も有効である。

（3）教職員研修の充実

　生徒のもつ課題を把握し，その解決を図るためには教職員の力量も要求される。そこで，計画的な教職員研修や必要に応じて小グループの学習会等も実施する必要がある。

■ 3）開発的教育相談

（1）開発的教育相談の有効性

　生徒の問題行動を未然に防ぎ，生徒一人一人の自己肯定感を高め，積極的に友達や教師と関わっていくことができる力を育てるためには，前述のように開発的教育相談が有効である。その有用性については，次の3点があげられる。

　①すべての生徒が対象であり，活動を通して，遭遇する可能性のある問題を解決する能力を培うことができる。

　②学校生活の中での友人関係や人間関係でのトラブルが増加している現状から，活動を通して，問題の発生を未然に予防することができる。

　③新しい行動の仕方や考え方，感じ方を学習し，適応能力を発達，促進することができる。

(2) 高校における「仲間づくり」

　最近，大分県内では，自己理解・自己受容・他者理解・他者受容の活動を通して，「仲間づくり」を行う高校が増加している。問題行動の発生を未然に防ぎ，よりよい学校生活を送らせるためにも「仲間づくり」は急務だと考えられている。そこで，平成22（2010）年度から大分県立大分豊府高等学校では，大分県教育センターの支援により，新入生の出会いを大切にし，お互いが刺激し合い，良き融合を図ることにより，友情を育みファミリーとしての絆を築くためにと「友愛プログラム」を実施している。表1-3-1は，5回実施の「友愛プロ

表1-3-1　「友愛プログラム」

月日	名　称	目　標	目　的	活　動
4月	友愛タイム①	1年生の最初の出会いの場を設定し，いくつかの活動を通して，学年・クラスの所属意識をもつ。	自己理解・他者理解	SGE 「初めての出会い」「質問じゃんけん」「あなたの素敵なところは」
	友愛タイム②		自己理解	SGE 「他己紹介」「二者択一」「簡易内観」
5月	友愛タイム③	友だちから肯定的な評価を受けることにより自分の良さを発見し，自己肯定感を高めるとともに，お互いに認め合える人間関係づくりを行う。	自己理解・自己受容 他者理解・他者受容	SGE 「気になる私」「照れずに誉め上手」
6月	友愛タイム④	エゴグラムを活用することにより，自分自身の対人関係の特徴を知り，今後，友だちとどのように関わっていけば良いかを考え，良き人間関係づくりにつなげる。	自己理解・自己受容	SGE 「エゴグラム①」「エゴグラム②」
7月	友愛タイム⑤	自分も相手も配慮した適切な自己表現を行うことにより，お互いが認め合い，高め合うことのできる人間関係づくりにつなげる。	自己表現・自己主張	SST 「上手な断り方」

SGE：構成的グループ・エンカウンター

表 1-3-2　生徒の感想

①	・活動前には存在すら知らなかった人と話をすることができて良かった。また、そこから自分と共通点を探すことで仲間が増やせたと思う。こういった活動は集団の団結力をあげるのに有効なのだとわかった。また機会があったら挑戦したい。 ・本当の自分でいられた。知らない人とも仲良くなれて安心した。ずっと友だちができるか心配だったけれどお互いのことを知ることができたし、素でいられてこれからやっていけそうな気がする。
②	・一つ一つのエクササイズが終わるたびに、周りの子に感想を聞いたけれど、自分の意見をもつということは大事なんだと思った。これからいろいろなことや活動があると思うけれど、それを通して自分のことを大切にしていきたい。 ・「自分の良いところ」なんてないと思っていたけれど、少し探してみれば「ああ、そういえば」と思うようなところがあって、とても面白かった。これから友だちの良いところも見つけていけたらいいなあと思った。
③	・普段は褒められたり、周りの人を褒めたりすることはあまりないが、褒めあうことで互いに深めあえた。自分の言葉で相手に伝えることは、決して簡単ではないが、自分のことを伝えることができ、良い活動だったと思った。人に褒められると不思議と嬉しくなるんだなあと思った。意外な自分に出会えた。 ・思っていたよりはるかに、友だちが自分のことを見てくれていたことがわかって嬉しかった。自分の長所を自分でなかなか見つけることができなかったが、友だちから言われると素直にそうなんだと思い、自分の長所を知ることができた。
④	・今まで自分が他の人とどう接してきたかなんて考えたことがなかったので、改めてこういう自分自身を見つめ直すことができてとても良かったと思う。こんな活動でないと、普段は自分のことを深く考えてみたりしないので、とても良い活動になった。自分の特徴もわかり、改善点もわかった。 ・人それぞれ個性があってみんな良いところをもっているということに気づくことができた。
⑤	・自分の気持ちをはっきり伝えつつ、相手の思いを尊重することはすごく難しいことだと思った。自分のことだけど行動してしまったり、相手のことを考えると自分を殺してしまうので、両方考えていきたいと思う。断るのは難しいけれど、はっきり断らないといけないこともあるので、良い断り方をしたい。 ・アサーティブな自己表現ができるように、日頃からの自分の行動を見つめ直し、自分も相手も気持ちよくコミュニケーションができるようにしていきたいと思う。

友愛タイム①

友愛タイム③

図 1-3-8　友愛タイム活動の様子

グラム」内容であり，表 1-3-2 は，生徒の感想の一部である。また，図 1-3-8 は友愛タイムの活動の様子である。

4）校内における支援体制

不登校等の生徒に対して，学校の組織的な指導・支援が必要となる。そこで，学年や担任とともに教育相談担当が中心となり，管理職や養護教諭，スクールカウンセラー等も連携した組織的な校内支援体制の充実が望まれる。また，関係機関との連携も欠かすことができない。

図 1-3-9 は，その一例である。

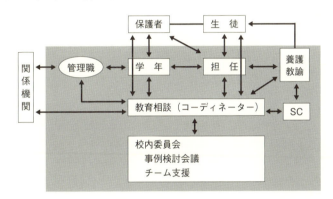

図 1-3-9　校内支援体制例

引用文献
文部科学省　2015　平成 27 年度「児童生徒の問題行動等生徒指導上の諸問題に関する調査」
大分県教育委員会　2010　生徒指導資料第 29 集「不登校等児童生徒対応」及び「不登校問題対策について」
奈良県立教育研究所　2007　平成 17・18 年度　研究プロジェクトチーム報告書　開発的な教育相談の在り方
石隈利紀　1999　学校心理学　誠信書房
大分県教育センター　2011　大分豊府高等学校「友愛プログラム」に係る学校支援報告書

（吉野昭子）

第4章 相談専門機関における教育臨床の実際

1 はじめに

　いじめ，不登校，暴力行為，非行，虐待など子どもたちが抱える問題には，さまざまな背景や要因が絡み合っており，教育・福祉・医療・心理・司法等の関係諸機関が連携して支援していくことが求められる。

　連携とは児童生徒の抱える課題の解決に向け，関係者や関係機関がそれぞれの専門性や役割を相互理解し，共に協力して支援を行っていくことである。

　この章では，不登校の事例を中心に，教育相談機関の実際および連携について示していきたい。

2 教育相談機関

　平成28（2016）年度において，都道府県・政令指定都市における教育委員会が所管する教育相談機関は172ヶ所あり，このうち教育センター・教育研究所（教員研修，専門的研究，教育相談等の活動を行う総合的機関）は55ヶ所，教育相談所・相談室は117ヶ所である。また，市町村（政令指定都市を除く）の教育委員会が所管する教育相談機関の数は，1,406ヶ所である（文部科学省，2017）。教育相談機関では，主に小・中・高校生を対象に，いじめや不登校，友達関係，性格や行動，進路，発達に関することなどの相談を電話や来所で受けている。依頼に応じて訪問して行う訪問相談や，相談者の便宜を図り計画的に公民館等に出向いて相談を受ける巡回相談を行っている機関もある。ここでは，専門スタッフによる心理検査やカウンセリング，プレイセラピー，保護者へのカウンセリング，学校へのコンサルテーションなどが行われている。不登校児

童生徒を対象にした教育支援センター（適応指導教室）を併設しているところもある。

■ 1）教育相談センターの実際

　A市教育委員会が所管する教育相談センターは，教育支援センター（適応指導教室）を併設しており，教育相談と教育支援センターの運営を行っている。平成28（2016）年度の教育相談件数は4,297件となっており，内容の内訳をみると小中学生の不登校に関する相談が96％と一番多い。相談形態としては，電話相談・来所相談・巡回相談および訪問相談があり，来所相談が全相談件数の91％を占めている（A市教育委員会，2017）。

　なお，教育相談センターでは教育相談を行う以外に，市内の小中学校の教員を対象に教育相談研修講座を実施しており，学校とのつながりが強く連携を密にとりやすい。また，不登校をはじめとした生徒指導上の諸問題に対応するため，スクールソーシャルワーカーを学校に配置・派遣をしている。

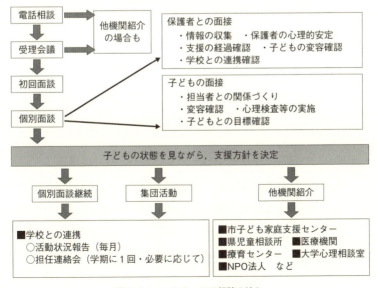

図1-4-1　センターでの相談の流れ

48　第1部　教育現場における教育臨床の現状

(1) 教育相談の流れ

　保護者からの電話による相談申し込みを受け受理会議を行う。そこで，受理の有無および担当スタッフを決め保護者との初回面談を行う。初回面談後アセスメントを行い暫定的な支援方針の決定となる。アセスメントとは，「見立て」とも言われ，解決すべき問題や課題のある事例（事象）の家族や地域，関係者などの情報から，なぜそのような状態に至ったのか，児童生徒の示す行動の背景や要因を，情報を収集して系統的に分析し，明らかにしようとするものである（文部科学省，2010）。不登校の状態で子ども本人の来所が可能であれば，教育支援センターでの支援につなぐ。

　一方，状況によっては医療・福祉等の他機関につなぐこともある。いずれにしても学校との連携は欠かせない。

(2) 事例の紹介

①訪問相談

> **小学2年女子　主訴　母子分離不安**
> 　小学2年の6月頃より登校渋りが始まり，夏休みをはさんで登校できなくなった。担任が家庭訪問をしてもまったく会えない状態であった。保護者がスクールソーシャルワーカーに相談するなかで訪問相談の制度を知り，学校を通して申込みがあった。当初は，母親と本人，訪問相談員の3人で，居間でおしゃべりをしたりゲームをしたりして過ごしていたが，徐々に母親が別室にいても相談員と2人で過ごせるようになった。相談員を自分の部屋に連れて行ったり，庭に出てバドミントンをしたりするなどの変容があり，本人の表情も明るくなってきた。

　教育・心理・福祉領域を学んでいる大学生や大学院生を訪問相談員として派遣することで，保護者が安心感をもつことができる。子どもは，年齢の近い訪問相談員とふれあうことで徐々に心を開き，元気を取り戻すことができるようになった。また，訪問相談員が適切な支援ができるよう定期的に研修や事例検討会を実施し，臨床心理士の資格をもつ教育相談センターの専門スタッフが指導・助言を行うようにしている。

第4章　相談専門機関における教育臨床の実際　　49

②巡回相談

> **小学1年男子　主訴　多動傾向**
> 　学校から「授業中に落ち着きのない子どもがいて，周りの子どもたち
> にも影響を与えるような状況になってきている」と相談があった。まず，
> 日頃の状態を担任にチェックシートをもとに記入してもらい，その後，
> 学校に出向き授業観察を行った。担任の報告と行動観察から本人への支
> 援方法や学級でのかかわり方，また保護者への支援についてケース会議
> を開いた。この後，保護者にも参加してもらい，支援方針を話し合った。

　ケース会議の場では，対象児童生徒のアセスメントを行い支援方針をたて
る。担任一人に抱え込ませるのではなく学校全体で組織的にかかわること，
そこで学校が「できること」と「できないこと」を見極め，対応が困難なもの
については，学校が抱え込まず専門機関と連携していくことが必要である。
　本事例は，校内の教育相談体制が確立されており，教育相談担当者がコー
ディネーターとなり教育相談機関とつなぎケース会議をもつことができた。
この後，保護者も含めたチームでの支援を行うことができた事例である。また，
校内体制が確立されていない場合には，巡回相談で事例検討をすることで参
加者の役割が明確になり，校内体制づくりの場となることもある。

▌3　教育支援センター―適応指導教室―

　教育支援センター（適応指導教室）は，都道府県や市町村の教育委員会が教
育センターなどの施設や学校の余裕教室などにおいて，心理的・情緒的な理由
により登校できない児童生徒の学校生活への復帰を支援するため設置している
教室である。設置の目的，規模や設備，指導体制，指導内容や方法などは，自
治体によって違いはあるが，児童生徒の在籍校と連携を取りつつ個別カウンセ
リングや集団活動，学習指導等が組織的，計画的に実施されている（文部科学
省，2003）。平成28（2016）年度において，教育委員会が設置する教育支援セン
ター（適応指導教室）は，全国に1,397ヶ所となっている（文部科学省，2017）。
　不登校児童生徒のうち，この教育支援センター（適応指導教室）を利用した児

童生徒は，12.4％である。なお，教育支援センター（適応指導教室）に通っている児童生徒は，校長の判断で指導要録上出席扱いにすることができ（文部科学省，2003），通所児童生徒の82.7％が出席扱いになっている（文部科学省，2017）。

■ 1）教育支援センターの支援の実際

　A市教育支援センター「フレンドリールーム（FR）」は，「不登校の状態にある児童生徒に対し，カウンセリングによる心の安定を図り，個別や小集団での活動を通して自立心や社会性を育み学校復帰や社会的自立に向けての援助を行う」ことを目的にしている。そこは，「心の居場所」「人間関係づくりを学ぶ場」「体験活動の場」「学校復帰を目指す場」として，その子の自立に向けた支援を行い，自主活動，共同活動，学習活動，教室外活動，個別相談の5つに活動に区分けして運営している。

　「自主活動」の時間は，興味関心に応じた活動への自主的な取り組みにより心の開放や自己表現を通して自信をつけることをねらいにしている。子どもが，自分で過ごし方を考えることを重視しており，カードゲーム，卓球，バドミントン，将棋，イラスト描き，読書などが自由に選べるようできるだけたくさんの活動を準備している。「共同活動」では，みんなで同じ活動に取り組むことにより，仲間意識を高め集団の中での自己表現や社会性を育てることをねらいにしている。具体的には調理活動，園芸，スポーツ活動などを行い，秋には文化発表会を実施している。また，教室外活動では，自然体験や社会体験を通して友人関係を深めることや，興味関心を広げることをねらいとし，宿泊体験活動や保育所訪問を行っている。

　このほかにも，グループタイムと位置づけ，構成的グループ・エンカウンターやグループワークトレーニングなどのよりよい人間関係づくりに向けた体験学習に取り組んでいる。

　子どもたちが，集団活動に取り組めるようになるには時間を要するが，教育支援センターは，一人一人の思いやペースを大事にした個に応じたきめ細かな支援ができるところである。

第 4 章　相談専門機関における教育臨床の実際　51

■ 2）事例の紹介

来所に至る経過

　中学 2 年の B さんは，小学校 4 年時に集団不適応が顕著になり，友人とうまくかかわれない，こだわりが強い，些細なことでカッとなる等から病院を受診し，自閉症スペクトラムと診断された。中学校でも同級生とのトラブルが多く，次第に被害感情が強くなり，学校や教師に対しての不満を家族に訴えるようになった。中学 1 年の 2 学期から欠席が目立ち始め不登校となった。中学 2 年になり学校の勧めで来所した。

受理面接時の様子

　B さんは，相談員に同級生への恨みや学校に対する不満を次々に訴えた。一方で，修学旅行に参加したいので学校にも行きたいと話した。両親は，これまでの学校生活での不適応な状況，家庭での自己中心的な言動や興奮状態になったときの対応の困りを話し通級を希望した。保護者の了解を得て小学校時の担任，現担任に会い B さんについての情報収集を行った。

　①受理会議時点での理解
　ア）対人関係・社会性の問題
　イ）コミュニケーションの問題
　ウ）こだわりの問題
　エ）感覚の過敏さ（音・視線）
　オ）被害的言動，不安感，怒り，イライラ感
　カ）身体症状，不定愁訴
　②支援方針
　ア）被害感・怒り・イライラ感が強く，身体症状もあるので当分週 1 回の個別面接と状態をみて個別や少人数の中での活動を支援していく。
　イ）医療機関の受診を提案する。
　ウ）学校の環境調整（個別対応ができる教職員・イライラしたとき，興奮したときに落ち着ける居場所）をお願いする。ケース会議をもち評価していく。

支援の実際

　最初は，相談員を交えて少人数での卓球，ミニサッカー，散歩などの身体を動かすスポーツ活動に取り組ませた。他の生徒と遊ぶことを楽しみに通級してきたので，医療機関への受診を保護者と本児に勧めた。

　医療機関では，Bさんの辛さを緩和するために服薬を勧めたが，Bさんは拒否した。修学旅行を前にして登校回数が増えたBさんだったが，学校に対してもFRに対してもイライラ感，被害感はおさまらず，不安定な状態が続いた。そこで，学校と協議しFRと中学校，病院，父親で話し合いをもった。その結果，修学旅行の参加を条件に服薬を提案したところBさんも了承した。

　Bさんは，服薬することで自分の気持ちがコントロールできることに気づき，徐々に服薬への理解が進んだ。その後も不安定になることもあったが，定期的に支援会議を行うことで適切な対応をすることができた。

（国立特殊教育総合研究所，2006より一部改変して掲載）

　本事例は，教育支援センターがコーディネーター役となり，学校，医療機関，家庭をつなぎチームでの支援を行うことができた事例である。Bさんが受診をした早目の時期に主治医に依頼して，主治医，家族，学校長，担任，相談機関職員で，Bさんの理解と対応について話し合いをもった。会を重ねたことで，関係者が自分の役割を明確に意識することができ，チームでBさんや保護者に対して継続した支援を行うことができた。学校では，主治医を講師に迎え，全教職員対象の発達障がいに関する校内研修会を実施した。教職員のBさんに対する共通理解が図られ適切な対応をすることができた。

　こうした連携の重要なポイントはコーディネーター役となる機関の役割で，本事例はBさんと比較的良好な関係を保った教育支援センターがその役割を担い，関係機関の連絡調整を行った。医療機関への受診に抵抗感をもつ保護者も少なくないので，本事例のように学校以外の機関がコーディネーター役となることで医療機関につながることも多い。

第 4 章　相談専門機関における教育臨床の実際　　53

表 1-4-1　専門機関の内容（文部科学省，2010）

機関名	相談内容
児童相談所	18 歳未満の子どもに関するさまざまな相談（養育，乳幼児などの保健，身体・発達障害，非行や不登校等）に対応。行動観察や緊急保護のための一時保護の制度。児童虐待の通告先。
市町村福祉事務所（家庭児童相談室）	子どもに関するさまざまな相談（家庭生活・発達の問題・子育てに関する相談等）児童虐待の通告先
民生・児童委員，主任児童委員	地域住民の保護，保健・福祉に関する援助・指導。児童虐待の通告の仲介
精神保健福祉センター	こころの健康相談，精神医療に関する相談，アルコール・薬物依存，思春期精神保健等の相談
少年サポートセンター	警察の設置するセンターであり，非行，問題行動，しつけ，犯罪被害に関する相談
少年鑑別所	非行に関する保護者・教職員からの相談
少年補導センター	非行や不良行為，犯罪被害，非行防止・健全育成に関する相談
大学附設心理相談室	乳幼児から成人までの悩み（育児や発達，性格や行動等）
NPO 法人等	不登校，いじめ，少年非行等に関する支援および相談
発達障害支援センター	発達障害に関する相談，支援

┃ 4　その他の相談専門機関

　児童生徒に対する支援については，教育相談機関だけでなく，福祉・保健医療・司法分野などの公的機関をはじめ民間施設や NPO 等においてもさまざまな取り組みがなされている。学校は，それぞれの機能について十分理解を深め，専門機関のスタッフとつながっておくことが大事である。そのためには，日頃から積極的に情報交換や連携に努めることが大事である（文部科学省，2010）。

　また，学校は地域の専門機関を一覧表にしておき必要な時にすぐに連絡ができるようにしておくことが望まれる。

┃ 5　連　携

　児童生徒が抱える課題について，学校は担任だけに抱え込ませることなく校内で情報を共有し，早い段階からスクールカウンセラーやスクールソーシャル

ワーカーと連携協力し，チームを組み組織的に対応していくことが大切である。

しかし，学校だけでは限界があり，対応が困難だと判断した場合は，学校だけで抱え込まず専門機関と連携していくことが必要である。その際は，保護者と相談しながらプライバシーの保護や秘密の保持に十分注意し，保護者が学校から見捨てられたと感じることのないよう紹介していくなどのきめ細やかな配慮を忘れてはならない。

また，保護者や児童生徒が専門機関に相談に行った場合には，専門機関に任せきりにせず保護者の了解を得て連絡を取り合い，学校・家庭・専門機関が協働して支援をしていくことが大切である。

学校にスクールソーシャルワーカーが配置されていれば専門機関等とのネットワークの構築，連携・調整を担うことができるので，効果的に活用していく。

引用文献

中央教育審議会　2015　チームとしての学校の在り方と今後の改善方策について（答申）
不登校に関する調査研究協力者会議　2016　不登校児童生徒への支援に関する最終報告
文部科学省　2003　不登校への対応の在り方について（通知）別記「不登校児童生徒が学校外の公的機関や民間施設に置いて相談・指導を受けている場合の指導要録上の出欠の取扱いについて」
文部科学省　2010　生徒指導提要
文部科学省　2016　平成28年度「児童生徒の問題行動等生徒指導上の諸問題に関する調査」
日本学校教育相談学会刊行図書編集委員会　2006　学校教育相談学ハンドブック　ほんの森出版
大分市教育委員会　2017　平成29年度　大分市の教育

（髙山美津子）

コラム1 ひきこもり ◇◇◇◇◇◇◇◇◇◇◇◇◇◇◇◇◇◇◇◇◇

　一時的に部屋などにこもって外部からの刺激を絶ち，好きなことや休養にふけることが気分転換になる人は多い。何かとの「つながり」から距離をおくことは，心をストレスの負荷にさらし続けないための工夫の一つでもある。しかし，支援を必要とするひきこもりの当事者たちは，そこから脱しようとしても失敗を繰り返したり，その努力が認められないことで力を失った経験を少なからずもつ。自分を守るために始めたひきこもりが徐々に生活を支配していき，少しずつ安心して過ごせる場所が減っていく不安と恐怖が膨らんでいく経過をたどっている。

　厚生労働省は，ひきこもりを「様々な要因の結果として社会的参加（義務教育を含む就学，非常勤職を含む就労，家庭外での交遊など）を回避し，原則的には6ヵ月以上にわたって概ね家庭にとどまり続けている状態（他者と交わらない形での外出をしていてもよい）」（2010）と定義した。同報告では，ひきこもりの背景に精神疾患（発達障害やパーソナリティ障害を含む）が一定の割合で潜在することも示唆されている。また内閣府（2010）によると，ひきこもり事例全体のうちの2割が不登校からひきこもりへと移行していた一方で，職場での不適応や求職活動の不調といった就労に関わるつまずきがきっかけとなった事例が4割にのぼっていた。さらに上記調査では対象外だったが，40代以降の，比較的高齢で社会との断絶期間も長いひきこもり者も数多くいるといわれており，若者を想定した対応だけでも不十分である。

　このようにひきこもりの背景要因は多様で重複しており，求められる支援も，適度な外出先や社会参加の場を創りだし用意するような社会的なものや，診察やカウンセリング等，専門的で個別的な対応を行うもの，福祉や行政のサービスにつなぐものなど，多岐にわたる。

　つまりひきこもりへの支援には，まず背景にどのような困難があるのか，ニーズを丁寧に見立て，適切な支援を選択し，そこに誘導する作業が重要となる。地域には，ひきこもり地域支援センターや精神保健福祉センターといった，ひきこもり相談の窓口がある。また経済的な困りを取りかかりにして，地域の社会福祉協議会等が支援の窓口となることも可能となってきた。それらを基点に，教育，医療，福祉，行政，NPOなどさまざまな関連領域が「つながる」ことで，多様かつ個別的なニーズに過不足なく応えていくことが必要だろう。

　ひきこもりは，当事者が他者との関係や行き場所といった「つながり」を失った状態である。その家族も，自分たちで解決しようと抱え込むことで社会との「つながり」を失い，困りが顕在化するまでに時間がかかることも少なくない。ひきこも

り問題の本質の一つは，「つながりの喪失」といえる。

その中で，教育領域ができることは何であろうか。内閣府の 2016 年の調査では，ひきこもり状態にある人たちの多くは対人関係の苦手意識が強く，小〜中学校時代は友人と話した経験が少なく，教師との関係のうまくいかなさを感じる人も多かったとのことだ。ひきこもり当事者の多くが，実際にはひきこもる前から他者との「つながり」の感覚が乏しかった，との結果は示唆的である。他者と「つながる体験」ができる関係を育むには，互いに理解し合えるような，平等で安心な人間関係を築く，自分の感情をことばにして表現する，すれ違いを解決するといった体験やスキルが必要である。そしてその土台となるのは，大人から「分かってもらえた」「受け止めてもらえた」という体験だろう。さまざまな面をもつ個として子ども一人一人が理解され，それに応じたかかわりや配慮が行われることで，埋もれている子どもの孤独や苦しみが受け止められ，「つながる」体験がもたらされる。学校での子どもの生活を，「つながる」をキーワードに見直すことには，一定の価値があるのではないだろうか。

さらに，子どもの発達の偏りや虐待などのような逆境的な生活環境は，学習面でも対人面でも，結果的に達成を阻害することにもなりやすく，子どもの孤立のリスクとなりうる。学校は，必要に応じてスクールカウンセラーや教育委員会，福祉行政機関，児童精神科医療などと連携して，子どもの困りを早期に発見し，適切な環境調整を行っていくことで，子どもに「つながる」体験をもたらす起点になるという，重要な役割も担っている。

また特に不登校の場合は，卒業や中退の後に社会との接点を失ってしまうことも多い。卒業後も困ったときは母校に帰って情報が得られたり，卒業前のガイダンス等のときに地域の相談窓口や就労支援機関を紹介してもらえると，当事者や家族が社会とのつながりを切らさない有効な配慮となるかもしれない。

このように一人一人の子どもに対して，「どんな力や体験，環境があれば他者や社会とつながり続けることができるのか」という視点で関わりを検討していくことが，ひいてはひきこもりの予防や早期回復にも効果をもたらすのではないだろうか。ひきこもりは，教育，医療，福祉，行政などさまざまな領域の狭間に陥りがちな問題である。だからこそ，それにかかわる人それぞれができることをもちよることで，より豊かで多様な大人への育ちを創りだすことに成功した地域もある。「この子らを世の光に」とは糸賀一雄氏のことばだが，若者や青年を「世の光」にすべく，大人たちが知恵を出し合い，「つながる」ときが来ている。

引用文献

厚生労働省　2010　ひきこもりの評価・支援に関するガイドライン
内閣府政策統括官　2010　若者の意識に関する調査（ひきこもりに関する実態調査）報告書

内閣府政策統括官（共生社会政策担当）　2016　若者の生活に関する調査報告書
糸賀一雄　2003　この子らを世の光に—近江学園二十年の願い【復刻版】　NHK 出版

推薦図書
内閣府　2011　ひきこもり支援者読本
近藤直司　2001　ひきこもりケースの家族援助—相談・治療・予防　金剛出版
近藤直司　2017　青年のひきこもり・その後—包括的アセスメントと支援の方法論　岩崎学術出版社
斎藤環　2002　「ひきこもり」救出マニュアル　PHP 研究所
斎藤環・畠中雅子　2012　ひきこもりのライフプラン—「親亡き後」をどうするか　岩波書店
斎藤環　2016　ひきこもり文化論　筑摩書房

（川島英行）

第2部

教育臨床の実践的基礎

◆･◆･◆･◆･◆･◆･◆･◆　第1章　◆･◆･◆･◆･◆･◆･◆･◆

子どもの発達と問題，そして必要な関わり

1　子どもの発達について学ぶ必要性

　教育活動の対象となる児童生徒（子ども）は，発達し続けている。子どもの発達には，発達段階や発達課題があり，個人差も大きい。子どもの発達・教育に関わるときには，子どもを発達の文脈から捉え，子どもの来し方，行く末を視野に入れて関わる必要がある。どこはきちんと発達してきているのか，どこが積み残されているのか，発達にどのようなでこぼこや，強み・弱みがあるのか，発達可能性はどうなのかという視点である。発達が質的に変換する時と，子どもの環境が変わる時に問題は現れやすい。反対に，発達段階に関係なく生じる可能性のある虐待や喪失体験，急性ストレス障害（ASD）や外傷後ストレス障害（PTSD）などもある。

　教員は，自分が関わっている校種の各学年の平均的な子どもの発達の姿を理解してはいるが，個人差のある一人一人の子どもの理解には弱い面をもっている。また，子どもの発達は，家庭環境や社会環境・社会的情勢など，社会文化的な影響を受けやすいので，子ども全体として大きな変化が生じてきたり，個人的に歪みが発生してきたりもする。その全体を包む変化や，個人差の表れに対しても対応していかなければならない。教育活動や発達支援に関わる際には，常に，自分の子ども観，発達観，教育観，人生観などを問い続けなければならないし，子どもとの関わりからそれらを練り上げ，作り変えていくことが必要となる。

　特に，現代日本社会では，大変スピードの速い社会的変化が継続的に続いている。グローバルに，国や社会，地域が直接的な影響を受け，それが，家庭，子どもへと間接的に影響を及ぼしていく。また，社会経済の変動や，急激な情報

第1章　子どもの発達と問題，そして必要な関わり　**61**

社会化が進んでおり，自然災害や気象災害も多くなっており，社会への影響と
同時に，子どもへの影響も看過できない。

　そのような中でも，変わらない子どもの発達の姿がある。以下に，子どもの
発達段階ごとの発達課題や発達の姿，その段階で生じやすい問題や，必要な大
人の関わりについて概説する。

▌ 2　赤ちゃん時代

　エリクソン（Erikson, 1950）は，赤ちゃん時代の発達課題として「基本的信頼
感の形成」をあげている。それは，安心感・満足感・信頼感が形成できるよう
な，一貫した温かい世話や遊びを通して，自分への信頼，人への信頼，世界へ
の信頼を基本的に形成することである。ボウルビィ（Bowlby, 1982）によると，
それは愛着形成という概念で示すことができる。人の子は，約9ヶ月間，母親
の胎内で育ち，へその緒を断ち切られてこの世に誕生してくる。そのあとに結
ばれるのが，心の絆（愛着：アタッチメント）である。愛着には，安定した愛
着と，不安定な愛着がある。そしてその愛着のスタイルは，各人に「内的ワー
キング・モデル」として機能するようになるといわれている。愛されて育ち，
人を信頼できるようになった子どもは，人との関わりに信頼を置くことができ，
世界を広げていくことができる。反対に，不安定な愛着しか形成できなかった
子どもは，大人からの注意・関心を引くことに時間とエネルギーを使うように
なったり，あるいは，意欲が乏しく，人との関わりに対して消極的になったり
しやすい。愛着形成が乏しいことから生ずる問題は，一般的には愛着障害と呼
ばれる。DSM-5（2014）では，前者の形を脱抑制的対人交流障害，後者の形を
反応性アタッチメント障害と称する。幼児期以降，さまざまな形で問題として
現れてくることになる。

　赤ちゃん時代には，人との関わりは安心で楽しいということを体験を通して
感じさせることが必要である。また，安定的な生活リズムと人間関係が，発達
を保障する。そして，そこからエネルギーを得て，0歳児であっても，好奇心
に満ちた自発的・主体的な動きが現れてくることになる。また，そのような行
動を制限せず，促進するような環境や「応答的環境」が望まれる。

3 幼児前期

　1歳から3歳までを，幼児前期という。この発達段階の発達課題は，「自律性の形成」である。自分の手を使って操作することによって，それまで養育者に全面的に依存していた生活面の自立が始まり，また歩いたり走ったりできることと筋肉や神経のコントロールによって，自分の身体と行動をコントロールできるようになる（自律）。さらには，言葉によるコミュニケーションが始まる。

　移動能力を使って，自己世界を拡大していく時期である。子どもが養育者から分離し，自立的に体験し，養育者のもとに戻ってきて自分の経験を共有してもらうという，コミュニケーションする喜びと，体験したことを他の人と共有する喜びをこの時期に体験しておく必要がある。また，この時期には，自分のやりたいことと，養育者のやらせたいことやしてもらいたくないことなどがぶつかるようになり，第一次反抗期と呼ばれる段階にはいる。子どもは，1歳8ヶ月くらいから「だめ」と言って，養育者の意向を退けはじめ，自己主張をするようになる。その頃から本格的に始まるしつけが，トイレットトレーニングであり，自分で食べたり，歯を磨いたり，手を洗ったり，服を脱ぎ着することである。「基本的な生活習慣上のしつけ」が本格的に家庭の中でなされる。子どもは，それらのしつけを受けながらも，自分でやったらできるという自律感と自立感を獲得していくのである。

　しつけの大前提は，しつける養育者との間の信頼関係であり，その大前提がない関係ではしつけを行うことはできない。現代の養育者は，しつけに対してエネルギーと時間を節約する傾向にあり，幼児後期の集団生活に入る際に，家庭で行っておくべき基本的なしつけと生活の自立がまだ整っていない幼児や，生活リズムが整っていない幼児も多くなっている。さらに，養育者が使用しているスマートフォンを安易に子育てに使用することから，幼児期前期に体験しておくべき遊びや経験や，養育者との共有体験が少なくなっていることも懸念される。

　さまざまなしつけを通して，依存していた段階から，自分でできるようになることを体験し，子どもは一層，自主性や自信や自分を大切にするこころを形成していく。またそのようになることを祈りながら，養育者は関わっていきた

いものである。1歳後半から3歳頃までは，第一反抗期でもあり，子どもは依存と自立に葛藤し，大変アンビバレントである。養育者がそのような子どものアンビバレントに耐え，「安全基地」として機能していくことが，この発達段階では求められる。この時期の子どもは，「寝ているときは天使で，おきているときは悪魔か怪獣」といわれるほど激しく揺れ動く。したがって，養育者も揺り動かされ，良い親になったり悪い親になったりしやすく，虐待が発生しやすい時期でもある。また，子どもを育てているときには，養育者の子ども時代の体験や気持ちが再燃してくるともいわれている。養育者が幸せで豊かな子ども時代をもっていれば，自分の子どもとの関係にプラスに働くが，反対に，子ども時代に傷や欲求不満・恨みなどを抱えている場合には，マイナスとして働いてしまうことがあるので，注意を要する。

▎4　幼児後期

　3歳から6歳までを幼児後期と呼ぶ。この時期，それまで家庭内を中心として生活していた子どもたちは，本格的に幼稚園や保育園・こども園，近所などの小集団へと所属場所を広げていく。その中で，親とは異なる大人や同年齢・異年齢の友だちとの関わりを新たに体験し，成長に必要なさまざまな体験を広げていく。「積極性」の発達課題の時でもある。

　特に，友達との遊びや集団活動は，子どもをさまざまな体験へといざない，子どもの社会化を促進する。幼児前期から続く家庭内での社会化と同時に，小集団社会における社会化が進んでいくのである。子どもは，他の子どもと接することによって，他の子どもにも気持ちがあり，やりたいことがあることを学習し，関わり方を学んでいく。当然のことながら，自分中心では子ども同士では遊んでもらえないので，いざこざなどを通して，感情や行動のコントロールを学習していくことになる。

　また，集団活動ではさまざまな活動が準備されており，子どもは自分だけで挑戦したり，みんなと一緒に挑戦したりしながら，成功感と失敗感を味わう。その過程で，がんばることの面白さを学び，成長していくことへの喜びを体験するのである。集団生活の中で，「おともだち」を認識するようになり，友達と

の関わりの中で，子どもはその年齢なりの共感性や思いやりの心を発達させる。

　幼児後期には，生活習慣の確立のために，規則正しい生活を心がける必要がある。早寝・早起きをし，しっかりと朝ごはん，昼ごはん，晩ごはんを食べ，活動時間と休養時間を区別して身につけさせる必要がある。また，家庭でも，幼稚園など教育機関や保育園などの福祉的機関でも，子どもがさまざまな体験をできるように環境を準備する必要がある。子どもの興味関心を体験的に広げ，子どもが感動したり発見したりしながら，その方向へどんどん伸びていくようにしたい。幼児前期から始まる絵本の読み聞かせは継続的に行いたい。4歳くらいになると読み書きにも興味をもつようになってくる。

　この時期の子どもに対しては，子どもなりにさまざまなストレスと疲れも感じているので，家庭では子どもの身体の休養と心の安定を図り，元気にして，また子どもを外の世界へ押し出したり，誘ったりすることが必要となる。大人の興味関心や世界が限定的であると，子どもの体験する世界は広がりにくいので，養育者も意識して世界を広げていき，子どもにさまざまな体験を準備してやる必要がある。小集団の中での社会化が進み始める時なので，子どもながらにいやな体験やストレスも感じている。子どもの心身の状態をチェックし，子どもが体験していることを共有していくことが望まれる。そして，家庭と園によって，幼児期が終わるまでには，子どもに小学生になるための力をつけておきたい。したがって，幼稚園・保育園・こども園で幼児に関わる先生たちには，この段階の幼児の発達を理解した上での，養育者・家族への子育て支援が求められる。

‖ 5　児 童 期

　一般的に，小学生の時期を児童期と呼ぶ。「勤勉性」の獲得と同年齢同性集団と関わることが大きな発達課題である。しかしながら，幼児期の心性が残る小学校1年生と，プレ思春期（第二次性徴開始の2年前からをプレ思春期と呼ぶ）に入る3・4年生，思春期に入る5・6年生を除くと，純粋に児童期と呼べる時期は，男女差や個人差はあるものの，小学校の2・3年生であり，その時期は大変短くなっている。

第1章 子どもの発達と問題，そして必要な関わり　65

　小学校に入ると，それまでの母性的な集団とは異なり，さまざまな大人やお兄さんお姉さんのいる世界に入っていくことになる。また，地域での遊びや探検活動が盛んになる。小学校では，他律的な枠のきつい生活に入ることになる。勉強が始まり，子どもは自分の興味関心の文脈から離れた学習内容に一定時間取り組む。その学習活動を通して，知的世界を拡大し，教材や教育の工夫により，具体的知能から抽象的知能へ，また主観的ものの見方から科学的・客観的ものの見方・考え方へと，知的に発達していく。その過程で，子どもの自己中心性は脱中心化されていく。幼児期よりは，学校で過ごす時間は圧倒的に長くなり，社会生活は拡大され，徐々に社会的視点をもつようになる。子どもにとっての重要な人物が，幼児期には親であったが，小学校低学年では先生になり，小学校中学年以上になると友達になる。友達関係をもてるようになることは，小学校時代にはたいへん重要な課題となる。その関係が，のちの養育者からの分離・独立を進め，自己確立を進めていく際に役立つものになるからである。いわゆるギャングエイジといわれるような，同性同年齢の群れ集団で遊ぶことは少なくなったが，同性同年齢の子どもたちと一緒に遊び，秘密の体験を共有し，大人の世界から距離をおくようになれることが，この時期の社会性や対人関係能力の発達にとっては大切である。ルールのある遊びも，複雑なものに徐々にトライできるようになる。スポーツや対戦型のゲームはその典型である。この時期，健康な子どもは，集団生活を楽しんで体験し，競争と協力の双方を体験し，一緒に何かをすることの楽しさを身をもって知り，負けてもまた勝ちをめざし，勝ってもおごらずに対戦相手の努力をたたえるというような社会性を培う。一緒に生きているという連帯感を養うのもこの時期である。

　一方，小学校4年生，2分の1成人式を迎える10歳が，認知的にも情緒的にも大きな転換点となる。このころ，脳は一定水準まで成長し，子どもは人と自分を見る視点を内面化・社会化できるようになる。したがって，自分や人を外面だけで見るのではなく，パーソナリティやその人らしさで眺めることができるようになり，人との関係においても役割や地位などでふるまいや言葉遣いを変えることができるようになる。まわりからどのように自分が見られるのかという目を意識することができるようになり，そのモニタリング力が，子ども自身の行動をコントロールするようになる。また，自分であることや孤独である

ことを，これまでとは違う水準で味わうようになる。さらには，体験的にしか理解できなかったことがらが，形式的操作によって体験的ではなくても考えたりイメージできるようになる。一方，そのような能力を使って，子どもは自分が大人になっていくということをイメージできるようにもなる。また，「死ぬ」ということも考えられるようになるので，10歳のころは一時的に不安定になることがある。自殺もできるようになる。反対に，将来のなりたい自分をイメージし，それに向かって動機づけられるようにもなっていく。

　この時期，養育者に求められることは，生活面で自立したように見えるからといって，子どもはまだ真に自立できているわけではないことを知っておくことである。子どもは，まだ養育者に依存しているので，依存に応えつつ，子どもの体験の広がりと深まりを励ましていくことが求められる。特に，現代家庭では，ゲームやスマホ，まんが・テレビ・スナック菓子等に子どもを子守させる傾向や，おけいこごとや塾でしばりつける傾向があるが，この年代の子どもに必要なことを考えるならば，友達とどのように遊びこめているかに注意を払うべきである。小学校中学年くらいから，特に女子では，子ども同士の間でいじめ問題も深刻になってくる。養育者は，出すぎてしまうことなく，子どもが自分で対人関係能力をつけていくことができるように教育する必要がある。自分が子ども時代にいじめにあっていたという養育者や，被害的に感じやすい養育者は，子ども同士の日常的に発生しやすいトラブルやけんかまで，深刻に受け止めて過剰に反応することがある。親が動きすぎることで，子ども同士の関係が壊れ，修復不能になることがあるということを考慮して，自分の感情や行動をコントロールすることが求められる。子ども自身が，自分のつらい経験を工夫して乗り越えることをサポートしたり，さまざまな体験から何を学ぶとよいかを家庭教育として与えていくことが，養育者には求められる。学校の先生には，このような児童期の発達を理解したうえでの関わり・教育が望まれると共に，保護者との関わりや対応が求められる。

6　思春期・青年期

　子どもは，第二次性徴とともに，思春期に入る。性ホルモンと成長ホルモン

の盛んな分泌によって，子どもの身体は変化し始め，それとともに心もものの見方も人間関係のもち方も大きく変化し始める。子どもから大人への長く続く移行期の始まりである。女子では，小学校高学年から，男子では中学生くらいから，思春期に入ると考えてよい。ちょうど，中学生の時期が思春期の真っただ中であり，高校生になると青年期の初期の頃となる。

　この時期の中心的発達課題は，「自我同一性の獲得」「自分つくり」である。児童期までの育ててもらっていた自分から，自分で育てていく自分に変更していく必要がある。自分つくりの第一歩は，自分らしさを探すことであり，自分らしさを見つけることである。自分の好きなものやこと，興味のもてるものやことなどを探しながら，「自分」を探す旅が始まり，その果てには自分つくりが進んでいくと考えられてきた。しかしながら，現代の中高生は，勉強や部活や塾やさまざまな遊び，ゲーム，SNS の利用等で忙しい状態に自分を持ちこむことができすぎるため，自分に向き合ったり，掘り込む時間や機会が少なくなっているといわれている。また，中学校以降では，成績の点数や順番，あるいは偏差値が子どもを見る尺度になってしまい，その側面でしか自分を捉えることができなくなりがちである。中学から高校への進路指導は，点数と偏差値による進路先指導で終わりやすく，高校から大学への進路指導も，本人の興味関心や能力・適性，将来の仕事をしっかり見定めたうえでの進路指導とはなっていない現状がある。さらには，現代の子どもは，見通せない社会状況の中で，こうなりたい自分やこうありたい自分についてイメージをもちにくくなっている。外側の自分はとりあえずあっても，内側からの自分を確実には育てにくいのである。

　時代的背景はさておき，本来的には，思春期・青年期は，自分自身の価値観や物差しをつくり始める時期である。外から見られている自分と，自分で感じる自分に違和感を抱けば，外から見られていた自分を一度破壊し，自分らしさをつくり出さなければならない。思春期に入ると，多少の差はあるが，自分とは何だろう，自分は何のために産まれて生きているのだろうと考え始める。改めて自分が産まれ生きている意味を主体的に獲得したり付与する必要が生じる。自分のとりえや，能力探しをすることによって，やりたいことが見つかると，自分を主体的に生み出すことができる。しかしながら，この自分探しの過

程は，それほどたやすくはない。なぜなら，中学生になると高校進学をめざし，高校生になると大学進学や就職をめざして競争時代に入り，目の前のハードルをクリアしていくことに追い込まれ，息抜きやストレス発散のためのこまぎれの遊びや自由時間しか与えられていないので，自分について考えたり，自分に出会うための体験や余裕が与えられていないからである。それゆえに，大学生になってから，やっと自分探しが始まるということもまれではない。

　親や大人との関係では，物理的に距離ができるだけではなく，心理的にも距離ができる。健康に育ってきている子どもは，順調に友人関係や先輩や信頼できる先生との関係に入っていく。そして，親の手が届かない秘密の世界と時間をもち始める。そして一人で生きていく力を少しずつつけていく。つまり，親離れが始まる。子どもは，あやうい自分を必死に守ろうとし，親に反抗し（第二次反抗期），それまでに形成していたと思われる生活やしつけがいったん崩れたかのように見えることもある。しかしながら，それは一時的なものであることが多く，自己管理する力をつけるようになってくる。親と行動をともにすることも減るが，そうであるからこそ，一層，養育者からの食事や洗濯などの日常的な世話と「見ているよ」というメッセージがきちんと届く関わりが必要となる。親との絆は切れるわけではなく，深化し見えにくくなるが，深い絆や関わりを感じられるようになるほど，子どもは自由に自分を探し，作っていけるようになるのである。親から分離できるようになると，主観的に見ていた親を，対象化して客観的に見ることができるようになり，最終的には，親を理解できるようにまでなる。それは，青年期の後期まで待つ必要があるが，その後の分離・独立・ひとりだちへとつながる。そこまでいくと，親が何をしてくれていたのかがわかり，感謝や労いの心ももてるようになる。一方，親から成長へのエネルギーがあまりもらえていない子どもは，友達関係もつくりにくく，ひきこもりやすく大人になりにくい。また反対に，親への不満・不信・怒り・恨みなどをたくさん抱えた子どもは，非行問題を起こしたり，親から突然分離する事態をつくり出すこともある。

　子どもは，毎日の出来事から，自分の能力や可能性に気がつくようになるが，一方では自分の限界や有限性・課題・駄目さにも気づくようになる。また，複雑な友人関係や人間関係，インターネット上の架空的・匿名的人間関係でも傷

第 1 章　子どもの発達と問題，そして必要な関わり　　**69**

ついたりする。そのために，落ち込んだり無気力になったり，不安定になった
り，人と距離を取ろうとしたりもする。それが，さまざまな思春期青年期特有
の問題行動や症状となって現れる。

　性的な自分との出会いは，思春期特有のものであり，ある子どもにとっては
大変な驚きと揺り動かしになる。自分の身体の変化や性的な部分や異性への興
味を受容し，同性と共有することによって，コントロールしていくようになる
ことが大切である。命・子孫を産みだすことができるようになった自分という
存在と能力に気づくと同時に，異性との付き合い方についても学ぶ必要がある。
一方で，セクシュアル・マイノリティ（LGBT）（精神療法，2016）など，生物
学的な自分と心理的な自分に性別違和を感じたり，性的な対象への関心のあり
ように関して一般とは異なる自分を見出す場合もある。それらも，自己理解と
自分探し，自己形成のひとつの課題であり，プロセスとなる。

　認知的には，抽象的思考や科学的な問題解決能力が高まる。明らかになって
いることを暗記して覚えるだけではなく，課題設定をし，課題解決に向けて考
えていくという訓練が必要となる。何のために勉強するのかを自分の中で明確
にできなければ，勉強に対して動機づけられなくなるのも，この時期からの特
徴である。外からの押しつけだけでは動けなくなるのである。本人の自覚と目
的意識が，勉強や大人になることに対しては，特に大切となる。

　青年期は特に，大人になる準備としての移行期間である。社会や現実がどの
ようになっているのかを，自分の現実も含めて理解し，そのうえで自分が変化
の激しい社会とどのように関わり，位置づいて生きるかを探し，大人として・
職業人として生きていくための具体的な準備をする必要がある。

　この時期の子どもに接する際には，「取扱い注意」の時期であるので，養育者
を含む大人はいくつもの注意点を守る必要がある。揺れ動きながら生きている
子どもを，信じて見守り，成長と幸せを深く祈ることである。そして必要な関
わりや世話を淡々とすることである。また，子どもの依存と自立の葛藤を理解
し，依存は軽く満たしながら自立へ押し出すことが望まれる。子どもに侵入し
すぎることなく，必要な世話とアドバイス，見ているよというメッセージを伝
え続けることである。もし，子どもが思春期特有の問題行動や症状を呈したと
きには，どのように適応が破たんしたのか，どのあたりの発達課題の積み残し

が現れてきているのか，病理が現れてきたのかなど考え，対応する必要がある。思春期以降は，成人と同じ精神症状が現れるようになる。うつや気分障害，統合失調症などの精神疾患も発症しやすいことを理解しておく必要がある。

　思春期青年期の子どもは，さなぎの段階であるといえる。さなぎの殻に守られて，子どもは蝶へと変身するべく大変大きな作業に取り組んでいる。どうなっているか気になるからといって，むやみにつついたりさわったりすると，さなぎ自体が死んでしまい，蝶として羽化するというメタモルフォーゼは発現しないことになる。また「大人になるとはどういうことか，大人として生きるとはどういうことか」についても，子どもと一緒に考えていく姿勢が望まれる。

　発達障害やその傾向をもつ子どもにとっては，成長していくこと自体，成長と同時に，学校や友達などの環境が変わること自体がストレスである。進路について考えていく際にも，親や先生がまず子どもの特性などについて理解をしっかりと持ち，本人の自己理解を進める必要がある。そして，本人の興味関心や特性，能力，強みと弱みなどを一層考慮する必要があるので，専門家と相談しながら進めていくことが望ましい（第3部第8章参照）。

引用文献

Bowlby, J.　1982　*Attachment and loss: Vol.I. Attachment.* 2nd ed. New York: Basic Books.（Original work published 1969）（黒田実郎・大羽蓁・岡田洋子・黒田聖一（訳）　1991　母子関係の理論［新版］（I）：愛着行動　岩崎学術出版社）

Erikson, E. H.　1950　*Childhood and society.* W. W. Norton.（仁科弥生（訳）　1977　幼児期と社会I　みすず書房）

日本精神神経学会　2014　DSM-5 精神疾患の分類と診断の手引き　医学書院

精神療法Vol.42 No.1　2016　セクシュアル・マイノリティ（LGBT）への理解と支援　金剛出版

（武内珠美）

◆・◆・◆・◆・◆・◆・◆・◆・◆ **第 2 章** ◆・◆・◆・◆・◆・◆・◆・◆・◆

教育臨床の考え方・進め方・学び方
―カウンセリングからケースマネジメントまで―

1　教育臨床の考え方

1）教育臨床の考え方

　序論で述べたように，教育臨床は，幼児児童生徒一人一人の心と発達を大切にするという姿勢に立ち，一人一人の呈する問題行動や不適応状態，症状あるいは困りに対して，その本人への理解と問題へのアセスメントを適切に行うことによって，本人またはその保護者などに，望ましい対応・支援（援助）について，助言指導するとともに，本人の「人格の完成」と「社会の形成者の育成」という視点から支援を総合的にトータルサポートすることによって具体化するものである。

　この教育臨床の考え方は，文部科学省がいうところの「教育相談」に近いが，あえて教育相談という用語を使わずに，教育臨床という用語を使っているのには理由がある。なぜならば，一つには，従来から「教育相談」は，「生徒指導」の一部であると考えられ，小中高等学校の組織や校務分掌の中で，生徒指導の中に入れられたり，あるいは学校によっては，生徒指導と並べられたり，「進路指導」はまた別であったりと，学校教育の中でも位置づけが明瞭でなかったからである。「教育相談」だけでは役割が弱く，やせ細ってきているという印象が否めないからである。

　また，実際に，問題を抱えた児童生徒に対して個別の教育相談を実施することになると，教育相談というレベルで終わるケースもあるが，実際には助言指導や相談で終わるだけではない，さまざまな支援計画が必要である難しいケースや支援経過が長引くケースがあることが多い。そして教育相談から，個別の学習支援や授業づくり・学級経営・学年経営・学校経営での工夫，生活指導，

家庭への介入，進路指導（キャリア教育），就学支援，特別支援学級との連携，学校外の専門機関との連携など，包括的・重層的で時間軸をもった支援，つまりトータルサポートが必要であると実感してきたからである。さらには，個別の支援が必要な幼児児童生徒へのアセスメントと具体的な対応・支援を実践しながら，校内のさまざまな教育組織や教育機能を有機的につないでいくべきであり，また学校外の専門機関との連携・協働を展開しながら，学校と家庭と地域を子どもたちが育つ場としてさらに整えていくことができると考えるからである。したがって，「教育相談」という用語を使ってもよいが，あえて「教育臨床」という用語を使用している。問題を呈している児童生徒に対して，個別性を重視して展開する支援と教育から，学校内での全体的教育活動にもつながり発展し，学校外ともつながっていく「教育臨床」という概念と実践を育てたいという考えからである。

この考え方は，平成27（2015）年に中央教育審議会が，「チーム学校」「学校と地域の連携・協働」という概念でまとめた考え方を先取りしたものであるといえる。

■ 2）初期の教育相談

ここで，初期の教育相談について概説する。昭和56（1981）年に，当時の文部省は「教育相談とは，一人一人の子どもの教育上の諸問題について，本人またはその親，教師などに，その望ましいあり方について助言指導することを意味する。言い換えれば，個人の持つ悩みや困難の解決を援助することによって，その生活によく適応させ，人格の成長への援助を図ろうとするものである」と定義している。そして，教育相談は，生徒指導の一部として位置づけられている。さらには，その上位概念ともいえる生徒指導は，教科教育と並んで教育活動の一つの柱であると位置づけられている。平成3（1991）年に出された「小学校生徒指導資料集7 小学校における教育相談の進め方」（文部省）においては，教育相談の役割について，

・個性的な成長課題への援助を通して個性の伸長を図る

・自己を見つめることで価値の内面化を促進する

・自己理解への援助を通して，個性的自己形成に寄与する

・受容を通して自己と周囲との関係についての理解を促進する

・保護者との面接を豊かなものにし，生徒指導の成果を高める

・システムづくりによって効果的な環境を準備する

・学級経営に教育相談の視点を導入する

とし，具体例なども提示している。しかしながら，書かれている内容についての具体化が，学校現場では難しかった。

■ 3) 最近の生徒指導と教育相談

その後，児童生徒の不登校，いじめ問題，暴力行為，非行問題などだけではなく，多様化し複雑化・重複化する諸問題や，平成 18（2006）年秋に全国で相次いで起こったいじめ自殺など多発する事件・事故の対応や自然災害など緊急時の児童生徒に対する心のケアが大きな社会問題として捉えられるようになり，「平成 19 年度児童生徒の問題行動等生徒指導上の諸問題に関する調査」が実施され，調査結果が公表された（文部科学省初等中等教育局児童生徒課，2009）。そして，教育相談に関しては，「児童生徒の教育相談の充実について（報告）―生き生きとした子どもを育てる相談体制づくり―」が，「教育相談等に関する調査研究者会議」をうけて，平成 21（2009）年 3 月に文部科学省初等中等教育局児童生徒課からまとめられた。さらには，学習指導要領の改訂に際して，平成 22（2010）年 3 月には文部科学省から「生徒指導提要」が出された。

「生徒指導提要」では，小学校段階から高等学校段階までの生徒指導の理論・考え方や実際の指導方法等について，時代の変化に即して網羅的にまとめ，生徒指導の実践に際し教員間や学校間で教職員の共通理解を図り，組織的・体系的な生徒指導の取り組みを進めることができるよう，生徒指導に関する学校・教職員向けの基本書として内容が取りまとめられている。239 ページにわたる網羅的な内容で構成されており，第 5 章として「教育相談」が取り上げられている。また，第 6 章「生徒指導の進め方」は，「I　児童生徒全体への指導」と「II　個別の課題を抱える児童生徒への指導」の 2 部構成となっており，「第 2 節　発達に関する課題と対応」では，発達障害の問題が取り上げられている。さらに「第 8 章　学校と家庭・地域・関連機関との連携」も扱われている。最後には，現代社会における教育の使命として，「国民一人一人の幸福を実現し

74 第2部 教育臨床の実践的基礎

つつ社会の発展を図っていくことが期待されています」とし，「原動力となる
のは，やはり人づくりであり，教育の営みそのものにほかなりません」と述べ，
社会変化を踏まえて「こうした状況のなかで，大人へと育っていく児童生徒に
は，今まで以上の資質や能力が求められ，抱える課題や問題に対処し，その解
決を図る力が求められるようになってきているといえるでしょう。そのことは，
とりもなおさず，教育に課せられた使命と生徒指導の役割が，より一層大きな
ものになってきていることを意味しています」と記している。最後には「これ
からの私たちの社会に新たな地平を拓き，人々の個々の幸福の実現と社会の発
展を展望するとき，社会の形成者としての資質を涵養する生徒指導こそがカギ
となるといっても過言ではないでしょう」とまとめている。

　「生徒指導提要」の「第5章　教育相談」では，「教育相談は，一人一人の生
徒の教育上の問題について，本人又はその親などに，その望ましい在り方を助
言することである。その方法としては，一対一の相談活動に限定することなく，
すべての教師が生徒に接するあらゆる機会をとらえ，あらゆる教育活動の実践
の中に生かし，教育的配慮をすることが大切である」とされ，「教育相談の実施
に際して，計画的，組織的に情報提供や案内，説明を行い，実践することが必
要となります」としている。教育相談と生徒指導の相違点としては，「教育相
談は主に個に焦点を当て，面接や演習を通して個の内面の変容を図ろうとする
のに対して，生徒指導は主に集団に焦点を当て，行事や特別活動などにおいて，
集団としての成果や変容を目指し，結果として個の変容に至るところにありま
す」と述べ，「教育相談と生徒指導は重なるところも多くありますが，教育相談
は，生徒指導の一環として位置付けられるものであり，その中心的な役割を担
うものといえます」としている。

　学校における教育相談の特質として，①早期発見・早期対応が可能，②援助
資源が豊富，③連携が取りやすい，としており，学校の内部だけではなく，学校
と関係機関が円滑に連携できれば大きな力を発揮できる可能性があるので，関
係機関との連携が学校にとっての大きな課題であると述べている。これは，学
校現場にいれば，今日の児童生徒の問題を考えれば当然のことであるが，従来
の教育相談では，家庭との連携や学校内での連携は進め方として推奨されてい
たが，学校外の機関との連携はあまり触れられていなかっただけに，実情を踏

まえて一歩前進したと理解できる。学校内でのチームとしての連携を図るときには，教育相談の対象となっている児童生徒の問題に対する理解・見立て・アセスメントを進める必要があり，どのような役割分担で支援をしていくか学校内のアセスメントも必要となる。一対一のオフィスモデルのカウンセリングをイメージした教育相談の考え方では行き詰まるケースもある。ケースによっては，家庭と連携したり，学校内での総合的支援を展開すると同時に，学校外の専門機関につなぎ，連携・協働する必要性があるのかどうかの判断や，実際につないだ後の連携・協働の進め方という視点からも，ケースマネジメントの視点が必要となってくる。

　生徒指導の定義自体の変更はないものの，文部科学省中央教育審議会答申（2016）では，第8章「子供一人一人の発達をどのように支援するか－子どもの発達を踏まえた指導－」において，「2. 学習指導と生徒指導　生徒指導については，個別の問題行動等への対応にとどまらないよう，どのような資質・能力の育成を目指すのか等を踏まえながら，改めて意義を捉え直しその機能が発揮されるようにしていくことが重要である。学習指導と生徒指導を相互に関連付け充実を図ることも重要である」と記されている。

▌2　教育臨床の進め方―教育相談の進め方―

　教育相談は，予防的・開発的教育相談と支援的・問題解決的・治療的教育相談の二つから成り立っている。

■ 1）予防的・開発的な進め方

　予防的・開発的教育相談とは，児童生徒が問題を出さないように未然に防ぐためのものであり，よい学級集団づくりや学級雰囲気（風土）づくり，一人一人の居場所として学級づくり，児童生徒と先生のよい関係づくりや児童生徒への理解づくり，学習意欲の育成，学習の躓きへの早期の対応，一人一人の児童生徒の心のエネルギーを充足する関わりや心のエネルギー状態のチェック，担任と保護者の信頼関係づくりや，保護者集団の守りを児童生徒の周りに張り巡らせるような活動を指す。それらの教育活動は，クラス担任によって実施され

76　第2部　教育臨床の実践的基礎

るが，学校全体の教育相談体制づくりや教育相談年間計画，学年の教育相談計画などによって組み上げられたものであることが望まれる。その中には，「メンタルヘルスのアンケートによるスクリーニング」や，「呼び出し面接」「担任との二者面談」「定期面接」「いじめアンケート」なども含まれる。

　学校の中の教育相談活動は，クラス担任や学年主任，授業で関わる教員，養護教諭，教育相談担当者（主任），特別支援教育コーディネーター，管理職，そして，スクールカウンセラーやスクールソーシャルワーカー，あるいは学校医や学校歯科医など，さまざまな立場のスタッフによって展開されるものである。

　ふだんの学級経営の中では，

- ・児童生徒の丁寧な観察（顔色，表情，服装，姿勢，行動，保健室の利用状況，けがや身体の傷，学習態度，成績の変化など）や，ことばかけ
- ・日常の生活の中での話しやすい児童生徒や保護者との関係づくりと，一人一人の児童生徒の理解づくり
- ・日記やノートなどの交換や活用
- ・児童生徒が書いた作文，自由帳，答案，描いた絵や作成した工作や造形物などからの児童生徒の理解づくり
- ・互いに思いやり，人権に配慮しあい，いじめをしないで，助け合い，所属感が満たされ，育てあうような学級経営
- ・授業や給食時間，休み時間，清掃時間，部活動，その他の活動を通した児童生徒個人やグループの状態の把握と指導
- ・家庭訪問や学級懇談会，クラス便りなどを通じた，保護者へのクラスの情報提供と，家庭での子育てに関するポイントのアドバイス
- ・定期的なアンケートや，相談・懇談

など，あらゆる機会を通して行われ，問題発生の予防・未然防止と，心の発達をより促進する目的で行われる必要がある。

■ 2）支援的・問題解決的・治療的な進め方

　支援的・問題解決的・治療的教育相談は，問題が発生してからの教育相談であり，これが本書での狭義の意味での教育臨床実践となる。

　児童生徒が呈する心理的問題や発達的問題には，さまざまなものがあり，見

つけやすいものや見つけにくいものがある。不登校や非行問題，身体的問題などはわかりやすいが，いじめや自傷行為・自己破壊的行動，ネット依存，学校外での性的問題などは見つけにくい。しかしながら，できるだけ早期に発見することと，早期に対応することが必要となる。また，学習に関する問題はわかりやすいが，知的な問題がベースにあるのか，注意や情報処理の問題があるのか，意欲の問題なのか，丁寧な情報収集とアセスメントが必要になる。

　気になる行動や症状，問題行動が現れたときには，さらに状態を明確に把握し，なぜそのような問題が発生しているのかについての，学校内で作れる理解・見立て・アセスメントが必要となる。そのためには，児童生徒本人や周りの児童生徒，保護者，前年度の担任などからの情報収集が必要となる。児童生徒の不適応問題は，今日では，①心理環境的原因（情緒的原因）が背景にあるもの，②発達障害的原因が背景にあるもの，③その両者が交じり合ったもの，④その他，病理が背景にあるもの，に分けられる。児童生徒の問題に対して，どのような背景から発生してきているものなのかを検討し，見きわめる必要がある。その理解・見立て・アセスメントなくしては，適切な対応や支援をマネジメントし，具体化していくことができないからである。しかしながら，学校現場での教員による実践事例をみると，理解・見立て・アセスメントが必要であることがわかっていない場合や，アセスメントを作るための知識が不足している場合，情報収集ができない場合などが多いことが問題である（有田・武内，2010）。保護者との連絡・面接なども行いながら，できるだけの情報収集を行い，担任だけでは理解づくりが難しいと思われたならば，学年主任や教育相談担当者，特別支援教育コーディネーター，不登校問題担当教員，スクールカウンセラー，スクールソーシャルワーカー，管理職などとのケース会議（ケース・ミーティング）や事例検討会（ケース・カンファレンス）などを開催することも必要になる。学校内でそのような事例に関する話し合いを行うときには，単なる経過報告や愚痴の吐き出し合いで終わってしまうことがないように注意をする必要がある。

　児童生徒の問題が発生した場合には，記録をきちんと付けることが必要となる。教員にとっては，負担となることであるが，いつ，何があり，どのような状況で経過しているのか，当該児童生徒はどのような家庭背景をもち（親の養育

力，経済状態，健康度，価値観，きょうだい，家族の歴史など），どのような子どもで（能力，学習状況，行動上の特徴，興味関心，性格，身体の具合，成育歴，前年度までの担任からの引き継ぎ内容，校種があがっている場合には幼小や小中・中高の引き継ぎ内容など），クラスの状態はどのようであるか，担任との関係はどうであるか，特記事項など記録が必要である。さらには，保護者との電話や面接のやり取り内容や，学校での話し合いや会議についても記録しておく必要がある。そのような情報収集を行い，多面的に当該児童生徒を理解・アセスメントすることによって，なぜそのような問題を呈さざるをえなかったのか，比較的よく育ってきているところと，育ち損ねているところはどこか，抱えている困りや発達課題は何かなどについて，アセスメントする必要がある。往々にして，教員は，「児童生徒の困り」ではなく，「教員や学校の困り」で，児童生徒の問題を捉えがちであるが（有田・武内，2010），それでは，児童生徒の問題の解決にはならないことをしかと銘記すべきである。ただし，思春期以降になると，ベースに発達障害やその傾向・要素をもつ子どもたちが，二次障害を重ね着のように発生してくることも多く，また，環境因もさまざまに重なり合ってきており，問題が複雑化している場合が多く，実際には，専門的な知識や情報収集能力をもっていなければ，適切なアセスメントを行うことが難しいことも多い。さらに，思春期以降になると，精神症状を呈する問題もでてくるので，精神医学的な知識が必要となる。学校でできる範囲でのアセスメントを行ったうえで，今，その子どもに対して何をしてやることが望ましいのか，何を学校現場でできるのか，あるいは学校外の専門機関とつなぎ（コーディネーション），連携（ネットワーク）・協働（コラボレーション）によって支援を包括的にしていくべきなのかなど，プランニング（目標と計画）をたてることが，次の段階としては必要となる。担任の指導・対応だけでは難しいと判断されれば，学校の中でチームによる対応・支援が展開されることになる。その場合，責任者不在となりやすい傾向もあるので注意が必要である。ケース会議の際に，役割分担と校内での連携や今後の話し合いの時期，キーパーソンあるいはコーディネーターなどの設定が必要となる。忙しい学校現場では，その支援チームをどのように持続的に機能させていくかも課題となり，クラス担任へのサポートが不可欠となる場合もある。

まとめると，①問題や困りを見つける，発見する。あるいは，問題や困りに気づく，②児童生徒やその問題・困りへの理解・アセスメントを心と発達の視点から作る（理解づくり：アセスメント Assessment）（第2部第3章および第5章を参照），③アセスメントに基づいて，対応や支援について，「ケースマネジメント」の視点から目標や計画を明確にする（目標と計画：プランニング Plan），④対応・支援をトータルサポートとして，望ましいと思われる方向で目標に向かって実践的に具体化する（実践：ドゥーイング Do）（第2部第4章および第6章を参照），⑤その実践について，うまくいったかどうか確認・評価する（評価：シーイング See），対応・支援の実践がうまくいったかどうかについて，チームで確認・評価する。うまくいった場合には，アセスメントと対応・支援が適切であったと考えられるので，うまくいった対応・支援を継続し，うまくいかなかった場合には，アセスメントや対応・支援が適切でなかったので修正を行いながら，教育臨床実践を継続していく。

　学校場面における教育臨床実践・教育相談活動に関しては，基本的に年度単位である。次の学年に引き継ぐ際には，丁寧な引継ぎが必要である。その際には，児童生徒本人や保護者の了承を得たうえで，次年度の担任や関わってくれる関係者への引継ぎが望まれる。また，校種が変わる際にも，児童生徒本人と保護者との話し合いに基づいて，どの程度の内容を引き継ぐのか検討し，丁寧な引継ぎへと移行させたい。特に，幼稚園・保育園から小学校に上がる際には「小1プロブレム」といわれる問題が発生しやすく，小学校から中学校に上がる際には「中1ギャップ」といわれる問題が発生しやすく，不登校が増加する。中学校から高等学校に上がる際にも，「高1クライシス」といわれる問題が多発している。「高校での学習や生活への移行・ランディングと適応のための教育相談」が必要であろうと考える。中央教育審議会答申（2016）においても，「学校段階間の接続」として丁寧に取り上げられている。

3　教育臨床の学び方

　教育臨床実践を有効に進めていくための学習・研修について考えてみたい。まずは，児童生徒の発達段階ごとの発達やその段階で発生しやすい問題，児童

80 第2部 教育臨床の実践的基礎

生徒の発達に必要な環境や関わりについての知識が不可欠である。そこからどのような環境や脳神経的な問題によって，子どもの発達が阻害・障害を受けるのかが理解できる。そして，心理的・情緒的・環境的な問題や，認知的・発達障害的な問題，それらが相互作用して積み重なった問題，精神病理がある問題など，テーマ的な知識の学習が必要となる。さらには，どのような視点から眺め理解をつくることができるのか，そしてそのアセスメントの視点やツールについての知識の獲得と，学校でできるツールの技術の獲得が望まれる。また，児童生徒や保護者との関わりや相談に必要なカウンセリング的な関わり方の知識と技の理解と習得がいる。理解・アセスメントがある程度できれば，どのようにケースマネジメントしていくかという空間的・時間的イメージと実践力が必要となる。実践をどのように評価するかの能力や視点も必要となる。校内の教職員の連携・協働のための人間関係能力の強化も必要となる。さらには，地域・社会にどのような子ども家庭支援のための，医療・保健機関や，福祉機関，使える行政サービスや，司法矯正機関，さらにはNPOや電話相談，人的資源などがあるのかなどについても知識・情報収集が必要となる。

　これらは，一朝一夕には身につかないものであるし，手に入れられない情報である。学校内での教育相談研修会や，教育委員会が開催する研修会や事例検討会，自主的に参加する研修会などでの学びが必要となる。そして何よりも，教育臨床実践する経過の中でのケース会議や，ケースカンファレンス，そしてスクールカウンセラーや校外の専門機関の専門家によるコンサルテーションなどを受けることによって，また実践をふりかえることによって，実践事例から体験的に学び取っていくということが最も身につく学び方となる。まさしく，生きたアクティブ・ラーニングである。目の前にいる児童生徒や保護者との関わりから学んでいくことが最も大切である。個別の支援を必要とする児童生徒や保護者と出会い・関わることによって，教師は，これまでの自分の教育や関わり方をふりかえったり，修正したり，自分の教育観・子ども観・人生観などを問い直すことができる。それが教師としての発達につながっていく。全体指導・一斉指導をしながら，一方では個別の関わりが必要な児童生徒への対応・支援をすることによって，現代の日本社会の歪みや家族の問題や教育の問題すら見えてくるかもしれない。児童生徒のために教育課題に果敢に取り組みなが

ら，自分の教師としての発達や深化，人間や大人としての自分を高めていきたいものである。

引用文献

有田美雪・武内珠美　2010　高等学校における生徒支援についての一考察―困難事例への担任の意識と対応の聞き取りから―　大分大学教育福祉科学部附属教育実践総合センター紀要，**28**，25-42．

文部省　1981　生徒指導の手引

文部省　1990　学校における教育相談の考え方・進め方―中学校・高等学校編―　生徒指導資料集第 21 集・生徒指導研究資料第 15 集

文部省　1991　小学校における教育相談の進め方　小学校生徒指導資料 7

文部科学省初等中等教育局児童生徒課　2006　平成 19 年度児童生徒の問題行動等生徒指導上の諸問題に関する調査

文部科学省初等中等教育局児童生徒課　2009　児童生徒の教育相談の充実について（報告）―生き生きとした子どもを育てる相談体制づくり―

文部科学省　2010　生徒指導提要

文部科学省　2015　中央教育審議会　新しい時代の教育や地方創世の実現に向けた学校と地域の連携・協働の在り方と今後の推進方策について（答申）

文部科学省　2015　中央教育審議会　チームとしての学校の在り方と今後の改善方策について（答申）

文部科学省　2016　中央教育審議会　幼稚園，小学校，中学校，高等学校及び特別支援学校の学習指導要領等の改善及び必要な方策等について（答申）

（武内珠美）

第3章

心理・情緒面のアセスメント

1 心理アセスメントとは

　心理アセスメントとは，下山（2008）によれば，「臨床心理学的援助を必要とする事例（個人または事態）について，その人格，状況，規定因に関する情報を系統的に収集し，分析し，その結果を総合して事例への介入方針を決定するための作業仮説を生成する過程」である。もっとクライエント個人が生きていくうえでの苦しみという点に焦点を当てるならば，「クライエントが心理学的にどのような人か，何に苦しんでいるのか，その問題はどこからどのようにして生み出されてきたのか，現在クライエントは何を最も求めているか，クライエントが現在の苦しみから逃れるには心理学的にはどのような対処方法が考えられるかなどを，しっかり具体的に，その個人を中心に評価し，見通しを立てること」（鑪，2000）ということもできる。

　心理アセスメントでは，人間を“全体として”（病理的側面だけでなく健康な側面も含めて）捉えようとするところに最大の特徴がある。またアセスメントは，あらゆる心理的援助活動の場における「基礎的営み」であると同時に，「不断のプロセス」でもある。したがって，ある時点のアセスメントによって得られた理解は，その後の事実や経過によって常に検証され必要に応じて修正していかれなければならない，あくまで「仮説」である，という点もまた強調される必要があろう。

2 心理アセスメントの枠組み

　「問題」とされる事象を理解する際の枠組みとして，図2-3-1のようなイメー

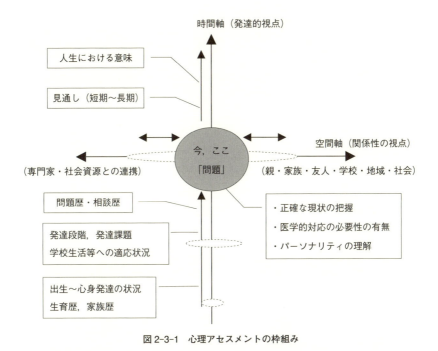

図 2-3-1　心理アセスメントの枠組み

ジを頭に浮かべるとわかりやすいかもしれない。「問題」とされる事象を，このように時間軸と空間軸の交点上に位置づけ，多様な情報を以下の3つの観点から整理し直すことは，アセスメントを定式化するうえでも有用と思われる。

■ 1) 問題を「今，ここ」において捉える
(1) 正確な現状の把握

まず求められるのは「正確な現状の把握」である。特に学校現場のように多くの対人関係が交錯する場でアセスメントする際には，どのような場面で何が起こっているのか，「問題」とされている事象は何か，といったことをできるだけ正確に把握しなければならない。ときには支援者自身もそうした場の力学に無自覚のうちに巻き込まれている場合もある。たとえば自分が，教育相談担当教師として，あまり面識のない別のクラスの保護者から「うちの子が最近，ク

84　第 2 部　教育臨床の実践的基礎

ラスでいじめられているようなんです」との相談を受けたとしよう。この場合，その保護者がそのように考えるに至った経緯や本人の現状，当該クラスの現状などを把握することが大切であるのはもちろんのこと，それをこの保護者が今，このタイミングで，担任ではなく他ならぬ教育相談担当に相談に来たのはどういうことなのか，といったことについても思いをめぐらせる必要がある。

　また，本人の主訴や期待が関係者のそれと食い違っている場合も少なくない。たとえば，不登校気味の子どものことで相談に来た保護者が「友だちとのトラブルがきっかけのようです。友だちの誤解が解ければ本人も教室にも行きやすくなると思うのですが」と語る一方で，当の本人は「自分の友だち関係を細かく詮索する親への対応について困っている」と語る場合もある。誰がどのようなことで困っているかということが，初めから本人や関係者に共有されているわけではない，ということも頭に入れておく必要がある。

　また，本人や周囲の者に危害が及ぶ可能性が切迫している場合もある。いじめや暴力行為，自傷行為といった問題を扱う際には，問題となる行動の程度や頻度，周囲の援助資源の有無などを把握するなかから，「今，ここ」における緊急性の程度を判断することが求められる。

(2) 医学的対応の必要性の有無

　心理アセスメントの視点を身につけることによって，あらゆる問題を心理的に意味づけ，解釈しようとする傾向がまれに見受けられる。しかし，どれほど心理的要因が影響しているように思われる問題であっても，アセスメントを行う際には必ず「身体因，内因，心因の順に考える」（成田，2006）のが鉄則である。たとえば，児童期から思春期にかけては，ストレスがかかると頭痛や腹痛等の身体症状で反応する子どもも多いが，最早期の対応としては症状に応じた医療機関を紹介し，医師の診断を仰ぐことも，重要なアセスメント作業の 1 つとして明記しておきたい。

　また，思春期を迎えるあたりから，子どもたちも "精神病理の好発期" と呼ばれる年代に差し掛かってくる。中学生，高校生にもなれば，最近では統合失調症や気分障害（双極性障害や抑うつ障害群），パーソナリティ障害，解離症／解離性障害といった精神病理を抱えながら学校生活を送る生徒も珍しくはない。中には，てんかんのような器質性の疾患を抱えている場合もある。したがっ

第3章　心理・情緒面のアセスメント　　**85**

て，教師もある程度は精神病理や精神医学に関する知識を身につけておかなければならない。その目的は，何も教師が医学的診断を下すことにあるのではなく，そうした疾患が疑われる事例を速やかに適切な医療機関に紹介できる目を養うためであると同時に，そうした疾患を抱えながら学校生活を送る児童生徒に対して，疾患の特徴を理解したうえで必要な個別的支援ができるようになるためである（第3部第6章を参照）。

(3) 本人および関係者のパーソナリティの理解

　現状を正確に理解するためには，本人および関係者のパーソナリティも含めて理解されなければならない。なぜなら，「問題の現れかた」は個人のパーソナリティと深く結びついていることが多いためであり，同時に「問題のとらえかた」はパーソナリティによってもさまざまな様相を呈してくるためである。

　パーソナリティ理論には「類型論」や「特性論」などさまざまあるが，情緒的問題の発生機序を心理学的に理解するには，力動論的パーソナリティ理論が有効である。フロイト精神分析に端を発する力動論的な人間理解のあり方は，その後の多様な理論的展開を経て，心理学・精神医学に限らず多方面に影響を及ぼした。今では力動論的立場を自認するか否かにかかわらず，心理アセスメントを定式化する際にはなくてはならない理解の枠組みの1つ（唯一のではない）となっている。

　力動論的なパーソナリティ理論では，心の中の不安や葛藤とその処理過程に注目する。人間は，内界から生じてくる欲求や感情（依存，性，攻撃性，自己愛など）と外界からの課題や圧力（期待・要請，禁止）との間で，なんとか折り合いをつけながら，適応的な日常生活を送っている。その折り合いをつける心の働きを担っているのが「自我」である（図2-3-2）。

　自我は内面の矛盾や内界と外界との不調和によって生じる不安や葛藤を調整・処理していく機能を担っている。ただし，子どもは発達途上の存在で心身未分化であること，自我が未成熟であることなどから，心理的な問題が身体症状や行動上の問題として現れやすい。したがって子どもの問題に対応する際には，身体化あるいは行動化された現象の背景にある不安や葛藤をいかに読み取り，理解していけるかが鍵となる。また，知的な問題や発達障害を抱える子どもは，元来こうした自我機能に脆弱性（認知機能の未成熟，欲求不満耐性の低

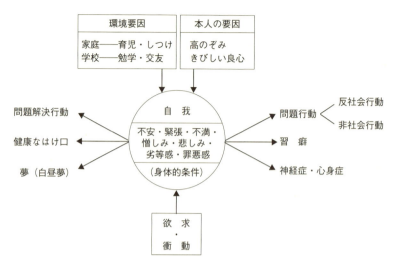

図2-3-2　子どもの不適応の力動（前田，1994）

さなど）を抱えていると想定することができる。

　自我は発達に伴って徐々に成熟していくが，外界のストレスによる極度の疲労や環境変化等に伴う一時的退行によって自我機能が弱まると，種々の情緒的問題が発生しやすくなることがある。また，思春期前後は心身の大きな発達的変化に伴って自我はたいへん不安定な状態に陥りやすい。青年期になると，自我も成人と同様の機能を備えたものとして成熟してくると考えられている。

　自我の成熟度（あるいは機能不全）の様態は「パーソナリティの機能水準」（あるいは病理水準）という言葉で表わされる。現在，パーソナリティの機能水準は「神経症水準」（NPO），「境界例水準」（BPO），「精神病水準」（PPO）の3段階に分けて考えられている。パーソナリティ水準によって状態像，対人関係のパターン，援助のあり方，予後等も大きく異なってくるため，この3水準を的確にアセスメントできることは大変重要である。古井（2007）にしたがって各々の特徴を述べると，神経症水準の人は「ある程度自我同一性が保たれており，防衛操作に高次の防衛を使い，現実吟味力も十分保たれている」，境界例水準の人は「自他の境界は確実に保たれているものの，状況によって自我同一

第3章 心理・情緒面のアセスメント **87**

表2-3-1 人格構造の差異（カーンバーグ，1980；古井，2007より）

	神経症	境界例	精神病
同一性統合度	自己表象と他者表象は境界鮮明		自他境界不鮮明で，どこかに妄想的同一性あり
	統合同一性： 自己イメージおよび他者の矛盾するイメージは総合的概念の中で統合される	同一性拡散： 自他の矛盾する諸側面はうまく統合されず，分離したまま残存する	
防衛操作	抑圧と高次の防衛： 反動形成，隔離，取り消し，合理化，知性化	主に分裂（スプリッティング）と低次の防衛： 原始的理想化，投影的同一視，否認，万能感，卑下	
	防衛は内的な葛藤から本人を守る		防衛は本人を乖離，自他融合から守る。解釈は退行を招く
現実吟味	現実吟味能力は維持されている： 自己と非自己の分別，知覚および刺激の内的，外的起源の分別がある		現実吟味能力の欠如
	自己評価や他者評価の能力は現実的で，しかも深い	現実と現実感覚との関係が変転する	

性が拡散することがあり，防衛操作は高次なものと原始的なものを混在して使うようであり，よって現実吟味力も状況によって大きく変動がみられる」，精神病水準の人は「自他の境界があいまいであるため，自我同一性に拡散が見られ，防衛操作には原始的なものが主に使われ，現実吟味力が大きく低下する」ということができる。詳細は表2-3-1を参照されたい。

　以上のように，パーソナリティを力動論的に理解する枠組みを持つことによって，情緒的問題の発生機序や病理的問題を心理学的により深く理解していくことが可能となるのである。

■ 2) 問題を時間軸において捉える

　「問題」とされる事象を理解する次の観点は「時間軸」である。アセスメントする際には「今，ここ」に近いところから少しずつ確認していくのがよい。

(1) 問題発生の経緯

　まずは，「問題」とされる事象が，いつ頃からどのようにして始まったの

か，その経緯を詳細に知る必要がある。これを「問題歴」という。同じ不登校であっても，1週間前から始まったという場合と数年前から続く不登校とでは，理解の仕方も対応も大きく異なってくる。さらに，問題が長期にわたって持続している場合には，その間，本人や関係者がその問題にどのように対処してきたのか（してこなかったのか）を知ることも欠かせない。場合によっては不適切な対処を繰り返してきたために悪循環が形成されていることもあるが，ときにはそうした対処努力の中に有用な自助資源が隠されている場合も少なくない。

　問題が長期化している場合には，すでに相談機関や医療機関にかかっている場合もある。他所での相談が継続中の場合には，必要に応じて先方と連携をとり，問題の理解や今後の援助方針，役割分担等について話し合っておくことも，アセスメントを定式化するうえで重要なことである。また，他所での相談が中断している場合には，その経緯や中断理由を確認しておくと，当事者の期待と受けた支援のズレや援助関係の結び方の特徴に関する有意義な情報が得られることがある。さらに，長期にわたって問題が持続していながら，誰にも相談せず，数年経って初めて相談に訪れたような場合には，なぜ今改めて相談に来ようと思ったか，についても確認しておきたい。長年の問題とは別に，直近の新しい問題（たとえば対象喪失や家族力動の変化など）が潜んでいる場合が少なくないからである。

(2) 発達的視点

　次に「問題」とされる事象が，本人の情緒発達や関係者のライフサイクルの中でどのように位置づけられるのか，という点も重要である。そのためには，本人の生育歴や取り巻く家族の歴史についても可能な限り整理・確認しておくことが望ましい。ここで時おり「学校の教師として，どこまで家庭の内情に踏みこんでよいのだろうか」という迷いを口にされることがある。しかし，これは何も家庭の内情を根ほり葉ほり暴き立てることを勧めているわけではなくて，子どもの育ちをめぐって保護者との自然なやりとりの中から得られる情報や，過去の担任や養護教諭等から聴取した情報を，改めて「生育歴」「家族歴」という観点から時系列的に並べて整理するだけでも，相当なことが見えてくるものである。加えて，発達上の重要なポイントを頭に入れておけば，短時間でも効率よく発達の様相を確認することができる。たとえば，出生をめぐる困難や親

第3章　心理・情緒面のアセスメント　**89**

としての思い，子どもの生来の気質，神経系ならびに身体的発達の様相，首の
すわりや歩き始め，人みしりの有無，初語を含む言語発達の様相，排泄の自律，
第一次反抗期と基本的生活習慣の確立，幼稚園等における集団生活への適応と
衝動コントロールの在り方などである。重要なことは，こちらが何に焦点を当
ててアセスメントしようとしているかということであり，そのために主要な発
達ポイントについての認識の枠組みを持っているかどうか，である。子どもの
情緒発達の様相を理解する際には，ボウルビィの愛着理論やマーラーの分離 -
個体化理論，エリクソンの心理社会的発達理論などが理解の枠組みとして有効
である。

(3) 厄介な問題を「人生における大切な課題」として捉える視点

　われわれは「問題」とされる事象に直面したとき，しばしばその否定的側面
にのみ注目しがちである。しかしながら，子どもの成長・心の発達という視点
から見た場合，濱口（1999）や菅野（2002）が述べるように，大人から見れば
困った問題とか否定的に映る現象であっても，子どもの側から見ると，むしろ
成長に必要なもの，「健全な発達の証」として捉えられるものが少なくない。乳
幼児期の 8 ヵ月不安（人見知り）や第一次反抗期などは代表的な例である。

　また，思春期の不登校について，山中（1978）は「思春期内閉」という概念を
用いて，「問題」に内在する積極的意味合いを明らかにしている。小柳（1999）
もまた不登校の本質を「外的適応を一時的に犠牲にして，内的適応をはかると
いう重要な作業に取り組んでいる時期」と捉え，「生き方の変更の時間」として
位置づけている。これらに共通しているのは，表面上は「厄介な問題」として
現れている事象も，別の文脈に置き換えてみるならば，いずれも「人生におけ
る大切な課題への取り組み」としてみなし得るという，ものの見方の転換であ
る。また，そのように捉え直した場合に，硬直した事態に新たな展望が開けて
くる可能性を内包しているという点で，優れて臨床的な視点といえる。

　このように，「問題」とされる事象を時間軸において捉えるということは，
「問題の原因」を過去に立ち戻って因果論的に理解しようと努めるにとどまらず，
問題を長いライフスパンの中で捉え直し，「問題の意味」を目的論的に理解しよ
うとする作業をも包含するものなのである。

90 第 2 部 教育臨床の実践的基礎

■ 3) 問題を空間軸において捉える

　「問題」とされる事象を理解する最後の観点は「空間軸」である。これは「問題」とされる事象を，「主体と環境の相互作用」もしくは「人と人との関係性」の視点で捉え直すことを意味している。3 歳の幼児をもつ母親からの育児相談を例にとって考えてみよう。

　その母親は「子どもの極端な偏食」の問題で来談し，「特に最近は食事の時に椅子にも座らず，注意をすれば泣き叫んで暴れ，キッチン用品を部屋中にばらまくので大変困る」と訴えた。母親は，この年齢で当たり前にできることができないのは，この子が異常だからではないかと考えていた。しかし，食事場面以外では特に困った問題は生じていないようだった。面接者が〈偏食改善のためにおこなってきた工夫〉について詳しく尋ねてみると，かなり不自然なやり方をしてきているように感じられた。そこで，工夫のヒントをどこから得たのか尋ねると「育児雑誌に載っていた」という。さらに母親は，子どもが生まれて間もなく夫の仕事の都合でまったく身寄りのない土地に転居してきた経緯について語り始めた。夫の帰りも遅く，初めての子育てにとても不安を抱えていた，という。元来，人間関係が不得手であった母親は，育児雑誌に記載してある通りの育児を行うことで，不安に対処してきたのだった。しかし，離乳食への移行は特に難しく，雑誌の通りにやってもうまくいかないことが多かった。母親は離乳や子どもの食習慣に関する本や雑誌を買い込み，日に三度，子どもと向き合いながら偏食を無くす努力を今日まで続けてきたのであった。

　話を聴きながら面接者は，この母子の食事場面がお互いに大変な緊張を強いる事態であっただろうことが容易に想像できた。子どもにとって本来食事は楽しみな時間であろうが，「食事」となると途端に意気込む母親の様相に子どもも一層不安を募らせ，そのような母親への抗議として一連の問題行動を呈してきたのであろう。また，そうした行動をとらざるをえなかった母親の不安の大きさや孤立無援感についても，伝わってくる感じがした。そのため，まずは孤軍奮闘している母親に対して情緒的支援を目的とした継続相談を提案し，利用可能な社会資源についても適宜紹介していくことにした。

　この事例で当初母親から訴えられたのは，子どもの行動上の問題であった。これをしつけの不十分さとか，子どもの衝動コントロールの問題として理解す

第3章 心理・情緒面のアセスメント **91**

れば，また違った対応がなされたであろう。しかしながら「問題」を，子ども
と母親の関係性の文脈に位置づけ直すと，また違った様相が見えてくる。孤独
や不安を抱えながらも熱心に子育てに取り組んだすえに悪循環から抜け出せな
くなっている母親と，いつもは大好きだけど食事になると怖い形相で命令して
くるお母さんに自分の気持ちを伝えたくても伝わらない子どもの，お互いの気
持ちのかみ合わなさ（不調和）が「問題行動」として現れていたのである。

　ここで気をつけなければならないことは，「関係性の視点でものをみる」と
は，子どもの問題の原因を単純に周囲の特定の大人に帰属させることとは違う，
ということである。上述の例でいえば，確かに子どもの問題は母親との関係性
抜きには理解することが難しかったが，それは単に問題の原因を母親に帰属し
ているわけではない。実際，母親の育児行動は，子どもの示す行動によってよ
り触発されて，「悪循環のシステム」を形成していた。「問題」とされる事象は，
「原因」とされる事象にもまた深く影響を及ぼしているものなのである。また，
母親の育児行動は，母子の閉じられた関係の中だけでなく，母子を取り巻く周
囲の環境との関係性（夫や実家・婚家との関係，地域社会との関係など）の中
においても理解されなければならない。

　このように「関係性の視点」とは，問題の原因を特定の外部事象に帰属させ
ることを意味しているのではなく，問題を個人と周囲の環境との「関係性の不
調和」として理解していこうとするものなのである。

引用文献

濱口佳和　1999　子どもの心の問題のとらえ方　弘中正美・濱口佳和・宮下一博（編著）子どもの心理臨床
　　北樹出版　95-111.
古井由美子　2007　病理水準をどう見立てるか？　森田美弥子（編）臨床心理査定研究セミナー　至文堂
　　175-188.
菅野信夫　2002　児童・生徒の問題の理解と対応　一丸藤太郎・菅野信夫（編著）学校教育相談　ミネルヴ
　　ァ書房　31-43.
前田重治　1994　続図説臨床精神分析学　誠信書房
成田善弘　2006　医療現場で働く臨床心理士に求められる教育と研修　臨床心理学, **6** (1), 64-68.
小柳晴生　1999　学生相談の経験知　垣内出版
下山晴彦　2008　臨床心理アセスメント入門　金剛出版
鑪幹八郎　2000　心理臨床家の現況とアイデンティティ　鑪幹八郎・名島潤慈（編）新版心理臨床家の手引
　　誠信書房　1-16.
山中康裕　1978　思春期内閉　中井久夫・山中康裕（編）思春期の精神病理と治療　岩崎学術出版社　17-
　　62.

（溝口　剛）

第 4 章

心理・情緒の問題への援助

1 援助の基礎─「わかる」ということ─

　不安，傷つき，怒り，混乱，情緒不安定といった心理・情緒的背景から，学業，進路，友達関係，部活動といった点でさまざまな困難が生じる。また，それはしばしばいじめや不登校といった問題をも引き起こす。教師には，こうした問題を抱える子どもや保護者に最前線で関わることが求められる。

　援助的な関わりは，「見立てる」「つなぐ」「支える」「教える」という営みによって成り立っているものと考えられる（図2-4-1）。そして，これらの営みを個々の事例に即して適切・柔軟に組み立て，具体化していくことがケースマネジメントである。ここで注目してもらいたいのは，すべての営みの基礎に相手

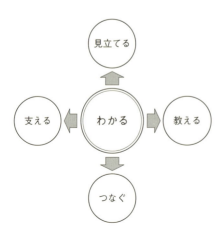

図 2-4-1　援助的な関わりの構造

を「わかる」ということがある点である。「わかる」ことによって適切な見立てがなされ，有効な助言や専門機関との円滑な連携が可能になる。また，「わかる」こと自体，重要な心の支えでもある。つまり，「わかる」ことを中心として援助全体が生き生きとしてくるのである。「わかる」ことを抜きにした援助は不十分なものとなりやすく，独善的なものとなってしまうこともある。

　「わかる」ためには，まず，学校生活の情報（学習，友達関係，表現作品等）や家庭生活の情報（親子関係，生活習慣等），心理検査や発達検査からの情報などが手がかりとなるだろう。他方，対話や遊びを通して「わかる」というアプローチもある。これは，相手と直に関わり，コミュニケーションをとりながら行われるものであり，人間関係を梃子としている点に特長がある。本章では，一対一（子どもと教師／保護者と教師）ないし二対一（親子と教師）といった規模の援助として，対話による関わりと遊びによる関わりについて考えていくこととする。

▌2　対話による援助―カウンセリング的関わり―

　対話による援助は，カウンセリングをひな形とするものであり，おおまかには「話し手（子どもや保護者）は自由に安心して自分の感情や経験を表現でき，聞き手（教師などの援助者）はそれを共感的に理解しようとする人間関係に基づくコミュニケーション」と説明することができる。

　以下に対話による援助の進め方を述べる。

▌1）準備（安心の提供と信頼関係の構築）

（1）安心できる場面づくり

　対話をどのような場で行うかによって，援助の成否は大きく左右される。そのため，安心して話ができ，話に集中できる場面づくりが重要となる。一般には，関係のない子どもや教師が入ってこないように，また話し声が漏れないように，別室を用意する方が望ましい。ただし，そのような場面だとかえって緊張し，話ができないという場合は，別室にこだわる必要はない。要は，目の前の相手にとって安心できる場面はどのようなものであるかに配慮するということである。

94　第2部　教育臨床の実践的基礎

(2) 不安を汲み取る

　安心できる場を準備しても，いざ相談となるとやはり身構えるものである。たとえ自分から相談に乗ってほしいと申し出た人でも，「うまく話せるだろうか」「こんなことを話したら変と思われるのではないか」「叱られるのではないか」「自分の弱みをさらけ出すような気がする」といった不安を感じるだろう。相手はそうした不安を抱いてやってくるのだと考えておいた方がよい。そして，「よくきたね」「楽にしてください」と声をかけたり，話しやすい趣味のことから話を切り出すといった配慮が必要となる。

(3) 意図や経緯を説明する

　相手が不安になるのは，こちらの意図をはかりかね，疑心暗鬼となるからでもある。したがって，「最近元気がないような気がしていた。何か力になれればと思って，今日は来てもらった」などとこちらの意図や経緯を説明する必要がある。これによりこちらのことを味方だと感じてもらいたいのである。このようにして信頼関係が築ければ，相手は少しずつ自分のことを話し始めるだろう。

■ 2）態度・心構え（傾聴と共感）

(1) 傾　　聴

　相手の話すことには積極的に耳を傾けなければならない。その際，必要となるのは，相手の感情や経験に対して，「無条件の肯定的な関心」（ロジャーズ，1957）を払うことである。つまり，相手の話すことがどのようなものであっても，それは相手の今の心をそのまま表すものとして尊重し，相手が一体どのような気持ちなのか，何を体験してきたのかに関心を寄せるのである。しかし，これは思いのほか難しいことである。たとえば「学校なんて大嫌いだ」「大人なんて信じられない」と話す子どもを目の前にすると，大人であり学校関係者である私たちは「でもね」「そんなこといわないで」と否定や反論をしたくなるのではないだろうか。私たちには，ネガティブな感情表現に強くなること，そして，それをいったん心の中に留保し，関心を寄せ，「わかる」努力を続けることが求められているのである。

(2) 共　　感

　共感とは，相手の話すこと（特に感情や経験）に対して，それがあたかも自

分のことであるかのように受け取り，感情移入することである。たとえば，「もし自分がこの人だったら，張り裂けそうな悲しさを感じるだろう。それが毎日なら，本当につらいに違いない」と身をもって「わかる」ことである。これは，相手の感情や経験を主観的に追体験しようとする営みであり，話の善し悪しを客観的に評価することとはまったく違うものである。

■ 3）応答・言葉がけ

　傾聴・共感という態度で接するとき，どのような応答（言葉がけ）を行うのだろうか。応答にはさまざまなものがあるが，ここでは基本的なものをとりあげる（表2-4-1）。

　相手を「わかる」ためには，手がかりとなる情報が必要である。それを得る

表 2-4-1　基本的応答の種類，例，目的など

種類		例	目的・意味・特徴
質問		①閉ざされた質問（「はい」か「いいえ」で答えられる質問）：「昨日はご飯を食べましたか」 ②開かれた質問（「はい」か「いいえ」では答えられない質問。4W1Hを用いる※）：「昨日のご飯は何を食べましたか」「昨日はご飯を食べてどうでしたか」	・話し始めるきっかけを提供し，自己表現を促進する。 ・「わかる」うえで必要な情報を得る。 ・質問する内容について話し手にも関心をもってもらい，振り返ってもらう。
フィードバック	最小限の励まし	相手の話した内容に対して，ごく簡単な反応をする：「ええ」「ほお」「なるほど」「そうですか」「それで」と応じたり，あいづちをうつなど。	・聞いてくれているという感覚を提供する。 ・それにより，さらなる自己表現を促す。 ・最も多くなされる応答。
	反射	相手の話した言葉（特に感情や経験に関する言葉）をそのまま用いて応じる：「とてもうれしかったのですね」「嫌で仕方がないのですね」	・感情を理解してくれているという感覚を提供する。 ・自分の感情や経験に光が当たり，関心が向く。
	明確化（直面化）	相手は話していないが，聞き手がイメージ・理解した感情や経験について聞き手の言葉を用いて応じる：「それはきっとうれしかったでしょうね」「それはあなたにとって嫌で仕方がないことではないですか」	・自分の感情を手がかりに，自分を振り返ることや問題を整理することが促される。

※ 4W1H：what, who, when, where, how のこと。カウンセリング的手法では開かれた質問をより重視するが，なかでも how を用いると相手の感情や経験が表現されやすくなる。

96　第2部　教育臨床の実践的基礎

ために行われるのが質問である。また，私たちは質問によって相手の個人的経験を引き出すのであるが，引き出した以上は受け止めなければならない。それがフィードバック（最小限の励まし，反射，明確化）である。これらの応答の組み合わせによって対話の基礎がつくられる。表2-4-2は，これらの応答によっ

表2-4-2　**基本的応答に基づくやりとりの一例**（日精研心理臨床センター，1986に基づく）

生徒の言動	援助者の応答
（いつもより表情が暗く，元気がない）	
	何か元気がないわね（明確化）。どうかしたの？（開かれた質問・how）
この前のテスト，点が悪くて……。	
	あらそうなの（最小限の励まし）。点が悪かったのね（反射）。それがショックでへこんでいるの（明確化）
そうなんです。じっくり勉強ができなくて……まあ自分が悪いんですけどね……。	
	ふんふん（最小限の励まし）。じっくり勉強できなかった訳ね（反射）。でも，自分が悪いってどういうこと？（開かれた質問・how）
なかなか自分の意見を言えないから……。	
	言いたいことが言えなくなっちゃうの（反射）
そう。みんなは，自分の意志や気持ちをはっきり言えるんだろうけど，僕はなかなか言えなくて。	
	ふんふん（最小限の励まし）
この前も，テストの前に「ノートを貸して」と言われて……まだ自分でも復習したいと思っていたのに貸しちゃったんです……そうしたらテストの前日に返されて，一夜づけで勉強するはめになってしまって……だからテストの点数もあまりよくなかったんです。	
	勉強したかったのに貸してしまったのね。勉強したいんだって言えばよかったのに，なぜだか言えなくて……それで元気がないのね。（反射と明確化）
そう。本当はイヤなんだけど言えなくて。それで結局いろいろなことを引き受けてしまうんです。	
	そんな風によく感じるの（明確化）
いつもそうです。自分はこれをしたいと思っていても，人に合わせてしまって……自分でもどうにかしなくちゃと思います。	

第4章 心理・情緒の問題への援助

てどのようなやりとりが展開するかの一例である。

こうしたやりとりにどのような意義があるだろうか。第一に、この生徒の心をより的確に「わかる」ことができたといえる。はじめのうち、生徒はテストの点が悪くて落ち込んでいるのかと思われたが、対話が進むにつれ、本当は相手の顔色をうかがってしまい自己主張できなくなる自分が情けなくて落ち込んでいるということがわかった。第二に、生徒が自分の課題（自己主張のできなさ、対人関係での不安）に向き合おうとし始めたといえる。これは生徒の心理的成長のスタートといっても過言ではあるまい。これらのことは、前述の態度と応答があってこそのものである。生徒に「ノートを貸す時には、友達にコピーするよう言いなさい」などと助言することもできるだろうが、もしそうしていたらこうしたやりとりにはならなかっただろう。

図 2-4-2 は態度と応答に基づいた対話の成立を図にしたものである。

最後に、語調も重要な要素である。応答がどのような態度でなされるかによって、伴う語調が大きく変わる。たとえば「ショックだったね」という応答でも、その前提として相手がいかに傷ついているかという感情の面に関心を寄

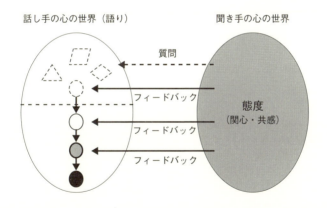

聞き手が質問（特に開かれた質問）をすると、さまざまな要素が混在した話が導かれる。聞き手はその中から、特に話し手の感情や経験（○）に焦点を当てて聴き、応答していく（フィードバック）。それにより感情は明確になるため、聞き手はより的確に相手をわかることができる。また、ある感情への気づきを二人の間で共有できる。こうした応答はすべて基本的態度に基づいている。

図 2-4-2　対話によってなされる作業

98　第2部　教育臨床の実践的基礎

せていれば，言葉の響きは豊かになり，相手により伝わるはずである。もしそのようなものでなければ，たとえ言葉として間違っていなくても，空虚な言葉がけとなり，相手の心には届かないであろう。

3　遊びによる援助―プレイセラピー的関わり―

　幼稚園児や小学生の場合も，これまでに述べてきたような目的や態度によって援助を進める。しかし，子どもが幼ければ幼いほど，自分の感情や経験を言葉に乗せて表現し，言葉で対話をすることが難しくなる。その場合は，言葉よりも遊び（お絵かき，砂・粘土・水の遊び，人形遊び，空想遊び，ごっこ遊び，将棋やトランプなど）の方が取り組みやすいし，雄弁な自己表現手段にも素直なコミュニケーション手段にもなる。思春期（小学校高学年や中学生）の場合でも，半分大人で半分子どもの時期なのであるから，遊びに注目する価値は十分にある。表2-4-3は遊びの利点をまとめたものである。

表2-4-3　遊びの利点

①子どもにとって心理的な抵抗や負荷が少なく，それほど緊張せずに取り組める。
②子どもにとって楽しいものであるので，大人とよい関係をつくりやすい。
③子どもにとって素直に自己表現でき，大人は子どもの心の世界をあるがままに理解できる。
④遊びそのものに心理的な安定や心理的な発達を助ける意味があるので，援助につながる。
⑤遊びを媒介として，言語的なコミュニケーション（対話）が促進される。

　こうした利点に基づき，心理療法ではプレイセラピー（遊戯療法）を行う。しかし，学校では設備面の制約や対応上の限界があるため，純粋なプレイセラピーを行うよりも，その発想を活かした援助を工夫する方がよい。

　ここで，遊びを通じた援助の具体例を見てみよう。これらの事例から，第一に，遊びには子どもの感情や経験がたいへん豊かに示されること，第二に，遊びによって心理的な危機や問題を乗り越える作業が支えられることがわかる。

事例1
　車どうしの衝突事故が起こった。幼稚園児のA男は，その場に居合わせ，運転手が血を流し，救急車で運ばれるまでの一部始終を目撃した。A

男はその日から，おねしょをするようになった。また，両手にミニカーを持ってぶつけるという遊びを黙々と繰り返すようになった。教師と両親は，その遊びをあえて止めず，またなるべく近くで寄り添ってやることにした。数日後，ミニカーの遊びは自然としなくなり，おねしょもなくなった。

　幼い A 男には，目の前で突然起こった事故は，まったく訳がわからず，ただ恐怖だけが襲ってくるという経験だっただろう。子どもがこうした圧倒的な経験に急激に襲われると，おねしょや赤ちゃん返りなどの問題が生じやすくなる。そのような状況で A 男はミニカーの遊びを始めたのだが，これには事故を目撃したショックや混乱が直接的に表現されている。また，この遊びを黙々と繰り返すのは，この経験に向き合い，どうにか消化しようとする A 男なりの懸命の作業でもある。すなわち自己治癒のための遊びである。教師や保護者はこうしたことを理解し，適切な対応をとったため，比較的早期に問題は収束したのであった。

事例2

　小学生 3 年の B 子は情緒不安定で，突然泣き出したりパニックになったりすることがあった。B 子はごっこ遊びをよくしていたので，家庭訪問の際，担任が人形やぬいぐるみを使って遊びに誘ってみた。すると，B子は「その子猫はけがをしているから歩けないの。だらしない子猫ね，しっかりしなさい」「ウサギの赤ちゃんが泣いてるからお世話をしてあげて」などと言うのであった。担任がそれに応じると B 子はうれしそうだった。その後，担任の勧めで B 子と母親は心理相談室に通うようになり，B 子はプレイセラピーを，母親は B 子への関わりについて相談を始めた。次第に，B 子が母親に甘えることが増えていき，母親もじっくりと応じることができるようになった。それとともに B 子の気持ちは安定してきたようだった。

　B 子の場合，ぬいぐるみの遊びの中に，自分の寂しさや，叱られてばかりで甘えたくても甘えられないという悔しさが端的に表現されている。教師がこのことを理解して応じたことで，B 子は受けとめられ，満たされる経験を得たで

あろう。また，教師はB子と母親の関係がこじれているものと見立て，専門機関につないだ。その結果，B子と母親の関係は修復されていき，B子の情緒も安定していったものと考えられる。

> **事例3**
>
> 　中学生のC男は，周囲の目を気にして教室に入れなくなっており，週に何日か別室に登校するのが精一杯であった。教師が別室を訪ねて話をしようとしても，緊張で表情はこわばり，口数も少なかった。そこで教師は別室にあった将棋に誘ってみることにした。はじめの頃，C男は黙ったまま，いろいろな駒で自分の王将を何重にも囲い，守りを固めることに終始した。しかし，回を重ねるごとに守りは薄くなり，こちらに向けて歩を動かしてみるなどの攻撃を始めるようになった。また，教師に駒を取られると「チェッ」と舌打ちしたり「くそっ」とつぶやくようにもなった。こうして，別室での表情も明るくなり，教師に自分の趣味や関心について自然と話すようになってきた。教師が数人の同級生に休み時間に別室に遊びに行くようにしてみると，C男は拒絶することなく，一緒に過ごすことができた。

　C男の場合，将棋を通して，外界をひどく恐れ警戒心を抱いていること，そのせいで自分を守ることで精一杯になっているということが理解できた。また，将棋を通して，おそるおそる外界に出てみるという挑戦が進められた。この挑戦は，教師が自分の気持ちを尊重してくれているという安心感があったからこそ，また，将棋という，言葉に頼らないやりとりだったからこそ進められたものである。さらに，教師はC男の緊張や恐怖心が減ってきていることを理解すると，少しずつ同級生との関わりを促していったのであった。

　このように，遊びは子どもにとって真剣なものである。したがって，遊びによる援助の際も，対話による援助と同様に，安心できる場面づくりや傾聴・共感といった基本的態度を重視しながら，子どもの心を「わかる」こと，そしてそれに基づいて必要な援助を進めていく必要がある。

4　いくつかの誤解

　これまでに述べてきたような援助に対して，しばしば誤解の混じった批判・疑問を受けることがある。最後にこのことを取り上げておきたい。

1)「教師はカウンセリングをするべきなのか」

　「教師はカウンセラーであるべきなのか」といわれることがある。これに対して一丸（2002）は，教師がカウンセラーになろうとしても成果が上がらなかったり，混乱が生じてきた時期があったと指摘した。そして，教師はあくまで教師であるという前提に立ち，「学校教育相談は，教師が学校という場で生徒や保護者に対して行う独自な教育実践として創造されなければならない」と述べた。つまり，教師はカウンセリングをするのではなく，「カウンセリングの成果をどう応用するか」という視点から援助に取り組むのである。

　また，こうした疑問が，いわゆるカウンセリングに対する受け入れがたさを反映していることがある。しかし，そもそもカウンセリングが万能なわけではない。実際にカウンセリングを偏重したために，問題がこじれる場合もある。重要なのは，図 2-4-1 で示したように，カウンセリングで重視される「わかる」ということに基づいて，その他の営みを組み合わせていくことなのである。その意味では，カウンセリング的関わりは援助の一部にすぎない。

2)「教師はカウンセラーのように即座に相手をわかることはできないのではないか」

　「彼らの常に何らかの形で自分の心を伝えているが，しかし周囲はそれをわからないままでいる。それを他の人々に代って理解することこそ面接者の責務である」（土居，1977）というように，心理・情緒的問題の援助では，対話や遊びを通じて相手を「わかる」ことが骨子である。その価値はいくら強調してもしすぎるということはない。ところが，ときとして「わかる」ことの難しさに無力感を感じるために，こうした疑問が生じることがある。

　しかし，カウンセラーは即座に相手の心を理解するのではない。むしろ即座に「わかる」ことよりも，懸命に「わかろう」として，関心をもって会い続ける

102　第2部　教育臨床の実践的基礎

のである。そのような人間関係の方が，相手にとってはよほど貴重なのである。

　また，「教師は多忙である」「1年ごとに異動がある」などの時間上の制約があり，じっくり関わりながら「わかる」ことが難しいという理由から，こうした疑問がいわれることもある。ここで注意すべきは，教師が一人で援助を背負いすぎていないかということである。本章では一対一ないし二対一での関わりを取り上げたが，全体としての援助は，保護者，他の教師，専門家などと連携し，積極的に情報の交換・共有を行いながらなされるものである。それにより，「わかる」ことはよりスムーズになされ，厚みを増すものと思われる。

■ 3)「何でも肯定的に応じるのか。それは甘やかしではないのか」

　たとえば，子どもが万引きなどの盗みや，友達を殴ったり物を壊すといった暴力行為を起こした場合，傾聴・共感といった生ぬるい対応では子どもは心から反省しないし，場合によっては行為を是認したり助長することになるのではないか，という批判がある。

　これは，「カウンセリングではなんでも許容する」という極端なイメージによるものであろう。しかし，盗みや暴力といった行為そのものは絶対に許容されるものではない。したがって，「してはいけない」ということをきちんと指導する必要がある。ただし，盗みや暴力が，寂しさ，認められなさ，自尊心の低下といった心の問題から生じることがある。この場合は「いけないことはいけない」と指導をすると同時に，「なぜ盗まなければならなかったのか」という心の面にも注目し，援助を行わねばならない。

　また，本章で取り上げた事例のように，子どもが自らの課題に直面し，乗り越えようとする過程は大変重く厳しいものであり，その意味では対話や遊びによる援助は甘やかしなどではない。

引用文献
土居健郎　1977　方法としての面接　医学書院
一丸藤太郎　2002　学校教育相談とは　一丸藤太郎・菅野信夫（編）　学校教育相談　ミネルヴァ書房　1-14.
日精研心理臨床センター（編）　1986　独習　入門カウンセリング・ワークブック　金子書房
ロジャーズ，C. R.　1957　セラピーによるパーソナリティ変化の必要にして十分な条件　伊東　博・村山正治（訳）　2001　ロジャーズ全集（上）　誠信書房

（渡辺　亘）

◆·◆·◆·◆·◆·◆·◆·◆·◆ 第 5 章 ◆·◆·◆·◆·◆·◆·◆·◆·◆

発達・認知のアセスメント

1 はじめに

アセスメントにおいて，最も重要なことは的確な行動観察である。そして，行動観察の際には，「どのような課題状況下での，どのような行動を（行動観察の視点）」「どのように（行動観察の方法）」観察するのかということが必要となる。行動観察の方法に関しては，第2部第6章で述べることとし，本章では，行動観察の視点に示唆を与えるものという位置づけで，いくつかの心理検査を「発達に関する支援ニーズ」「適応行動」「認知機能」という視点から紹介する。であるから，心理検査を実施すればそれでアセスメントが十分であるというわけでもないし，心理検査を実施する条件が備わってないからアセスメントができないというわけでもないことに留意していただきたい。

2 発達に関する支援ニーズ

ここでは，LDI-R と PARS を取り上げる。従来，これらの検査は発達障害の疑いが示唆されるか否かのスクリーニング検査として位置づけられていたが（両検査とも結果の表示はそのようになっている），対象となる人の支援ニーズを同定するために用いることが必要である。

1）LDI-R

日本で初めて本格的に標準化された「LD判断のための調査票（Learning Disabilities Inventory-Revised）」であり，LD判断のための一資料として有用であり，かつ基礎的学習能力や行動・社会性における支援ニーズを把握するた

104　第2部　教育臨床の実践的基礎

めに用いることもできる。元々小学生を対象としたLDIに，中学生で必要となる領域〈英語〉，〈数学〉の中学生尺度が加わり，小・中学生対応（小学1年から中学3年まで適用）のLDI-Rへと発展した。

　LDI-Rは，対象となる子どもを実際に指導し，子どもの学習，行動の状態を熟知している指導者，専門家が回答する。具体的には，子どもの担任教師や教科担当教師，特別支援教育担当教師などである。回答，評定される領域は，基礎的学習能力として〈聞く〉，〈話す〉，〈読む〉，〈書く〉，〈計算する〉，〈推論する〉，〈英語〉，〈数学〉の8領域と〈行動〉，〈社会性〉の計10領域から構成されている。

■ 2）PARS

　PARSとは，Pervasive Developmental Disorders Autism Society Japan Rating Scale の略で，「広汎性発達障害日本自閉症協会評定尺度」である。広汎性発達障害のある人の支援ニーズを評価するための評定尺度であり，児童精神科医や発達臨床心理学者ら9名からなるPARS委員会によるものである。

　PARSは広汎性発達障害のある人の行動に関する理解を深め，彼らの支援を可能にしていくために，日常の行動の視点から平易に評定できる尺度を提供することを目指して作成され，幼児から成人まで適用できる。評定項目は，広汎性発達障害の発達・行動に特徴的な，①対人関係，②コミュニケーション，③こだわり，④常同行動，⑤困難性，⑥過敏性の6領域57項目から構成されているが，対象者の年齢帯（幼児期，児童期，思春期・青年期）によって評定項目が異なる。なお，⑤困難性とは，広汎性発達障害のある人に見られる適応困難性であり，チック症状（項目50），場に不適切な行動の落ち着きのなさ（項目51）など，関連する合併症状が含まれている。

　広汎性発達障害のある人もしくは広汎性発達障害が疑われる人の保護者（成人の場合は配偶者などの場合も）への面接によって得られた回答が3段階（0＝なし［そのようなことはなかった／ない］，1＝多少目立つ［多少（時々）そのようなことがあった／ある］，2＝目立つ［（よく）そのようなことがあった／ある］）で評定されるが，その際には，評定基準や類似の質問項目の差異に応じて回答を聴取していくことが求められるため，当然のことであるが，PARSの

実施は，PARS セミナーなどを受講した専門家によってなされる。また，このことで，従来の質問紙検査で問題となっていた評定基準の曖昧さ（後述の新版 S-M 社会生活能力検査の項を参照）による評定のずれをある程度解決することが可能である。評定には，回顧評定（幼児期の症状が最も目立ったころの評定［幼児期ピーク評定］）と現在評定（現在もしくは最近の支援ニーズを把握）からなるため，幼児期ピーク評定が得られない場合，つまり広汎性発達障害か否かの示唆が得られない場合であっても，現在評定から現在の支援ニーズを把握することで，いたずらな支援の先送りを防ぐことを可能とする。なお，平成 25（2013）年には，PARS のテキスト改訂版（Text-Revision）である PARS-TR が刊行されたが，質問項目自体には改訂が加えられていないので従来の PARS と同じ評定基準で使用でき，両者の連続性が基本的に保たれている。

3 適応行動

1) 米国精神遅滞協会による適応行動

　米国精神遅滞協会（AAMR, 2002）によれば，「適応行動は，日常生活スキルにおいて機能するために人々が学習した，概念的，社会的および実用的なスキルの集合体である」。そしてそれらは，概念的適応スキル，社会的適応スキル，実用的適応スキルからなり，それぞれの例としては以下のようなものが含まれる。

　①概念的適応スキル…言語（受容と表出），読み書き，貨幣の概念，自己管理
　②社会的適応スキル…対人関係，責任，自尊心，規則を守ること，被害者となることを避けること
　③実用的適応スキル…日常生活活動（食事，移動，排泄，着衣），日常生活に有用な活動（食事，家事，移動，服薬，貨幣の管理，電話の使用），職業スキル，安全な環境の維持

　AAMR（2002）では，適応行動の制約を証明するための標準化された尺度として，ヴァインランド適応行動尺度改訂版，米国精神遅滞協会適応行動尺度，適応行動評価システムをあげている。次項では，平成 23（2011）年 10 月現在の日本で，子どもの適応行動のアセスメントに用いられることが多い新版 S-M

106 第2部 教育臨床の実践的基礎

社会生活能力検査を取り上げる。なお，適応行動という概念は，より年少の子どもに要求される受容言語や粗大運動，微細運動のスキルを除けば，成熟というよりは，学習可能性の要因が大きく関与する点が，先述した支援ニーズに関する検査と異なる。このため，S-M社会生活能力検査などを活用し，支援や指導の標的となる領域や行動を同定し，その行動を成立させるための環境設定を図っていくことが支援者にとっての重要なミッションとなる。

■ 2）新版 S-M 社会生活能力検査

新版 S-M 社会生活能力検査は，知的障害のある子どもに対する，社会生活能力を測定するために作成された，養育者の評定によって実施される日常生活場面で見られる行動のチェックリスト形式の検査である。知能検査で測定される知能は，必ずしも社会的生活能力と一致しないという事実から，ドル（Doll, 1935）は，社会生活能力に焦点を当てた検査として，Vineland Social Maturity Scale を作成，発表した。これは，その後さまざまな国で翻訳され，日本では昭和28（1953）年9月に，文部省によって行われた精神遅滞児の実態調査に社会生活能力に関する項目を加えたことに端を発して作成された。その後，昭和34（1959）年にS-M社会生活能力検査が刊行され，昭和55（1980）年に，現在の130項目からなる新版S-M社会生活能力検査が完成した。この検査は適用年齢が1から13歳であり，〈身辺自立〉，〈移動〉，〈作業〉，〈意志交換〉，〈集団参加〉，〈自己統制〉の領域に関する検査項目から構成されており，以下の測定値が算出される。それは，それぞれの領域の社会生活年齢，全検査に関する社会生活年齢（SA），そしてSAと生活年齢（CA）との比率から算出される社会生活指数（SQ）である。

佐藤（2011）は，少数事例ではあるものの5歳児健康診査フォロー相談会に参加している子ども（CA5:1-8:3）の新版S-M社会生活能力検査の結果を分析し，社会生活能力プロフィールとして以下の5つのパターンを示している。①SAがCAに比して1歳以上高く，特に〈集団参加〉，〈自己統制〉の高いもの。②SA>CAだが，その差は1歳より小さく，〈作業〉が特に高いもの。③SAとCAの差が1歳よりも小さく，どの領域においてもCAとの差が1歳よりも小さいもの。④SA<CAだが，その差は1歳よりも小さく，〈意志交換〉が特に低

いもの。⑤SA が CA に比して 1 歳以上低く，特に〈集団参加〉，〈自己統制〉の低いもの。そして，①と⑤のパターンから，〈集団参加〉と〈自己統制〉が社会生活能力の発達や社会生活技能の獲得においてキーとなる領域であることが示唆された。しかし，これらの領域の検査項目の通過率と対象児の CA の分析から，新版 S-M 社会生活能力検査の結果には，検査項目における評定基準の曖昧さの影響が大きいことが考えられた。なお，平成 28（2016）年には，今日の生活環境に合わせた修正がなされた S-M 社会生活能力検査第 3 版が刊行されたが，その特徴や構成は基本的には前版を踏襲している。

■ 3）日本版 Vineland - II 適応行動尺度

　平成 26（2014）年には，検査項目の評定基準が明確かつ，段階的であり，そして新版 S-M 社会生活能力検査よりも適用年齢が広く，適応行動のより広範囲な領域を評価できる日本版 Vineland-II 適応行動尺度が刊行された。この検査は適用年齢が 0 歳 0 ヶ月から 92 歳 11 ヶ月であり，〈コミュニケーション〉，〈日常生活スキル〉，〈社会性〉，〈運動スキル〉の 4 つの適応行動領域と〈不適応行動〉領域（オプショナル）に関する検査項目から構成されており，以下の測定値が算出される。適応行動領域では，4 つの「領域標準得点」と，それらを総合した「適応行動総合点」（ともに平均 100，標準偏差 15 の標準得点）によって，対象者の適応行動の全体的な発達水準が理解できる。さらに，4 つの適応行動領域を構成する 2 ～ 3 の下位領域では「v 評価点」（平均 15，標準偏差 3 の標準得点）が算出され，領域内における発達の凹凸が理解できる。

　アメリカ精神医学会（APA）刊行の DSM-5（2013）では，「知的能力障害は発達期における知的機能と適応機能両面の欠陥を含む障害」と診断基準が変更され，このため，日本においてもこれまで以上に，特に知的障害や発達障害のある人たちの支援を行うためには，IQ による診断だけでなく，適応行動を把握することが重要になってくることを認識しなければならない。そして，その際には，質問紙によって行動の束を評価するだけではなく，第 2 部第 6 章に記すような具体的な行動の随伴性を分析（機能分析）することが支援方略を検討する上では必須である。

108　第2部　教育臨床の実践的基礎

▌4　認知機能

　ここでは，認知機能のアセスメントにおいて使用頻度の高いウェクスラー知能検査，日本版 KABC-Ⅱ，DN-CAS 認知評価システムを取り上げる。そして，以上の検査バッテリーの組み方を整理する。これは，認知機能検査の改訂や開発が近年目覚ましく，アセスメントの目的や対象となる人の支援ニーズに応じた，的確な検査の選択がユーザーには求められるからである。

▓ 1）ウェクスラー知能検査

　ウェクスラー知能検査には幼児用（WPPSI），児童用（WISC），成人用（WAIS）があり，平成 29（2017）年 12 月現在，日本版では，WPPSI-Ⅲ，WISC-Ⅳ（米国版は WISC-Ⅴ），WAIS-Ⅲ（米国版は WAIS-Ⅳ）まで改訂が重ねられている。ここでは，教育臨床で用いられることの多い WISC-Ⅳと WAIS-Ⅲを概説する。

（1）WISC-Ⅳ

　日本版 WISC-Ⅳは，平成 22（2010）年に刊行された。適用年齢は，WISC-Ⅲと同じく 5 歳 0 ヶ月から 16 歳 11 ヶ月である。すべてのウェクスラー知能検査（WPPSI や WAIS-Ⅲ）と同様，複数の下位検査から構成され，各下位検査は，知能のさまざまな面を測定しようとしているが，それらを総合することで知能が測定できるようになっている。

　WISC-Ⅲからの改訂に際しての最大の変更点は，ウェクスラー知能検査の最大の特徴ともいわれ，しかし統計的にも臨床的にも根拠が乏しいと批判されていた言語性 IQ（VIQ），動作性 IQ（PIQ）を廃止し，10 の基本検査と 5 つの補助検査からなる計 15 の下位検査の配置による新たな枠組み（指標得点［WISC-Ⅲでは群指数］）とその名称変更である。つまり，全検査 IQ と 4 つの指標得点（言語理解［VCI］，知覚推理［PRI; WISC-Ⅲでは，知覚統合］，ワーキングメモリー［WMI; WISC-Ⅲでは，注意記憶］，処理速度）という 5 つの合成得点から主要な解釈をすることとなる。以下，WISC-Ⅲからの主な改訂点を列挙する。

　　・VIQ と PIQ の代わりに，VCI と PRI を利用することによって，より純粋な言語理解（および推理）と知覚・非言語性推理（および理解）の測定が

可能となった。

・PRI では，知能の本質である推理力を中心に測定し，速度の影響を大幅に減少させ，速度と推理力を分離して扱うことが可能となった。

・下位検査〈行列推理〉，〈絵の概念〉，〈語の推理〉の追加によって，流動性知能や新奇な知識・情報に基づく問題解決能力の測定が可能となった。

・〈数唱〉，〈語音整列〉による WMI という名称とそれを構成する下位検査の変更は，評価する能力をより正確に表すこととなった。

また，プロセス得点という概念が WISC-Ⅳ では新たに登場した。検査結果をさらに深く分析し，個人の認知特徴をつかむためのものであり，これによって「どの程度の量の構成要素からなる」刺激（情報や教材）を「どのように（「何を」ではなく）」提示すればよいかという点に関して示唆を得ることができる。

(2) WAIS-Ⅲ

ウェクスラー知能検査の改訂は，WISC，WAIS，WPPSI の順で行われるので，日本版 WAIS-Ⅲ の改訂は WISC-Ⅲ と WISC-Ⅳ の間に行われた。このため，WAIS-Ⅲ は，WISC-Ⅲ から WISC-Ⅳ への変遷の途中経過として見ることもできる。日本版 WAIS-Ⅲ の適用年齢は，16 歳から 89 歳である。16 歳は，WISC-Ⅳ も WAIS-Ⅲ も適用可能な年齢であるが，知的障害のある人，もしくはその疑いがある人は，WISC-Ⅳ を用いた方がよい。なぜなら，成人用の WAIS-Ⅲ では，粗点が 0 の下位検査が多数になる可能性がある，つまり能力が測定できていない下位検査が多数になる可能性があるからである。このことは，WISC-Ⅳ を実施する際の 5 歳に関しても同様である。

全検査 IQ，VIQ，PIQ という 3 種類の IQ を算出できる点は WISC-Ⅲ と同様であるが，WAIS-Ⅲ における 4 種類の群指数（言語理解［VC］，知覚統合［PO］，作動記憶［WM］，処理速度［PS］）では，その名称と，それぞれの群指数を構成する下位検査の配置は，WISC-Ⅲ とも WISC-Ⅳ とも異なる。また，〈符号〉に関しては，〈符号補助問題 1（対再生，自由再生）〉と〈符号補助問題 2（視写）〉から，〈数唱〉に関しては，〈順唱の最長スパン〉と〈逆唱の最長スパン〉，およびその差から，プロセス分析をすることが可能である点が特徴であり，このことは，WAIS-Ⅲ のみならず，WISC-Ⅳ 刊行前の WISC-Ⅲ の検査結果をプ

110　第 2 部　教育臨床の実践的基礎

ロセス（入力−統合・貯蔵−出力）という視点から解釈し，子どもの支援方法を立案する際にも貴重な示唆を与えてくれた。

■ 2) 日本版 KABC–II

　日本版 K-ABC は，適用年齢が 2 歳 6 ヶ月から 12 歳 11 ヶ月で，1993 年に刊行された。この検査は，ルリア（Luria, 1973）による脳の構造−機能モデルや PASS（Planning-Attention-Simultaneous-Successive）モデル（Das et al., 1994）に理論的基礎をおき，認知処理能力を測定する。認知処理過程尺度では，文化的影響が少なく，どの子どもにも新奇で公平な内容による課題解決が要求される。この尺度は継次処理尺度と同時処理尺度の二つからなる。継次処理とは「情報を一つずつ時間的，系列的に処理する順序を軸とした処理」である。同時処理とは「一度に複数情報を統合し，全体的なまとまりを処理する，関係を軸とした処理」である。なお，継次処理を「聴覚−言語的」なもの，同時処理を「視覚−運動的」なものと，誤認している方を見かけることがあるが，認知処理と「感覚様式」は異なるものであることを留意されたい。

　また，ビネー式検査やウェクスラー式検査で測定されてきた，子どもが習得してきた事実，たとえば命名できる言葉の数や言葉の概念，算数の技能や一般的知識等は，K-ABC では，習得度尺度で測定される。このように，認知処理過程尺度と習得度尺度を分けることで，子どもの問題解決能力に関して分析し，現在までに獲得してきた知識（背景知識）と関連させて子どもの認知処理過程を把握することで，今後の教育援助に関する情報を得ることができる（前川，1993）。

　日本版 KABC-II は，平成 25（2013）年に刊行された。KABC-II の特色は以下のとおりである。①基本的な理念や構成は K-ABC を継承している。②K-ABC での継次処理，同時処理に加え，学習能力（対連合学習），計画能力（高次の問題解決能力）の尺度が加わり，認知処理様式の多面的なアセスメントが可能となった。③適用年齢の上限が 12 歳から 18 歳へと拡大された。④ルリアモデルと CHC（Cattell-Horn-Caroll）モデル（Flanagan & Ortiz, 2001）の 2 つの理論モデルに立脚しており，結果の解釈においては，このどちらかを選択して行うこともできるし，両者で補完し合うこともできる。⑤米国版では習

得尺度を設けていないが，日本版では，K-ABCに設けられていた習得尺度を語い尺度，読み尺度，書き尺度，算数尺度に充実・発展させた。

　また，一部の例外を除き，認知検査には，例題とティーチング・アイテム（教習問題）があり，習得検査には，例題もティーチング・アイテムもない。これは検査の実施に際して，全ての子どもに課題を理解させるためのものであり，本来の力が発揮できないことがないようにするためのものである。このことは，発達や認知に関する支援ニーズを有する子どものアセスメントにおけるKABC-Ⅱの利用可能性を高めるとともに，検査結果の妥当性，および信頼性を高めている。また，例題やティーチング・アイテムにおける練習過程の観察から，子どもへの援助の量や方法を考える際の情報が得られる（前川，1993）。

■ 3）DN-CAS認知評価システム

　日本版DN-CASは，適用年齢が5歳0ヶ月から17歳11ヶ月であり，平成19（2007）年に刊行された。この検査は，ルリアの神経心理学に関する科学的知見と理論を基礎にしたダスら（Das et al., 1994）のPASS理論を，さまざまな発達的な困難のある子どもたちの支援に応用する1つの道具として具体化したものである。検査の構成としては，4つのPASS尺度（プランニング，注意，同時処理，継次処理）とそれらを総合した全検査の標準得点が算出されるようになっている。また，それぞれのPASS尺度には，3つずつの下位検査が含まれており，標準実施の場合は，12個の下位検査すべてを実施し，簡易実施の場合は，各尺度2つずつ計8つの下位検査を実施することとなっているが，後述するような認知処理の詳細の評価を実現するためには標準実施すべきである。

　このようにDN-CASでは，K-ABCには含まれていないプランニングと注意を測定することが可能であり，LDやADHDのある子どもに特徴的な認知的な偏りを評価することができる。プランニングとは「子どもが問題の効果的な解決を決定したり，選択したり，使用したりする認知的プロセス」であり，そのプロセスにはプランの生成，行動の制御，処理過程の制御，知識の想起が含まれる。注意とは「子どもがある刺激に注意を向け，他の刺激を無視するプロセス」であり，焦点化された認知的活動，選択的注意，妨害への抵抗が含まれる。また，同時処理，継次処理を測定できることは，K-ABCと同様であるが，

しかしこれらの尺度においても以下の点で異なる点が存在する。まず一つ目として，K-ABCでの同時処理尺度は「視覚的な」下位検査からのみ構成されており，このことが同時処理＝視覚的という誤解を招いていた可能性があるが，DN-CASでは，〈関係の理解〉という下位検査を含んでおり，言語的な同時処理も評価可能である。また，K-ABCでの継次処理尺度は，視覚的，もしくは聴覚的な刺激リストを系列再生する下位検査からのみ構成されていたが，DN-CASでは，〈統語の理解〉という下位検査を含むことで，文レベルでの継次処理を測定することが可能となった。その他，DN-CASの特徴は以下のとおりである。

・子どものPASSプロフィールを把握し，治療教育プログラムの適用や指導に結びつけることができる（詳細は，第3部第8章参照）。
・プランニングの下位検査では，検査者による観察と子どもの報告によって方略を評価するためのチェックリストがあり，子どもが問題に対してどのように取り組んだのかのプロセスを知ることができる。

■ 4) 検査の適確な選択のために

現在，米国においては，すべての認知機能検査は，CHC理論に基づく解釈へと収斂しつつある。日本版KABC-Ⅱは，米国版KABC-Ⅱ以上に，CHC理論に基づく知能の要素を最もよく測定しているものの，すべての要素を測定できる認知機能検査は現存しない。このため米国では，複数の知能検査，学力検査を実施して補完するクロスバッテリーアセスメント（Cross-Battery Assessment）が標準となりつつある。では，日本で使用頻度の高い本節で取り上げてきた検査はどのように補完し合えるのかについて，以下に記す。

(1) ウェクスラー知能検査とK-ABC

ウェクスラー知能検査では，全般的な知的水準の指標である一般知的能力指標（GAI：General Ability Index（WISC-Ⅳの「言語理解」と「知覚推理」を合わせたものであり，WAIS-Ⅲでは「言語理解」と「知覚統合」を合わせたものに該当））と，その土台となる認知熟達度指標（CPI：Cognitive Proficiency Index（同様に，WISC-Ⅳの「ワーキングメモリー」と「処理速度」を合わせたものであり，WAIS-Ⅲでは「作動記憶」と「処理速度」を合わせたものに該

当）)を分けて把握することができる。一方，KABC-Ⅱでは，認知能力（情報の符号化である「継次」「同時」とそれを支える「学習」「計画」）と，それを活用して得られた「聞く」「話す」「読む」「書く」「計算する」「推論する」に関する知識，技能（「習得」）を分けて把握することができる。

(2) ウェクスラー知能検査と DN-CAS

ウェクスラー知能検査では，言語的知識，文脈や視覚的な知識，文脈がより強く要求される課題解決の力を評価している。一方，DN-CAS は PASS 理論に立脚しており，知識，文脈にできるだけ依存しない課題解決の力を評価している。

5 まとめ

本章では，行動観察の視点に示唆を与えるものという位置づけで，「発達に関する支援ニーズ」「適応行動」「認知機能」に関する検査を紹介した。これらを用いた事例に関しては，第3部第4章および第8章を参照いただきたい。しかし，どんな検査でも万能薬ではなく，そして魔法でもない。近年，発達障害支援が注目されるに従い，「とりあえず検査を」「検査をすれば何でもわかる」というような誤解がはびこっている。いうまでもなく，検査結果から，支援ニーズを有する人の状態像を描き出すには，行動観察を越えるものはないということを再度指摘しておきたい。また，認知機能に関する検査の結果には，目標達成の意識，意欲，場依存か場独立か，衝動型か熟慮型か，固執性，不安や抑うつ，環境への過敏性などといった非知的要因が影響を与えることがある。これらの解釈には，検査中の行動観察に加えて，いわゆる人格検査との検査バッテリーが必要となる場合もある。逆に，いわゆる人格検査の結果に，その人の認知機能が影響を及ぼす場合もありうる。たとえば，WAIS-Ⅲのように，教示－反応の枠組みが明確なものと，ロールシャッハテストのように，フリーな反応が求められるものとでは，検査結果に食い違いが認められる事例が存在することもある。検査結果を表層的に解釈するのではなく，そこでどのような課題要求が生じ，それに対してどのような認知的な反応や情動的な反応が生じているのかを検討していくことが必要であり，これは日常の行動観察においても同様で

ある。まさに「知覚と行為が情動によって統一されたものが意味（Vygotsky,
1984)」なのであるということを我々は具現化しなければならない。

引用文献

AAMR 2002 *Mental retardation: Definition, classification, and systems of supports: Workbook.* 10th ed. AAMR.

APA 2013 *Diagnostic and statistical manual of mental disorders: DSM-5.* American Psychiatric Pub Inc.

Das, J. P., Naglieri, J. A., & Kirby, J. R. 1994 *Assessment of cognitive processes: The PASS theory of intelligence.* Needham Heights, MA: Allyn & Bacon.

Doll, E. A. 1935 A genetic scale of social maturity. *American Journal of Orthopshyciatry,* **5** (2), 180-190.

Flanagan, D. P., & Oritz, S. O. 2001 *Essentials of cross-battery assessment.* New York: Wiley.

Luria, A. R. 1973 *The working brain: An introduction to neuropsychology.* New York: Basic Books.

前川久男 1993 第Ⅶ章 認知障害 湯川良三（編） 新児童心理学講座4 知的機能の発達 金子書房 241-279.

佐藤晋治 2011 5歳児健康診査フォロー相談会に参加した子どもの支援ニーズに関する予備的検討―S-M 社会生活能力検査の結果から― 日本特殊教育学会第49回大会発表論文集, 767.

Vygotsky, L. S. 1984 *Infant age.* In the collected works of L. S. Vygotsky. Vol.4. Moscow: Izdatel'stvo Pedagogika.

推薦図書

前川久男・梅永雄二・中山 健 2013 発達障害の理解と支援のためのアセスメント 日本文化科学社

辻井正次（監修）・明翫光宜（編集代表）・松本かおり・染木史緒・伊藤大幸（編） 2014 発達障害児者支援 とアセスメントのガイドライン 金子書房

上野一彦・松田 修・小林 玄・木下智子 2015 日本版WISC-Ⅳによる発達障害のアセスメント―代表的 な指標パターンの解釈と事例紹介― 日本文化科学社

（佐藤晋治）

第6章

行動・認知の問題への援助

1 はじめに

アセスメントでは行動観察が最も重要であるが，その際の視点に示唆を与えるものとして第2部第5章では心理検査を論じた。本章では，行動観察の方法について取り上げる。行動観察の方法はさまざまあるが，ここではアセスメントから対応までを一貫した枠組みで提供し，かつ子どもの問題を個人の属性に帰すのではなく，環境（人的環境も含む）との相互作用という視点から分析することで，支援者としての私たち自身の対応のあり方を省察できる行動分析学に基づいたものを取り上げる。

2 行動分析の進め方

1）気になる行動の前と後の出来事を記録する

行動分析学における分析の基本単位は，三項随伴性と呼ばれるものである。これは,「何を手がかり（きっかけ）に」-「どんな行動をして」-「どうなった」ということであり，弁別刺激 - 反応型 - 強化刺激といわれるものである。しかし，行動観察をしただけでは，何が弁別刺激になっているのか，何が強化刺激になっているのかが同定できないこともある。したがって，まずは，気になる行動の反応型のみならず，先行事象（antecedent）と後続事象（consequence）も併せて記録していく。先行事象 - 行動（behavior）- 後続事象を単位とした分析を，その頭文字をとって ABC 分析という。なお，論理療法における ABC（DE）分析と混同されないように留意されたい。図 2-6-1 に国語の授業時におけるトシ（仮名）の行動の ABC 分析をする際の記録用紙の一例を示す。

116　第2部　教育臨床の実践的基礎

X年6月29日　No.2

時刻	どのような時	どのような行動	それへの対応	対応後の様子
14：33	先生が「みんなで教科書を読みましょう」	トシは教科書に視線を向け，音読を始める	他の同級生も音読し，先生は机間指導するが，トシには無対応	トシは教科書に視線を向けるのみで音読せず
14：34	他の同級生は音読し，先生は机間指導するが，トシには無対応	トシは教科書を振り回し，廊下にでる	先生は，廊下に顔を出し「トシ君，戻りなさい」	トシは廊下を走り去り，先生から見える位置で止まり，先生の方を見る
：				

図2-6-1　国語の授業時におけるトシ（仮名）の行動のABC分析のための記録用紙

■ 2) 気になる行動の後続事象の機能を推測する

　行動分析学では「繰り返しのある（つまり学習性の，もしくは習慣性の）」行動を扱うが，その行動が繰り返される，つまり強化されるか，それとも消失していく，つまり弱化されるかは，行動の後続事象によると考える。たとえば，トシの「教科書を音読する」という行動は現在30秒ほど可能だとする。その行動に対して，教師が指で○のサインをトシに示し，その後音読が1分継続する，もしくは音読の際の声が大きくなるということが観察されたなら，教師が指で○サインを示すという働きかけ（トシの音読に対する後続事象）は，トシの音読行動を増やす，つまり強化の機能を有することが推測される。また，トシの音読に対して，教師が「もっと大きな声で」と言ったときに，トシが音読をやめてしまったり，トシの声が小さくなってしまったりした場合は，トシの音読の後続事象である教師の「もっと大きな声で」という声かけは，トシの音読行動を減らす，つまり弱化の機能を有することが推測される。ここで，留意しなければならないのは，強化，弱化というのは，その人の意図とは必ずしも一致しないということである。上の例で，もし教師がトシの音読行動を強化しようと意図して「もっと大きな声で」と言ったとしても，結果としてトシの音読行動が増加しなかったら，それは強化とは言えないのである。子どもによって，またそのときの状況によって何が強化機能を有するかは異なる。上の例では，教師の指による○サインがトシの音読行動を強化しているが，子どもによって

は「うまく読めたこと」自体が強化機能を有する場合もある（行動に内在化された強化）。また，隣の子どもと読み合うことが強化機能を有する場合もあるし，音読カードにスタンプが押されることが音読行動を強化していることもある。重要なのは，教師の思い込みや意図によって好子（強化刺激）を先験的に同定してしまうのではなく，しっかりと ABC 分析を行うことである。もちろん，ABC 分析よりは実験的機能分析（アナログ・アセスメント）の方が直接的で信頼性があるが，実施に要する労力を考えると，日々の学校や家庭，地域においては，まずは ABC 分析をきちんと実施する必要がある。

■ 3）行動の学習パターンを見分ける

　行動の学習，つまり行動が強化されるパターンは 2 つあり，それは正の強化と負の強化である。まず，正の強化とは，ある行動を行うことで，好きなことができたり，欲しいものが手に入ったり，望ましい結果が生じたりする（好子出現）ことで，その行動が維持されるものである。負の強化とは，ある行動を行うことで，嫌な状況が終結したり，嫌な状況から逃れられたり，望ましくない状況が消失する（嫌子消失）ことで，その行動が維持されるものである。図 2-6-1 でトシは教科書を振り回し廊下にでるという行動をしているが，この行動の学習パターンは以下のように考えられる。この行動の先行事象は，他の同級生は音読し，先生は机間指導するが，トシには無対応であるというものである。そして，逸脱行動の直後の対応（後続事象）として，先生は廊下に顔を出し「トシ君戻りなさい」と言っている。この先行事象と後続事象の間にどんな変化が生じたのかを分析することとなる。まず一つは，同級生や先生からの対応がないという先行事象から，廊下に顔を出し「トシ君，戻りなさい」という先生の対応があるという後続事象に変化している。つまり，トシの逸脱行動は，先生が対応してくれるというトシにとって望ましい結果が出現することによって維持されていることが推測できる（正の強化）。同時に，音読という課題から逃れることができることによっても維持されていると推測することもできる（負の強化）。このようにある行動は単一の随伴性によって学習されるだけではなく，正の強化や負の強化が混在した複数の随伴性によって学習が成立していることがあることを留意されたい。

118 第2部 教育臨床の実践的基礎

表2-6-1 4つの基本随伴性

	好　子	嫌　子
出　現	正の強化	正の弱化
消　失	負の弱化	負の強化

　行動の弱化についても，強化の場合と同様，正の弱化（嫌子出現）と負の弱化（好子消失）がある。表2-6-1に，以上の4つの基本随伴性を示した。当然私たちは，行動的QOLといわれる，正の強化で維持されている行動の選択肢の拡大を目指すこととなる。ちなみに行動的QOLには以下の3つのレベルがある。

　レベル1：ある状況で，選択はできないが，正の強化で維持されている行動　　　　　が個人に準備されている環境設定

　レベル2：個人にいくつかの選択肢が準備され，それぞれの選択ができる環　　　　　境設定

　レベル3：個人が既存の選択肢を拒否して新しい選択肢を要求できる環境設　　　　　定

3　気になる行動へのアプローチ

1）適切な行動を教授・支援する

　ここでは，図2-6-1におけるトシの逸脱行動にどのように対応するかを考える。常識的に考えられるのは，トシが逸脱行動をしても，その行動の前後の状況が変わらないようにすることであり，これは消去の手続きといわれる。具体的には，トシが逸脱行動を示しても無視すればよいということになる。いわゆる専門家の中にもこのような助言をする方がいるが，以下のような点で問題が生じる。それは，消去バーストといわれるもので，消去直後に見られる急激な反応頻度の増加と反応強度の増加である。トシの例でいえば，逸脱行動を先生が無視し始めると，一時的に逸脱行動が強まったり，増えたりする可能性が高いということである。このような状態において，他の子どもたちも存在する中で先生がさらに無視を決め込むことは至難のわざといえよう。

前述した4つの基本随伴性により逸脱行動を弱化したいということなら，好子消失による負の弱化か嫌子出現による正の弱化の手続きをとることになる。負の弱化の場合，トシの逸脱行動に対して，トシにとっての好子を消失させることとなる。もしトシにとって級友と同じ教室で授業を受けることが好き（好子）ならば，逸脱行動が生じた際に先生が「みんなと一緒に授業を受けられないよ」と言い，実際に一定時間，校長室で過ごさせる（この手続きをタイムアウトという）。正の弱化の場合，逸脱行動が生じた際に，トシにとっての嫌子を出現させる。つまり，音読課題から逸脱に対して，強力な罰を与えるということである。

日本行動分析学会「体罰」に反対する声明文を策定するタスクフォース（2014）によれば，教育的，倫理的に，最も望ましいのは「正の強化」にもとづいた手続きであり，その次が，倫理的に問題がなければ「負の弱化（反応コスト法など）」である。強い苦痛刺激を用いた「正の弱化」や「負の強化」の手続きを使わなくても，望ましくない行動を副次的な作用を生じさせないで減少させることは可能である。負の弱化，正の弱化，負の強化の手続きを用いた場合，倫理的な問題の他に以下のような弊害が生じる（河合，1986）。

①そのような手続きを用いた人や他の大人に対して強い反感や敵意を生む。これが高じた場合，反抗挑発症／反抗挑戦性障害（Oppositional Defiant Disorder）や素行症／素行障害（Conduct Disorder）へ移行する可能性がある。

②そのような手続きを用いた人への強い恐怖心のために，その人のいる前では，子どもがよい行動だと判断した行動まで実行をためらうようになる。つまり，全般的な反応水準の低下が生じる。

③そのような手続きを用いた人が一種のモデルとなり，自分よりも弱いものに対して暴力や脅しを加えることになりやすい。これは，虐待の世代間連鎖と言われるものや，被虐待児が行為障害へと移行していくものに該当する。

④そのような手続きが用いられた行動とは別の望ましくない行動を実行するようになる危険性もある。これはその場面での望ましい行動を教授されてないのだから至極当然である。

⑤そのような手続きに対する慣れが生じ，やがてより嫌悪性の高い手続きをとらなければならなくなる。

120 第2部 教育臨床の実践的基礎

⑥そのような手続きは子どもに「何をしてはいけないか」を教える手段とはなりうるが,「何をすればよいか」を教える手段とはなり得ない。

以上のように,トシの逸脱行動に対応するだけでは不十分であり,適切な行動（図2-6-1の場合は着席して音読するという行動）を教授するということが必要になる。つまり適切な行動を学習することで,不適切な行動をする必要がなくなるという状況を目指していくこととなる。以下,先行事象－行動－後続事象のそれぞれに焦点を当てた対応方法を述べる。まず,先行事象へのアプローチとしては,やってほしくないこと（問題行動）をやらなくてすむ環境調整とやってほしいこと（適切な行動）ができるような環境調整が必要であり,具体的には以下のようになる。①問題行動を引き起こす場面に子どもをさらさない。たとえば,座席の配置などの際に,衝突しがちな子ども同士を近くの席にしないなどの配慮である。②問題行動が生じる場面の嫌悪性を大幅に下げる。たとえば,教室に入ることが難しい子どもの場合に,席を教室の入り口近くにするとか,席の周囲にはその子と仲の良い級友を配置するとかが考えられる。③理解しやすい指示やわかりやすい環境の工夫をすることである。この際には,第2部第5章や第3部第8章で述べた認知機能に関するアセスメントや対応が示唆を与えてくれる。

次に,行動へのアプローチとしては以下のようなものがある。④他の適切な行動を増やす。つまり,望ましくない行動をしなくてすむ行動や,望ましい行動を増やすということである。トシの場合,着席して音読するという行動とは別の適切な行動を増やすという意味であり,このことによってトシが他の場面において先生や同級生から認められる,つまり強化される可能性が増えることが期待される。⑤同じ機能をもつ行動へ置換する。つまり,置き換えた行動を起こすとこれまでと同じ後続事象が生じ,これまでと同じ不適切行動を起こすとこれまでとは同じ後続事象が生じない（代替行動分化強化）ということが必要である。トシの逸脱行動には,音読課題からの逃避と先生からの注目という機能が推測されるので,音読ができないときに先生や同級生に「わかりません。教えてください」と援助要求するといった行動が考えられる。⑥適切な行動が少ない（短い）場合は,徐々に増やす。⑦行動が不完全なときは,再度学習し直す。たとえば,授業を開始する際の姿勢,ノートの取り方などといったもの

は，低学年では丁寧に教えられるが，学年があがるにつれ，それほど丁寧に指導されなくなる。しかし，発達上の支援ニーズを有する子どもの場合，低学年時にこれらのことがしっかりと身についていないこともあるので，学習し直すことが必要な場合もある。⑧「場面－とってよい行動－その結果」の随伴関係（ルール）を学習させる。ルールという言葉は一般的には「とってよい（もしくはよくない）行動」や「場面－とってよい（もしくはよくない）行動」の関係を示すことが多いが，前述のように，行動分析学では，行動に後続する状況が，その後の行動の維持，消失にとって重要な機能を果たす。このためルールを示す際にも，ソーシャルストーリーのように「その結果」までも含めたかたちで示す必要がある。以上，行動へのアプローチを採る場合には，その行動が当該の子どもにとって「価値（坂野・武藤，2012）」のあるものなのか，そして，その行動の生起に関する身体的努力（physical effort：Horner & Day, 1991）が大きすぎないかといった点にも留意する必要がある。

　最後に後続事象へのアプローチを示す。⑨問題行動に随伴する好子の消失（撤去／除去），⑩問題行動への嫌子の提示が考えられるが，前述のようにこの手続きは弊害が多かったり，集団場面では実施しにくかったりする。以上のように，問題行動が起こった後にどのように対応するのかということに目を向けるだけではなく，問題行動を起こさなくてもよい状況や適切な行動が生起するような状況をつくるにはどうしたらよいのかというアプローチ（たとえ

表 2-6-2　ABC 分析から整理した書字に影響を及ぼす要因（佐藤，2005 を修正）

	先行状況	行動	後続状況
今井・森岡（1977）	字形と筆順	視写	記載なし
伊藤・佐藤（2000）	書きやすいフォントと筆順	視写	記載なし
熊谷（1998）	筆順と画の方向	大きな字での視写	記載なし
西川（1989a,b）	見本文字	視写	記載なし
大庭（1998, 1999）	言語教示	適切な筆圧による氏名の書字，円の描画，人物画	記載なし
小野瀬（1987）	見本文字	視写	記載なし
Steinberg・山田（1980）	小さな見本文字	小さな字での視写	記載なし

122　第 2 部　教育臨床の実践的基礎

ば上記の先行事象や行動に対するアプローチ：ポシティブ行動支援（positive behavior support））が求められている。また，⑪適切な行動を増やすためには，その行動の後に嫌子が撤去される（負の強化）のではなく，好子が提示される（正の強化）方がよいということは前述のとおりである。

■ 2)　認知も行動として分析できる

　行動分析学に基づくアプローチは本章で述べてきた行動面に関する問題や，第 3 部第 8 章で述べる社会性に関する問題のみに適用可能なわけではなく，学習性，習慣性の行動ならば他のものにも適用することができる。学校場面で重要となる教科学習に関しては認知心理学的なアプローチが多いが，行動分析学的に整理することも可能である。なお，認知に関する行動分析学的な支援（たとえば，文字の読み書きや言語・概念の拡張など）としては，刺激等価性のパラダイムによるものが有用であるが，ここでは，前項に引き続き認知的な行動を ABC 分析で捉えてみる。たとえば，佐藤（2005）は，日本語書字に関する認知心理学的なアプローチによる研究を ABC 分析によって整理し直している（表 2-6-2 参照）。認知心理学的なアプローチは当然のことながら，先行事象と行動に焦点を当てており，後続事象に関する記載がない。認知心理学においては，第 2 部第 5 章で述べたようなプロセス分析（「入力」-「統合・貯蔵」-「出力」）という枠組みが重視される。この中の「入力」-「統合・貯蔵」に相当するのが ABC 分析の「先行事象」であり，「出力」に相当するのが ABC 分析の「行動」である。以上より，教科学習も ABC 分析の俎上に載せることが可能であり，「先行事象」へのアプローチを考える際には，第 2 部第 5 章や第 3 部第 8 章で述べた認知機能に関するアセスメントや対応における示唆を十分に活かすことによって「どの程度の量の構成要素からなる」刺激（情報や教材）を「どのように（「何を」ではなく）」提示すればよいかという点に関してより詳細に分析をすることが可能となる。

引用文献

Horner, R. H., & Day, H. M.　1991　The effects of response efficiency on functionally equivalent competing behavior. *Journal of Applied Behavior Analysis*, **24**, 719-732.
今井康親・森岡裕子　1977　幼児の書字行動に及ぼす指導法の効果　読書科学, **21**（1・2）, 14-22.

伊藤水香・佐藤晋治　2000　構成活動に困難を示す児童への片仮名書字指導　K-ABC アセスメント研究, **2**, 37-43.

河合伊六　1986　子どもの保育と行動分析—困った行動の治し方と望ましい行動の形成—　川島書店

熊谷恵子　1998　筆順の不正確な注意欠陥多動性障害児に対する漢字の書字指導：書く順番と方向性を強調した指導　LD（学習障害）, **7**（1）, 69-79.

日本行動分析学会「体罰」に反対する声明文を策定するタスクフォース　2014　日本行動分析学会「体罰」に反対する声明　日本行動分析学会　http://www.j-aba.jp/data/seimei.pdf（2017 年 11 月 7 日参照）

西川和夫　1989a　漢字書字学習における弁別訓練の効果　三重大学教育学部研究紀要（教育科学）, **40**, 7-12.

西川和夫　1989b　漢字学習における弁別・なぞり・視写練習の分析　三重大学教育学部研究紀要（教育科学）, **40**, 13-17.

大庭重治　1998　障害児における筆圧コントロール機能の形成に関する予備的研究　上越教育大学研究紀要, **17**（2）, 665-672.

大庭重治　1999　就学前幼児における言語教示に伴う最大筆圧の変化　上越教育大学障害児教育実践センター紀要, **5**, 35-40.

小野瀬雅人　1987　幼児・児童におけるなぞり及び複写の練習が児童の書字技能の習得に及ぼす効果　教育心理学研究, **35**, 9-16.

坂野朝子・武藤　崇　2012　「価値」の機能とは何か—実証に基づく価値研究についての展望—　心理臨床科学（同志社大学）, **2**（1）, 69-80.

佐藤晋治　2005　入門期における日本語書字を成立させるための環境条件—三項随伴性による整理—　大分大学教育福祉科学部研究紀要, **27**（1）, 123-129.

Steinberg, D. D.・山田　純　1980　書字能力発達に関する基礎的研究　教育心理学研究, **28**（4）, 46-53.

推薦図書

P. A. アルバート・A. C. トルートマン（著）佐久間徹・谷　晋二・大野裕史（訳）　2004　はじめての応用行動分析日本語版　第 2 版　二瓶社

三田村仰　2017　はじめてまなぶ行動療法　金剛出版

日本行動分析学会（編）・浅野俊夫・山本淳一（責任編集）　2001　ことばと行動—言語の基礎から臨床まで—　ブレーン出版

日本行動分析学会（編）・藤　健一・望月　昭・武藤　崇・青山謙二郎（責任編集）　2011　行動分析学研究アンソロジー 2010　星和書店

杉山尚子・島宗　理・佐藤方哉・R. W. マロット・M. E. マロット　1998　行動分析学入門　産業図書

山上敏子　2016　新訂増補方法としての行動療法　金剛出版

（佐藤晋治）

コラム2 性の問題 ◇◇◇◇◇◇◇◇◇◇◇◇◇◇◇◇◇◇◇◇◇◇◇

　思春期の子どもたちの問題行動には，性的な発達に関する戸惑いが絡んでいる場合があることを，大人は理解する必要がある。

　そもそも人の性はいつ決まるのであろうか。人の性が決まるのは受精から出生までの胎生期である。まず，人の細胞の中にある性染色体の組み合わせにより男女という基本的な方向が決まるのが胎生6週頃。しかし，これはまだ決定ではなく胎生7週前後，男児のY染色体の中にある精巣決定遺伝子により未分化な胎児の性器が精巣へと作りかえられる。さらに精巣から分泌されるホルモンによる内性器や外性器の分化，そして，生殖器の男女の特徴の差が形付けられ，出生時の性の分化に至る。これを「第一次性徴期」と呼ぶ。そして，思春期には，この生殖器の成熟と共にそれ以外の身体における男女それぞれの性的な成長を遂げる。これが「第二次性徴期」である。男子の場合，身体的な筋肉や骨格の発達，声変わり，精通。そして，女子の場合は，乳房や臀部の発達，初潮などが「第二次性徴期」における大きな変化である。

　こうした性的な発達による身体の著しい変化は，自分自身ではどうにもコントロールできない感覚を自己の内にもたらす。自分を自分でコントロールできない感覚は，飛行機に乗った際，乱気流に巻き込まれた体験を思い浮かべると少しは理解できるのであろうか。不安や怖れを禁じえず，叫びだしたりイライラを他人にぶつけたくなったりするのではないか。また，こうした内なる衝動と同時に，大きな変化を遂げる自らの身体像に対する，外の目を気にするような心理状態をも作る。この時期，身体像を礎に自己像が築かれるため，身体像を自分がどう捉えるかによって自己像が大きく揺らされたりする。この「第二次性徴期」の変化を自然に受け入れられる場合はよいが，受け入れがたい時は，「自分はどう人から見られているのか」「自分は異常なのではないか」といった心理的な不安を生じさせることになる。こうした内外，両面からの不安が高じると精神的な病理を招いたり，問題行動の引き金になったりすることもある。

　また，性的な発達の受け入れの困難さ以上に，自分の性というもの自体をうまく受け入れられない存在というものもあるだろう。石丸（2009）は，それらを

①同性に対して性的魅力を感じる同性愛（レズビアン，ゲイ）・両性愛（バイセクシュアル）

②自分の身体的性別や性役割に嫌悪感を持つ性同一性障害・トランスジェンダー

③身体的な性別が典型的な女性にも典型的な男性にも該当しない性分化疾患

④混乱模索中

と分類している。いわゆる LGBT の問題である。2017 年度から高校家庭科教科書でこの言葉が初登場した。来年度は他教科でも取り上げられるがその対応はといえばまだまだといえよう。思春期の子どもの多くが性にまつわる変化や衝動に悩む時，それ以前の問題として自分の性が受け入れられないという事実は，大きな混乱や痛みを伴うことは想像に難くない。

岩室（2008）は，性の問題を「周りの人との関係性を築けない，関係性が上手につくれないということは，自分だけではなく，相手も大切にできないことにつながってくる」と関係性の視点から論じている。不特定多数との性交渉である援助交際，避妊しない性交渉による性感染症の罹患，低年齢の性体験による妊娠など性にまつわる問題行動の背景に「誰とでもいいからつながりたい」とか「自分が嫌でも応じないと嫌われる」といった周囲との関係性の希薄さや自己肯定感の低さゆえに関係のとり方を歪めて関ってしまうことなどが窺われる。携帯やインターネットなどがこうした行為のツールになっていることも，生身の人のつながりの外で起きていることの表れであろう。性的虐待もまた家族という基本的な関係性のあり方から生じてきている問題として考えられる。

教育現場においては，まず，様々な問題行動の根底に性的な問題からくる衝動や怖れ，違和感や偏見，差別や孤独が潜んでいる可能性を教職員が自覚することが大切であろう。そのうえで，そうした問題を抱えている本人を理解していくこと，正しい知識や情報を持ち伝えることが必要とされる。子どもが「自分らしく生きる事」を支えるために，様々な場面で当事者がいることを想定しながら，取り組み一つひとつに心を配ることは勿論のことである。

引用文献
石丸径一郎　2009　性的マイノリティの思春期　松本俊彦（編）現代のエスプリ　思春期の心と性　至文堂　187-196.
岩室紳也　2008　思春期の性　大修館書店　13.

（四童子龍子）

第 3 部

教育臨床の諸問題

第1章

不登校

1 はじめに

　不登校は教育臨床において最もよく出会う問題の一つである。しかし，不登校ほどあいまいで混然とした問題はない。それはなぜだろうか。第一に，不登校がたいへん包括的でおおまかな概念だからである。実際は，不登校といってもその内実や背景は千差万別なのである。第二に，不登校は社会情勢や時代背景を敏感に映し出すものであり，時代とともに状態像に変化がみられるからである。呼び名が「学校恐怖症」「登校拒否」「不登校」と移り変わってきたのも，こうしたことの現れである。第三に，不登校という問題ではどうやら援助者側の人間観や価値観がよく表れるようであり，しばしば人によって視点，重視するポイント，アプローチが異なるということがある。

　そのため，不登校の理解と援助をめぐって，私たちはしばしば混乱に陥る。しかし，それだけに，不登校では個々の事例を丁寧に理解し，その事例にふさわしい援助を進めていくことがことのほか重要となるのである。そこで，本章では，まず不登校の概要について述べた後，個々の事例に対して適切な理解と援助を実践するための手がかりやモデルを提示していくこととする。

2 不登校の概要

1）定　　義

　文部科学省は，不登校を「何らかの心理的，情緒的，身体的，あるいは社会的要因・背景により，児童生徒が登校しないあるいはしたくともできない状況にあること（ただし，病気や経済的な理由によるものを除く）」と定義してい

第1章 不登校

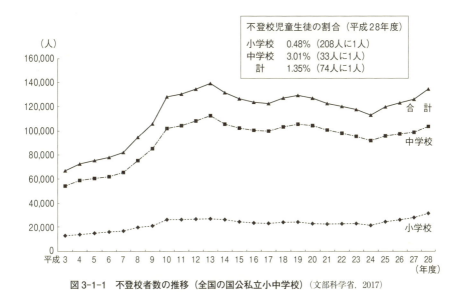

図3-1-1　不登校者数の推移（全国の国公私立小中学校）（文部科学省，2017）

る。また，文部科学省は平成3（1991）年から毎年「児童生徒の問題行動等生徒指導上の諸問題に関する調査」を行っているが，そこでは年間の欠席日数が30日を超える場合を不登校者の実数としている。

2) 動　　向

　図3-1-1は，全国の小中学校（国公私立）における不登校者の推移をまとめたものである。平成13（2001）年度の138,722人をピークとして若干の減少傾向が認められるが，その後も10万人を切ることのないまま横ばい状態が続き，最近では再び増加傾向にある。全体として小学校よりも中学校の方が不登校者数は多く，しかも学年が上がるにつれて増える傾向がある。特に，小学6年から中学1年に進学する境目の時期に，不登校は大幅に増加する。また，不登校の背景としては，小学校では「不安などの情緒的混乱」「無気力」が多く，中学校になると，これに加えて「友達関係」「非行」などによるものが増え，多様化・複雑化する傾向がある。高校の場合は，全国で5万人弱であり，やや減少傾向にある。

130 第3部 教育臨床の諸問題

表 3-1-1 不登校に対する国の施策（文部科学省，2003 に加筆）

【学ぶ意欲を育み，進んで登校したいと考えるような学校作り】
学級活動や学校行事等の特別活動を充実し，楽しい学校を実現する。その他，わかる授業
の実践，達成感を感じられるような授業等を推進する。

【心の教育の充実】
多様な体験活動やそれを生かした道徳活動を推進する。その他，善悪の判断や基本的なし
つけについて指導を行う。

【教員の資質向上と指導体制の充実】
カウンセリング等の能力向上に向けて現職教員への研修や教員養成段階での教育を進める。

【学校・家庭・地域社会の連携】
学校，教育委員会，家庭，地域社会，関係機関の連携を進める。「情報連携」のみならず
「行動連携」を目指す。

【教育相談体制の充実】
スクールカウンセラー配置の拡充を進める。

【不登校児童生徒に対する柔軟な対応】
教育支援センター（適応指導教室）の整備，スクーリング・サポート・ネットワーク整備
事業（SSN），出席扱いに関する措置，中卒認定試験における受験資格の拡大および高校入
試における配慮，情報通信技術（ICT）による在宅学習支援等。

3）国の施策

　こうした状況に対して文部科学省は，平成 15（2003）年にまとまった見解や
方針を示した。そこでは，不登校は異常ではなく，誰もがなりうるものだとい
う視点に立つとともに，学校復帰のみならず「社会的自立」，つまり一人一人が
個性を生かし社会に参加していくことが援助の基本的目標とされた。具体的に
は，表 3-1-1 のような対策を講じていくこととされ，現在も基本的にはこれに
基づいて対策が進められている。また，いわゆる「中1ギャップ」に伴う不登
校の発生を見据え，学校種間の積極的な連携・接続が重視されるようになって
いる。

3　不登校の理解

1）不登校の背景と契機

　図 3-1-2 は，不登校の背景や契機をまとめたものである。ただし，背景と契
機を明確に区別できない場合もあるだろう。また，背景や契機は必ずしも一つ
に限定されるわけではなく，複数のものが重なり合っている場合が多い。

第1章 不登校　131

背景
【環境要因】 家庭：保護者の養育態度（過保護，過干渉，無関心，不在がち，虐待，学校への敵視），保護者の疾患，両親の不和，親と祖父母の対立，弟妹の誕生，きょうだい間葛藤，家族団らんがない，経済的事情 学校：勉強や宿題がつらい，学級崩壊，教師によるひいきや高圧的態度，居場所や役割がない，友達がいない 【心理・情緒的要因】 一人でいられない（分離不安），自主性や自発性がない，完全主義（強迫傾向），他人の評価や反応に過敏，傷つきやすい，自信が持てない，誇大感や万能感が強い，協調性がなくわがまま，ソーシャルスキルがない，発達課題のつまずき，第二次性徴に伴う混乱 【認知・発達的要因】 学習・注意・情報処理・社会性・自己コントロールなどに関する認知発達上の諸問題（広汎性発達障害等） 【社会・文化的要因】 学歴社会，習い事の増加，自然な遊び場の減少，地域コミュニティの崩壊，核家族化，共働き，情報化社会の歪み，価値観の多様化

契機
入学，進級，転校，席替え，学業不振，成績低下，テスト，宿題，苦手な授業，行事，生活指導，いじめ，けんか，身体の不調，家族環境の変化（家族の死去，離婚，兄弟の独立，転居など）

図3-1-2　不登校が発生する背景と契機

　図に示したように，不登校はさまざまな背景と契機によって表面化するものである。したがって，援助実践の際は，アセスメント（第2部第1・2章を参照）などにより，事例の背景や内実を丁寧に理解することが重要となる。たとえて言えば，不登校は発熱のようなものである。発熱に対しては当面の対処として解熱剤を用いるとしても，やはりそれが風邪なのか，インフルエンザなのか，食中毒なのか，はたまた別のものなのか，背景や内実をみきわめる必要がある。それによって処置や治療が異なってくるからである。

■ 2）不登校のタイプと意味

　不登校のタイプについてはさまざまな検討がなされている。ここでは菅野

132　第3部　教育臨床の諸問題

表3-1-2　不登校のタイプとその特徴

タイプ	状態像	背景・経緯
神経症型	前日にはきちんと登校の準備をするが、直前になると元気がなくなり、腹痛などを訴えたり足がすくんだりして休む。登校するかどうかに葛藤・苦悩し、不登校に罪悪感を強く感じる。午後や休日には比較的安定して過ごせることが多い。	几帳面・真面目で、ときとして完璧主義・融通が利かないところがあり、「ねばならない」と思いやすい。 親や周囲の期待に添うよう「よい子」であろう（あらねばならない）と努力してきたが、そのことに疲れてしまう（よい子の息切れ）。あるいは、「他人より優れている」ことをよしとする価値観を取り込み、自分もそのような存在であるものと考えているが、学校生活の中で現実を見せつけられ、「できる自分」が崩される不安を感じて、学校に行くことを回避する（自己愛的防衛）。
分離不安型	親から離れ、一人で学校や教室に入っていくことに強い不安を感じ、しがみついたり泣き叫んだりする。	親が子どもの甘え要求に十分に応じてこなかった場合、親が過保護で自立を促す関わりをしなかった場合、親の方が子どもと離れることが不安でそれを感じ取った子どもが不安を強めている場合など。
無気力・未熟型	不登校に関する葛藤、苦悩、危機感がなく、無気力で、なんとなく学校を休んでいる印象。それほど人目を気にせずに買い物などの外出もできる。周囲に促されて登校したり、学校行事に参加することがあるが長続きしない。友達関係も希薄で、学習意欲も低い。非行に至ることは少ない。	自信、主体性が育っていない。また、欲求不満耐性が低い。その結果、授業が難しくなったり友達関係が複雑になってくることなどにもちこたえられず、困難な場面から逃れようとする。 ときとして、きょうだいと比べられて劣等感をもち親に素直に甘えられない、親にかまってもらえない、両親の不仲を悩んでいる等の背景がある。
怠学・非行型	当初は不登校に対する葛藤や苦悩があるが、次第に同じようなタイプの子どもとつながりをもち、万引き、喫煙、徘徊などをするようになる。教師や大人に対しては反抗的でありながら、関わりを求めているところもある。	裏切られた体験があり、疎外感、孤独感、恨みを秘めている。 学校生活で、学業不振や友達関係でのトラブルがあると、一気に居場所のなさを強く感じて学校に行かなくなったり、学校外の反社会的集団に居場所を求めたりする。
二次障害型	登校しないという現象だけでなく、精神症状（幻聴、妄想、奇異な言動、2日以上寝ていないのに興奮状態にある、感情の麻痺、閉じこもりぼうっとしているだけ、意欲や集中力の急激な低下など）や、発達障害やそれに類する問題（学習面、注意、情報処理、社会性、感情コントロール等に関する困難）が認められる。	精神障害（うつ病、統合失調症など）に伴う意欲低下や妄想的不安などにより登校できなくなる。発達障害（広汎性発達障害など）により授業についていけず苦痛である、友達とうまく関われず孤立する等の問題が派生し、不登校に至る。
家庭機能不全型	必ずしも学校が嫌い・怖いというわけではないが、登校しない。登校しても宿題・準備物・服装が整っていない。気になった教師が家庭訪問等をして保護者と接触すると家庭環境が複雑で、生活基盤が機能不全に陥っていることがわかる。	経済的な困窮（借金・無収入）や家庭が抱える困難（家族の身体および精神疾患、保護者の離婚・再婚、保護者の逮捕、子どもの世話をしない等）によって子どもが登校する気持ちになれなかったり、子どもが家事や家族の世話をせざるをえない状況になっている。あるいは保護者が独特な考え（カルト信仰、学校への不信、子育てに関するこだわり等）をもち、直接的・間接的に登校を阻む。

(1995),山下(1999),鈴木(2002)を参考に,6つのタイプにまとめた(表3-1-2)。このうち神経症型と分離不安型は以前は多く見られたもので,不登校の典型的なパターンともされていたが,今日では無気力・未熟型と二次障害型(特に発達障害に伴うもの。第3部第4章を参照)が増えてきているように思われる。また,複雑な家庭状況が関係しているものも増えてきていると感じられる。

実際には,これらの複合型のような事例やどれにも当てはまらない事例もあろう。もとよりどれかに当てはめるためのものではないが,こうしたタイプがあることを知っておけば,不登校者を理解する手がかりとできるだろう。

4 不登校に対する援助

不登校に対する援助を図3-1-3にまとめた。横軸は時間の流れであり,左は不登校が生じる前,右は不登校が生じた後(中央寄りは不登校が生じた直後か

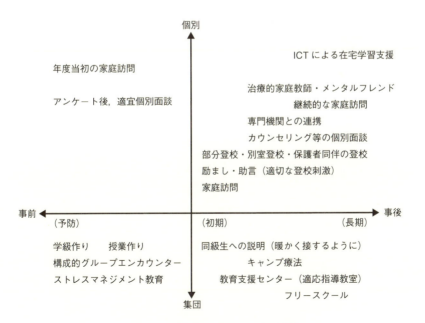

図3-1-3 不登校に対するさまざまな援助

ら初期の段階，右に寄るほど不登校が長期化した段階）を示す。縦軸は援助実践の規模を示し，上は個別の対応を，下は集団への対応を意味する。このように，不登校の援助では，タイミングや状況に応じて，さまざまなアプローチを組み合わせていくことになる。

■ 1) 援助の前提

まず，すべての時期・状況を通じて重視すべき点を以下にあげておくことにする。

(1) 信頼関係の上に立って援助を進める

信頼や安心に根ざした人間関係があってはじめて，人の心は安定し，活力が生まれ，困難に立ち向おうとし，成長しようとする。その意味では，まず信頼関係の構築そのものに相当に援助的な意味がある。また，相手が私たちを信頼すれば，私たちが差し出す手立てや助言にも「なるほど。確かにそうだ」と受け取ってくれるであろう。どれほど素晴らしい助言やアドバイスであっても，相手との信頼関係がないことには奏功しないものである。したがって，「無条件の肯定的な関心」「共感」（第2部第4章を参照）などを参考に，信頼関係を構築することが何よりも優先されるべきである。

(2) 「見守ること，共感や甘えの重視」と「促し励ますこと，助言」のバランスを模索する

これらは一見して相反する関わりであり，ともすればどちらを選ぶかという議論に陥りやすい。しかし，実際の援助では両方が必要である。両者をどのように組み合わせるかは事例ごとに異なるが，不登校の内実や背景を理解しつつ，個々の子どもが発達を遂げるために適切な組み合わせを試行錯誤していくことになる。

(3) 保護者や環境への働きかけを進める

一般に，子どもが幼いほど保護者の関わりや家庭環境がもつ影響は大きく，問題の発生にも改善にも深く関与するものである。したがって，子どもの心理的安定のために，必要に応じて保護者への対応を行う（第3部第9章を参照）。また，保護者が複雑な問題を抱え家庭環境が危機的な状態にある場合には，関係機関と協力し，地域全体で，長い目で子どもと家庭を援助していかねばなら

ない。

（4）組織的な対応を進める

　不登校の子どもに関わる中心的な存在が担任教師であるとしても，一人ですべての対応ができるわけではないし，すべきでもない。そうではなく，他の教師，養護教諭，管理職，スクールカウンセラーらが連携し，チームとなる必要がある。それにより，子どもや保護者を支える器が作られることとなる。また，必要に応じて，医療（病院），福祉（児童相談所や民生委員など），関係機関（カウンセリングルームや教育支援センター（適応指導教室）など）の学校外資源とも連携すれば，器はより大きく，厚みを増すであろう。しっかりとした器の中でこそ，子どもや保護者は抱えられて安定するし，実は私たち援助者も落ち着いて適切な援助をすることができるのである。特に最近では，「チーム学校」という名の下により一層連携を拡充する動きがある。

■ 2）時期・状況に応じた援助的関わり

　不登校の時期や状況に応じた援助のポイントを表3-1-3にまとめた。

（1）前駆期・初期

　この時期では，本格的な不登校に移行させないために，できるだけ素早く対応することが原則となる。まず，山下（1999）によると，この時期に身体の不調を訴える場合，1，2日程度は休んでもよいので，小児科を受診させる等のケアにより親の関心や愛情を示したり，スキンシップなどを通じて安心の提供や心のエネルギー補充を図ることが重要である。

　また，田嶌（2005）は，不登校の原因を考えるよりも，「節度ある強引さ」をもって接することの方が重要であると述べ，「3日以上連続して休ませない」ように，家庭訪問や環境調整をしながら登校を促すべきだとした。また，鈴木（2002）は，無気力・未熟型の場合，見守るだけでは不登校の状態がずるずると続きやすく，また登校しても長続きしないので，根気強く登校を誘いかける必要があると述べている。

　ただし，子どもの気持ちを無視した強引さはかえって事態を悪化させる可能性が高い。まさに，節度が重要であろう。つまり，積極的な働きかけをしつつも，それに対する子どもの反応を注意深く観察し，子どもの状況やペースを無

136　第 3 部　教育臨床の諸問題

表 3-1-3　時期・状況に応じた援助的関わり

時期	状態	関わり
前駆期 初期	【前駆期】 どうにか登校はするが，朝の支度に時間がかかるようになる，元気がない，イライラしている，食欲がない，保健室によく行く，成績が下がる等の前兆がみられる。 【初期（休み始めて 1 週間〜 1 ヶ月程度）】 次第に，頭痛や腹痛を訴えるなどして，不登校が始まる。	本格的な不登校に移行させないため，以下の対応をとる。 【甘えを満たし，安心を提供する】 1，2 日程度なら休んでもよいので，小児科を受診させるなどして親としての関心・愛情を示したり，スキンシップや家族団らんを通じて心のエネルギー補充をする。 【適切な登校刺激】 教師や親が優しく誘いかける，部分登校・別室登校・保護者同伴の登校などを提案する等により，登校を促す。 【環境調整】 仲のよい友達を近くの席にする，仲のよい友達に配布物を届けてもらう，クラス内で役割を与えるなど。
混乱期 本格化期	登校を促しても目立った変化がなく，むしろ登校しない日が増える。また，不安そうに親にしがみつく，情緒不安定になって泣き叫んだり暴力を振るう，自分の殻に閉じこもる，盗みや夜遊びといった混乱状態がみられ始める。 こうした混乱は，しばしば，無理矢理に登校させようとする親や教師に対する拒絶反応という形で生じる。	子どもは不登校状態に強い焦りや罪悪感を感じる。そのため，登校することは一時棚上げし，子どもが安心・安定できる場所や時間や人間関係を提供することを心がける。子どもに「学校に行く・行かないということよりも，本人が元気になることが大切」と伝える（田嶌）／家庭訪問（かしま）／外出を増やしていく（田嶌）／教育支援センターなどで少人数の人間関係を楽しむ，といった手だてを子どもの状態をみきわめながら提示する。
安定期 回復期	不登校の状態が続くが，保護者が安定してくるにつれ，子どもも比較的安定して過ごせるようになる。また，少しずつ会話が増える，興味の範囲が広がり，新聞やテレビに関心をもつ，買い物に出かける，といった変化がみられはじめる。徐々に現実や将来にも目が向くようになり，アルバイトや進学などに向けた現実的行動を起こし始める。	興味や行動範囲の広がりを支える。また，適宜，助言やアドバイスを行ったり，必要な情報を与えるなどして，後押しする。 ただし，時折ぶり返す不安に対しては，共感的に支え，適宜ペースの再調整を検討する。

視したものになっていないかどうかチェックし，必要に応じて修正を加えていかねばならない。

　なお，精神障害や発達障害の可能性がある場合は，子どもや家族の合意が必

要であるが，医療機関等と連携し，専門的ケアにつなげたり，子どもと関わる際の配慮や注意点を専門家と確認しておくといった配慮が必要である。

(2) 混乱期・本格化期

欠席が長引き始めると，しがみついたり，叫んだり，乱暴になったり，閉じこもったりなど，不安定な様子が強まることがある。そして，次第に不登校が本格化する。この時期には，登校にこだわらず，子どもが安心できる時間や場所や人間関係を提供し，子どもなりの発達を支えていくことが重要となる。その手だてとして，カウンセリング的な関わり（第 2 部第 4 章を参照），かしま・神田橋（2006）の示す家庭訪問（表 3-1-4），いわゆる治療的家庭教師やメンタルフレンド，教育支援センターやフリースクールといった手だても有効である。これに関連して，鍋田（1999）は，最近の子どもの傾向として「向かい合う」ことが困難であり，したがって説得・指示やカウンセリングにこだわるのではなく，「彼らの心的空間を保証しつつ，彼らの内発的な興味を刺激しながら，その活動のそばに安心できる他者がいて必要に応じて反応してくれるような治療環境」として教育支援センターやメンタルフレンドを活用する方がよいと述べている。田嶌（2005）も同様の立場であるが，その際学校とのつながりが途絶えてしまわないようにする必要があると述べている。なお，鈴木（2002）は，

表 3-1-4　家庭訪問の留意点（かしま・神田橋，2006）

【1　放課後に】 「学校に引っ張りだすために行くんじゃないよ」というメッセージとして。
【2　電話で予告して】 拒否する自由の保証として。不意打ちは緊張を生む。
【3　本人に「君が嫌なら会わない」と保証して】 「先生は僕のペースを守ってくれる」という安心感を生むチャンスと考える。
【4　家の中に入って】 本人は部屋から出てこないので，親と話す場合も多い。その場合も，子どもに何を話しているか聞こえるように。子どもは聞き耳を立てている。内緒話は疑心暗鬼のもと。
【5　親との雑談を中心に】 「へえ，先生はあんな話をするんだ」という意外な面が親しみにつながる。
【6　学校の話はできるだけしないで】 「先生はやっぱり学校に行かせたいんだ」と失望させることになりかねない。
【7　短時間ですませる】 5 分で十分，長くて 10 分。その分，できるだけ頻繁に（原則として毎日）訪問する。

138　第3部　教育臨床の諸問題

無気力・未熟型や怠学・非行型では，安易に教育支援センターを当てにしても効果は出にくいので，学校が粘り強く対応していくことが望ましいとしている。

(3) 安定期・回復期

　こうした取り組みを通じて，子どもは少しずつ安定を取り戻す。また，興味や行動の範囲が広がり，アルバイトや進路選択など，より現実的な行動を起こし始める。このときに必要なのは，こうした変化を後押しするために，必要な情報を提供したり，助言や示唆を行うことである。ただし，新しい一歩を踏み出すに際には不安が生じやすく，一時的に不安定な状態に逆戻りすることもあるので，注意を要する。

■ 3) 予　　防

　ここまで，不登校が生じた場合にどのように対応するかという視点から述べてきた。他方，不登校を未然に防止するための取り組みもなされつつある。たとえば，できるだけ早く子どもの実態を把握し，注意を要する子どもには学校適応を積極的に手助けしたり，家庭との連携を密にしておくといったことが考えられる。また，構成的グループ・エンカウンターなどの技法を用いて居心地の良い学級作りを進めたり，子どもに対してストレスマネジメント教育を行うという取り組みも行われている。

5　おわりに

　最後に，不登校の理解と援助についていくつかの注意点を補足しておきたい。

　第一に，本章で示した視点は，マニュアルやハウツーとして用いるべきものではない。そうした色合いが強くなればなるほど，私たちのまなざしは子どもではなくマニュアルの方に注がれることとなり，子どもとの関わりは痩せてしまう。私たちに必要なのは，それらを手がかりとして利用しながら，事例ごとに理解を深め，必要な関わりを模索していくことである。

　第二に，本章の基本的姿勢は，不登校という問題を客体化したうえでテクニカルに対処することと受けとられるかもしれない。しかし，増井（2002）が「不登校児が無言の内に突きつけている問題の本質は，人間って何だろう，生きる

ことって何だろう，そして一人一人の命を慈しむってどんなことだろうかという点にあります。……（その問いを）不登校児が親や教師や成人社会に向かって『あなたはどんなふう？』と問いかけているようです」と述べたように，不登校は単に相手の問題なのではなく，実は私たちの問題でもある。私たちは，自分との関係において，あるいは自分に投げかけられたものとして不登校をみつめるという謙虚な姿勢を忘れてはならない。

第三に，本章で述べたことが，不登校の「撲滅」を目的とするかのように受け取られるかもしれない。しかしながら，「不登校という現象自体がより新しい自分探しであり，手のひらサイズの自分を獲得できないもだえである所は全く病気ではありません。それはより健全になるための模索であります」（増井，2002）というように，成長のために不登校が必要な場合もある。その意味では，不登校をいかに「撲滅」するかというより，不登校をいかに「生き抜くか」という一面もあるはずである。

引用文献

菅野　純　1995　教師のためのカウンセリングゼミナール　実務教育出版
かしまえりこ・神田橋條治　2006　スクールカウンセリング　モデル 100 例　創元社
増井武士　2002　不登校児からみた世界　有斐閣
文部科学省　2003　不登校への対応について（パンフレット）
文部科学省　2017　児童生徒の問題行動等生徒指導上の諸問題に関する調査（平成 28 年度 10 月速報値）
鍋田恭孝　1999　学校不適応とひきこもり―変わりゆく子どもたちの悩みとその対応―　こころの科学，**87**，20-26.
鈴木康之　2002　不登校の理解と対応　一丸藤太郎・菅野信夫（編著）ミネルヴァ教職講座 10 学校教育相談　ミネルヴァ書房　61-75.
田嶌誠一　2005　不登校の心理臨床の基本的視点　臨床心理学，**5**（1），3-14.
山下一夫　1999　生徒指導の知と心　日本評論社

（渡辺　亘）

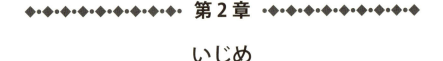

第2章 いじめ

1 はじめに

　いじめとは,「歪んだ『対人関係の場』(interpersonal field) において発生する排除的で加虐的な対人行為」である (山本・藤井, 2002)。しかしながら, いじめは決して, 一部の心ない人々による, 非日常的で特異な事態ではない。いじめの萌芽はあらゆる日常場面に遍在している。軽い冗談や相手を揶揄した発言。ちょっとしたからかいや意地悪。時には当事者不在の場で特定の人への不満を言いあったり, うわさ話をする。これらは日常にありふれた光景だが, 私たちはこうした行為を「いじめ」と認識することはない。しかしながら, こうした行為によって相手が密かに深刻な苦痛を感じていたとしたらどうだろうか。また, 知らず知らずのうちに, こうした対人関係パターンが固定化し, 反復されていたとしたらどうだろうか。このように, 自覚しているか否かにかかわらず, いじめは日常的な対人関係の延長線上に存在していることを, まず私たちは十分認識しておく必要がある。

　本章ではまず, いじめの定義とその実態について振り返り, いじめ問題を理解する視点をいくつか提示したうえで, その対応について述べていきたい。

2 いじめの定義と実態

　学校におけるいじめ問題が大きな社会的関心を集めるようになったのは, 1980 年代以降のことである。図 3-2-1 は昭和 60 (1985) 年度から始まったいじめの実態調査で, 過去二度にわたっていじめの定義が変更されている。本節ではまずいじめの輪郭を浮かび上がらせるために, 当時の社会情勢の動きや定義

第 2 章 いじめ　141

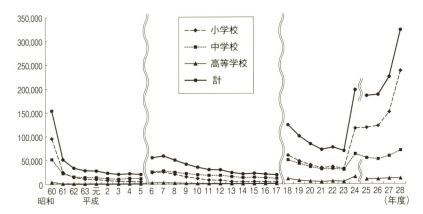

注 1) 平成 5 年度までは公立小・中・高等学校を調査。平成 6 年度からは特殊教育諸学校，平成 18 年度からは国私立学校を含める。
注 2) 平成 6 年度及び平成 18 年度に調査方法等を改めている。
注 3) 平成 17 年度までは発生学校数，平成 18 年度からは認知学校数。
注 4) 平成 25 年度からは高等学校に通信制課程を含める。
注 5) 小学校には義務教育学校前期課程，中学校には義務教育学校後期課程及び中等教育学校前期課程，高等学校には中等教育学校後期課程を含む。

図 3-2-1　いじめ認知（発生）件数の推移（文部科学省，2017）

の変遷も交えつつ，実態調査の結果を三期に分けて振り返っておきたい。

1）第一期：昭和 60（1985）年度調査から平成 5（1993）年度調査

　いじめの実態調査が始まった背景には，1980 年前後から全国でいじめによる自殺が相次いで発生したことがある。特に昭和 54（1979）年に埼玉県上福岡市で起きた林賢一君のいじめ自殺や昭和 61（1986）年に東京都中野区で起きた鹿川裕史君のいじめ自殺は，報道でも大きく取り上げられた。昭和 60（1985）年には他に 14 件のいじめ自殺が発生している（高徳，1999）。事態を重くみた文部省は昭和 60（1985）年 6 月に「児童生徒のいじめ問題に関する指導の充実について」という通知を出し，同年度から実態調査を開始した。当時の定義は以下のとおりであった。

> 「いじめ」とは，「①自分より弱い者に対して一方的に，②身体的・心理的な攻撃を継続的に加え，③相手が深刻な苦痛を感じているものであって，④学校としてその事実（関係児童生徒，いじめの内容等）を確認しているもの。なお，起こった場所は学校の内外を問わないもの」とする。
> 　　　　　　　　　　　　　　　　　　　　　　　　　　　　　（下線は筆者による）

142 第3部 教育臨床の諸問題

　まず注目すべきは，①人間関係における「力関係の差異」が明記されていること，②身体的・心理的攻撃の「継続性あるいは反復性」が重視されていることである。これは，「対等な力関係」のもとで「偶発的」に起こる子ども同士の"けんか"と，学校側が指導・介入すべき"いじめ"とを明確に区別するうえで重要な要素である。また，③いじめの判断に「被害者の主観的感情」を取り上げている点は"ハラスメント"と同様であり，被害者保護を優先した定義といえる。

　問題は，④「学校としてその事実を確認しているもの」という文言である。これは裏を返せば，「学校側が事実を確認していないものはいじめではない」と表明しているのに等しい。当時はこの調査で把握したものをいじめの「発生件数」としていたこともあって，教師の目に触れぬところで実際にいじめが起こっていても，学校側としては「いじめは発生していなかった」とする矛盾した事態が生じることとなった。こうした認識が，その後の実態把握への取り組みを鈍らせた一つの要因になっていると思われる。

　以上のような定義のもとに開始された実態調査であるが，データの推移をみると，調査開始年度の昭和60（1985）年度には計15万件を超すいじめが発生していた。しかし昭和61（1986）年度には5万件余りと，前年度の約3分の1近くまで急激に減少している。その後も減少傾向は続き，平成5（1993）年度には2万件余りとなっている。これは昭和60（1985）年度比で86％の減少である。実態調査のデータをいじめの「発生件数」とみる限りにおいて，いじめは急速に沈静化していったようにみえる。しかし，そのような事実認識は，果たしていじめの実態に即したものだったのだろうか。

■ 2）第二期：平成6（1994）年度調査から平成17（2005）年度調査

　実態調査上は沈静化したかにみえていたいじめだが，1990年代に入って再びいじめ自殺が頻発する。特に平成5（1993）年に起こった「山形マット死事件」や，平成6（1994）年に愛知県西尾市で起こった大河内清輝君のいじめ自殺は，当時の報道でも大きく取り上げられた。いずれも日常のいじめがエスカレートして暴行傷害事件あるいは恐喝事件へと発展したものだったが，当初，学校側が「いじめの事実はなかった」と発表したことから，学校への非難の声

> 　「いじめ」とは,「自分より弱い者に対して一方的に,身体的・心理的な攻撃を継続的に加え,相手が深刻な苦痛を感じているもの。なお,起こった場所は学校の内外を問わない」とする。なお,個々の行為がいじめに当たるか否かの判断を表面的・形式的に行うことなく,いじめられた児童生徒の立場に立って行うこと。
>
> （下線は筆者による）

が高まった。文部省は「いじめ緊急対策会議」を設置し,いじめがあるのではないかとの問題意識をもって「学校を挙げての総点検」をするよう求めた（森田,2010）。こうした流れの中で,平成6（1994）年度調査からいじめの定義が一部見直された。

　ここで注目すべきは,以前の定義にあった「学校としてその事実（関係児童生徒,いじめの内容等）を確認しているもの」との表現が削られていること,代わって,いじめの判断を行う際に被害者の立場をより重要視する一文がつけ加えられていることである。以前の定義に内在していた問題点を鑑みれば,妥当な見直しということができるだろう。

　こうした変更を受けて,平成6（1994）年度のいじめの発生件数は5万件を超え,平成7（1995）年度には6万件を突破した。発生件数の急激な跳ね上がりは,それまでの減少傾向がいじめの実態を正確に反映していなかった可能性を示唆している。しかしながら,その後の発生件数はやはり減少傾向を見せ始め,平成17（2005）年度には再び2万件余りとなっていった。

■ 3) 第三期：平成18（2006）年度調査以降

　再び調査上は沈静化していたいじめだが,平成17（2005）年には北海道滝川市で小6女児がいじめを苦に自殺し,平成18（2006）年には福岡県筑前町で中2男子が担任教師をも加担したいじめにより自殺した。いずれも当初,学校や教育委員会がいじめの存在を認めなかったことで,多くの社会的非難が集まった。この2年間でいじめによる自殺は約20件発生している（高塚,2011）。ここにきて,いじめは社会問題として三たび大きく取り上げられるようになり,文部科学省は平成18（2006）年度調査から定義の抜本的な見直しを行った。

　この定義では,①いじめの人間関係を規定していた「力関係の差異」に関する記述が削除され,代わって「一定の人間関係にある者」とより広範な関係を

144 第3部 教育臨床の諸問題

　個々の行為が「いじめ」に当たるか否かの判断は，表面的・形式的に行うことなく，いじめられた児童生徒の立場に立って行うものとする。
　「いじめ」とは，「当該児童生徒が，①一定の人間関係のある者から，②心理的・物理的な攻撃を受けたことにより，③精神的な苦痛を感じているもの。」とする。なお，起こった場所は学校の内外を問わない。
(注1)「いじめられた児童生徒の立場に立って」とは，いじめられたとする児童生徒の気持ちを重視することである。
(注2)「一定の人間関係のある者」とは，学校の内外を問わず，たとえば，同じ学校・学級や部活動の者，当該児童生徒が関わっている仲間や集団（グループ）など，当該児童生徒と何らかの人間関係のある者を指す。
(注3)「攻撃」とは，「仲間はずれ」や「集団による無視」など直接的にかかわるものではないが，心理的な圧迫などで相手に苦痛を与えるものも含む。
(注4)「物理的な攻撃」とは，身体的な攻撃のほか，金品をたかられたり，隠されたりすることなどを意味する。
(注5) けんか等を除く。

（下線は筆者による）

対象としていること，②攻撃の「継続性」に関する記述が削除されていること，が大きな特徴である。特に「力関係の差異」はいじめを定義づける重要な要素の一つであるが，子ども社会における力関係が非常に「流動的」かつ「状況依存的」（森田，2010）であることを考えると，実際には力関係の差異を特定することが困難な場合も多い。今回の見直しでは，いじめを最大公約数的にすくい上げる意図をもって，このように修正されたものと思われる。さらに，③被害者の苦痛の程度を限定していた「深刻な」との記述が削除されていることも今回の見直しの特徴であり，総じて「いじめ」という言葉で捉えうる事態の範囲が大きく広がった，ということができる。

　なお，これまで「発生件数」として扱われてきた実態調査のデータが，この調査年度から「認知件数」へと改められた。これまで実態とかけ離れたところで「発生件数」が取りざたされてきたことを考えれば，適切な変更といえよう。

　さて，定義を抜本的に見直して実施された平成18（2006）年度調査では，いじめの認知件数が12万件を突破し，今なお深刻な状況にあることが改めて浮き彫りとなった。その後しばらくは減少傾向を見せるも，文部科学省はこれを「実態把握の取組みの不十分さ」ととらえており，全ての学校に対してアンケート調査の実施を含むいじめ問題への取組みを徹底するよう強く求めるようになってきている。

■ 4）いじめの実態調査が意味するもの

　これまで見てきたように，実態調査におけるデータの推移はいじめの社会問題化に伴う認知件数の増加とその後の減少というパターンを再三にわたって繰り返してきたことがわかる。これについて小林（2011）は，「いじめの実態の把握というよりも，教師の側のいじめを見取るセンサーの鋭敏性を把握していると考えるのが妥当」と述べている。この視点にたてば，「いじめ認知件数の減少」は，「いじめが教師や学校から見えにくくなってきていること」を意味しており，逆に「いじめ認知件数の多さ」は，「いじめが教師や保護者に知られる機会が多いこと」を意味していると考えることができる。このような意味で，認知件数の多さを「問題発見の精度の高さ」として正しく評価することが必要，とする小林（2011）の指摘は正鵠を射ており，実際，平成 24（2012）年度以降の実態調査のデータはそれを裏づけるものとなっている。

　平成 23（2011）年に滋賀県大津市の中学 2 年生によるいじめ自殺が大きな社会問題となり，平成 24（2012）年の年度途中におこなわれた緊急調査では，4月からの半年間ですでに前年の 2 倍を超えるいじめが報告され，最終的にこの年度のいじめ認知件数は 20 万件近くまで増加した。都道府県によってばらつきはあるものの，軽微な事案でもいじめと判断した学校が増加したことや，教育委員会が積極的な把握に努めたことによって認知件数が増加したものとみられている。

　また，平成 25（2013）年には「いじめ防止対策推進法」が施行され，国，地方公共団体および学校のそれぞれに対して，いじめ防止に関する基本方針の策定と組織の設置が求められるようになった。その定義においては，以前の「心理的・物理的な攻撃」という文言が，「心理的又は物理的な影響を与える行為（インターネットを通じて行われるものを含む。）」と変更されている点に注意

いじめ防止対策推進法　第二条
　この法律において「いじめ」とは，児童等に対して，当該児童等が在籍する学校に在籍している等当該児童等と一定の人的関係にある他の児童等が行う心理的又は物理的な影響を与える行為（インターネットを通じて行われるものを含む。）であって，当該行為の対象となった児童等が心身の苦痛を感じているものをいう。

（下線は筆者による）

が必要である。

いじめ防止等をめぐる関係者の責務や重大事案が発生した際の対処等が法律として明文化されたことの意義は大きい。しかし、いじめ問題に関する歴史を振り返ってみるならば、これらの対策が真に有効に機能するか否かは、ひとえにわれわれ一人一人の認識にかかっているといえよう。

3 いじめ問題の理解

1) いじめと情緒発達

いじめの認知件数を学年別にみると、以前は中学生の認知件数が突出していたが、近年ではいじめに対する認識の変化に伴い、小学生のいじめが増加し、中学3年生以降で認知件数が減少する傾向にある（図3-2-2）。先述した小林（2011）の指摘にしたがえば、学年が上がるにつれていじめが見えにくくなっていることが懸念される。インターネットやスマートフォンの普及はこうした傾向に拍車をかけると思われ、注意が必要である。

いじめの発生機序は子どもの情緒発達と密接に関連しており、発達段階によっていじめも異なった様態を見せてくる。楠（2002）は子どもの発達的特徴に応じたいじめの発生機序について4つの段階に分けて整理している（表

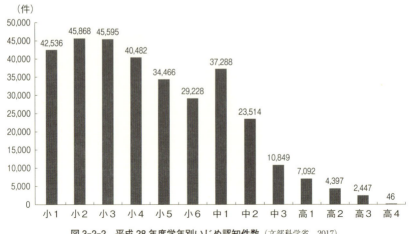

図3-2-2　平成28年度学年別いじめ認知件数（文部科学省, 2017）

第2章　いじめ　147

表 3-2-1　いじめ問題の発生機序の段階区分（楠，2002 を一部修正）

段階区分	発達年齢	自我・社会性の発達的特徴	その段階を反映した主要ないじめの特徴
段階1	6歳〜9歳頃	一方向的な対人関係理解，大人の意見をそのまま取り入れる「他律的道徳」家族内のルールや価値観の学校生活での修正	「悪い」とされた子どもへの一方的制裁としてのいじめ。本格的な集団いじめは未成立。家族内の支配・抑圧関係を再現したいじめ
段階2	9,10歳〜11歳頃	相互的・二方向的な対人関係理解。仲間集団内での「掟」の誕生と「形式的平等」の道徳。「自己客観視」の成立。「集団的自己」の誕生，拡大	「集団的自己主張」の強まりによる「異質性の排除」としての集団いじめ。発達阻害的状況を抱えている子どもたちの暴力，暴言的ないじめ
段階3	11歳〜13歳頃	同性の友人との親密な関係の創造。地下組織的な様相をもつ「私的グループ」の誕生「集団的自己」の充実，「集団的規律の普遍化」	「似たもの同士」のいじめ。「私的グループ」の結束を強化するためのいじめ「いい子」のいじめ，「いい子」へのいじめの始まり
段階4	14歳〜17歳頃	思春期の「価値的自立」のエネルギーの誕生に伴う，既存の大人の価値観の転倒ないしは相対化。「呑みこまれ不安」の強まり	「価値的な呑みこまれ状態」による自我内部の葛藤，抑圧によって生じるいじめ。恐喝や傷害などの犯罪的色彩の強いいじめ

3-2-1）。また，子どもが思春期を迎えるあたりから，いじめは深刻さの度合いを増してくるが，その背景には思春期の発達課題としての「親離れの始まり」「心理的守りの薄まり」「友人関係の重要性の増大」「友人間の同質性の強調・仲間への忠誠」などが影響しているものと思われる。

　これに関連して興味深いデータがある。文部科学省・国立教育政策研究所生徒指導センターが共同編集した『いじめ問題に関する取組事例集』（2007）掲載の「子どもたちの発達段階からみた心の居場所に関する調査」である。これによれば，小学4年生〜6年生の子どもの多くは「先生・学校」「家族・家庭」に居場所を感じているが，中学生になるとそれらに居場所を感じる子どもの割合が急速に減少していく。これは「親離れ」という発達課題を考えれば自然な心の動きともいえる。一方で，「友だち」に心の居場所を感じる子どもの割合は中学校に入っても低いままで，中学3年生になってようやく増加が認められる。すなわち，中学1年生〜2年生の間は，家族・先生・友人のいずれにも居場所を感じられない，孤独で不安定な子どもたちの姿が浮かび上がってくるのである。この時期にことさら同質性を強調したり，異質な友人を共同排斥すること

148　第3部　教育臨床の諸問題

で友人同士の結びつきを強めようとする言動が増加するのは発達的に必然的な現象なのかもしれない。私たちは，この時期の子どもたちの表面的活発さの背後に隠れているよるべない不安に，もっと目を向ける必要がある。

■ 2）いじめ集団の構造

いじめは特定の被害者と加害者の組み合わせによってのみ生じるわけではないことを明らかにしたのは，森田・清永（1994）による「いじめ集団の四層構造モデル」である。これによれば，いじめ集団は被害者と加害者を取り巻く「観衆」と「傍観者」によって成り立っている。「観衆」とは，いじめに直接手を下していないが，周囲でいじめをはやしたてることによって，積極的にいじめを助長・促進する存在である。これに対して「傍観者」とは，いじめに対して無関心を装い，直接的な人間関係を絶っている一群であり，加害者の行為に暗黙の支持を与える存在とみなされる。この「傍観者」の中からいじめに対して否定的な反応を示し，時には積極的に止めに入ろうとする「仲裁者」が現れることによって，はじめていじめに抑止力がかかることになるのである。

ここで重要なことは，クラス内でいじめが起こっているとき，担任教師もすでにこの集団力動の中に巻き込まれてしまっていることが多い，ということである。担任がいじめに加担する場合などはもってのほかであるが，いじめの存在に気がついていない場合であっても，すでに担任は「傍観者」としていじめに関わりをもっているということができる。これは，担任が自覚していようとなかろうと，少なくとも「加害者」あるいは「被害者」にとってはそのように認識されるということを意味している。したがって，いじめを抑止するためには，まずもって担任教師がいじめの存在に気づき，積極的に反作用を及ぼすような行動を起こしていくことが不可欠となってくるのである。

■ 4　いじめ問題への対応

■ 1）被害者への対応

いじめ問題への対応を考える際，まずもって優先されるべきは「被害者を守ること」（山本・藤井，2002）である。すなわち，被害者の安全感の回復を目

指して，心理的支えと居場所の提供を行う必要がある。まずは被害者の気持ちに焦点づけながら訴えをしっかりと聴き，被害者が認識している事実関係を明確化する。そのうえで，被害者のニーズを十分把握しなければならない。教師が良かれと思って当事者同士の仲裁をかって出たり，同級生を通して事実関係を確認することもあろうが，こうした行為は被害者のニーズを飛び越しておこなってはならない。被害者が明確にニーズを述べることができない場合であっても，今後の対応としていくつかの選択肢を提示しながら，必ず被害者と合意したうえで対応を進めるべきである。こうした細やかな合意形成の努力が，被害者と教師の信頼関係の構築を促進し，ひいては被害者にとって「自分は尊重されている，守られている」との感情を醸成することにつながるのである。

また，先に述べたように，担任も無自覚の内にいじめの集団力動に巻き込まれている場合が少なくない。このような場合は，担任も「当事者」となるため，事態を冷静に評価できる第三者の支援が重要となる。教育相談担当や養護教諭，スクール・カウンセラー，生徒指導担当などとチームを組んで対応することが望ましい。決して一人で抱え込まないことが大切である。

■ 2) 加害者への対応

加害者への対応としては，まず「いじめ行為は絶対に許されないことである」との姿勢を堅持することが重要である（山本・藤井，2002）。こうした姿勢が，いじめ問題に対応する際に最も大切な「枠組み」として機能する。加えて，いじめ行為の背景には，加害者自身の心理的問題や家庭環境の問題が存在している場合も少なくない。そのような場合には，いじめ行為の背景にある加害者の気持ちにも焦点を当て，何らかの心理的支援も視野に入れる必要がある。「行為を禁じて，気持ちを聴く」というのは，カウンセリングの基本でもある。

■ 3) クラス全体への対応

いじめの対応では，観衆や傍観者を含むクラス全体への対応も欠かせない。特に傍観者への指導は重要である。傍観者自身も不安や恐れを感じていて，そのことがいじめを黙認し，促進させる要因となっていることも少なくない。直接いじめに手を下していなくとも，結果的にはいじめを助長していることを根

150 第3部 教育臨床の諸問題

気強く訴え，いじめの不当性についても率直に話し合い，信頼関係を築きながら仲裁者を見出していかねばならない。この際，学校としていじめられている子どもを本気で守ろうとしていることが，子どもたちに十分伝わる必要がある。ある学校では，クラスの生徒全員に個別面談をする際，10人以上の教員が手分けをして，十分な時間をかけていじめ調査を行った。学校全体をあげて取り組んでいるという真剣さが子どもたちに伝わったとき，初めて子どもは学校に安心感と信頼感を得て，真の気持ちを語り始めるのではないだろうか。

引用文献

小林正幸　2011　学校メンタルヘルスから見たいじめの実態　高塚雄介（編）　いじめの構造　現代のエスプリ，**525**，69-77.

楠　凡之　2002　いじめと児童虐待の臨床教育学　ミネルヴァ書房

文部科学省国立教育政策研究所生徒指導センター　2007　いじめ問題に関する取り組み事例集　22-25.

文部科学省　2017　平成28年度「児童生徒の問題行動等生徒指導上の諸問題に関する調査」について（平成29年10月速報値）

森田洋司・清永賢二　1994　いじめ―教室の病い―［新訂版］　金子書房

森田洋司　2010　いじめとは何か　中央公論社

高徳　忍　1999　いじめ問題ハンドブック　つげ書房新社

高塚雄介　2011　いじめ問題を再考する　高塚雄介（編）　いじめの構造　現代のエスプリ，**525**，5-27.

山本　力・藤井和郎　2002　いじめの理解と対応　一丸藤太郎・菅野信夫（編著）　学校教育相談　ミネルヴァ書房　76-91.

（溝口　剛）

第 3 章

虐 待

▍1　虐待の概要

　人間の子どもは，保護者や周囲との関係の中で長い時間をかけて育つ。子どもは，脅威や不安を感じるとき，保護者に接近し守られるなかで，自分や他者に対する信頼と世界に対する安心感を獲得する。虐待は，安心の源となるはずの対象から不安と脅威を増幅させられる事態である。子どもの生存に関わる問題となり，子どもの成長発達に重大な影響を及ぼす。厚生労働省（2013）『子ども虐待対応の手引き』では，虐待は「子どもに対する最も重大な権利侵害である」とされ，虐待の予防，早期発見・早期対応における積極的な取り組みが推進されている。本章では，第1節で虐待の概要を示し，第2節で事例をもとに学校における虐待への対応について考える。

■ 1）虐待の定義および実態

　わが国において虐待は，「児童虐待の防止等に関する法律（以下，児童虐待防止法）」において以下のように定義される。

> 第二条　この法律において，「児童虐待」とは，保護者（親権を行う者，未成年後見人その他の者で，児童を現に監護するものをいう。以下同じ。）がその監護する児童（十八歳に満たない者をいう。以下同じ。）について行う次に掲げる行為をいう。
> 一　児童の身体に外傷が生じ，又は生じるおそれのある暴行を加えること。
> 二　児童にわいせつな行為をすること又は児童をしてわいせつな行為をさせること。
> 三　児童の心身の正常な発達を妨げるような著しい減食又は長時間の放置，保護者以外の同居人による前二号又は次号に掲げる行為と同様の行為の放置その他の保護者としての監護を著しく怠ること。
> 四　児童に対する著しい暴言又は著しく拒絶的な対応，児童が同居する家庭における配偶者に対する暴力（配偶者（婚姻の届出をしていないが，事実上婚姻関係と

152　第3部　教育臨床の諸問題

> 同様の事情にある者を含む。）の身体に対する不法な攻撃であって生命又は身体
> に危害を及ぼすもの及びこれに準ずる心身に有害な影響を及ぼす言動をいう。）
> その他の児童に著しい心理的外傷を与える言動を行うこと。

　第2条の1が身体的虐待，2が性的虐待，3がネグレクト，4が心理的虐待の
法的な定義である。平成16（2004）年の改正により，同居人による虐待を保
護者が放置することがネグレクトであること，子どもの目前での配偶者への暴
力が心理的虐待であることが明記された。より具体的な内容を表3-3-1にあげ

表3-3-1　虐待の具体的内容（厚生労働省，2013より一部改変）

種類	内容
1. 身体的虐待	・打撲傷，あざ（内出血），骨折，頭蓋内出血などの頭部外傷，内臓損傷，刺傷，たばこなどによる火傷などの外傷を生じるような行為。 ・首を絞める，殴る，蹴る，叩く，投げ落とす，激しく揺さぶる，熱湯をかける，布団蒸しにする，溺れさせる，逆さ吊りにする，異物をのませる，食事を与えない，戸外にしめだす，縄などにより一室に拘束するなどの行為。 ・意図的に子どもを病気にさせる。　など
2. 性的虐待	・子どもへの性交，性的行為（教唆を含む）。 ・子どもの性器を触る又は子どもに性器を触らせるなどの性的行為（教唆を含む）。 ・子どもに性器や性交を見せる。 ・子どもをポルノグラフィーの被写体などにする。　など
3. ネグレクト	・子どもの健康・安全への配慮を怠っているなど。例えば，(1) 重大な病気になっても病院に連れて行かない，(2) 乳幼児を家に残したまま外出する，など（低年齢の子どもを，自動車に放置し熱中症で子どもが死亡したり，家に残して火災で子どもが焼死したりする事件もネグレクトの結果である）。 ・子どもの意思に反して学校等に登校させない。子どもが学校等に登校するように促すなどの子どもに教育を保障する努力をしない。 ・子どもにとって必要な情緒的欲求に応えていない（愛情遮断など）。 ・食事，衣服，住居などが極端に不適切で，健康状態を損なうほどの無関心・怠慢，など。例えば，(1) 適切な食事を与えない，(2) 下着など長期間ひどく不潔なままにする，(3) 極端に不潔な環境の中で生活をさせる，など。 ・子どもを遺棄したり，置き去りにする。 ・祖父母，きょうだい，保護者の恋人などの同居人や自宅に出入りする第三者が1，2又は4に掲げる行為を行っているにもかかわらず，それを放置する。　など
4. 心理的虐待	・ことばによる脅かし，脅迫など。 ・子どもを無視したり，拒否的な態度を示すことなど。 ・子どもの心を傷つけることを繰り返し言う。 ・子どもの自尊心を傷つけるような言動など。 ・他のきょうだいとは著しく差別的な扱いをする。 ・配偶者やその他の家族などに対する暴力や暴言。 ・子どものきょうだいに，1〜4の行為を行う。　など

る。虐待は，行為によって4分類されているが，身体的虐待や性的虐待には心理的虐待が伴うなど，複合的になることが多い。近年，広く不適切な養育を表す「マルトリートメント」という言葉も使用されるようになっている。

わが国における虐待の実態を考える際に，よく目にする公式の数値として「児童相談所における児童虐待相談対応件数」がある。この統計が始まった平成2（1990）年度の件数は1,101件，最新の平成28（2016）年度は122,578件（速報値）（厚生労働省，2017a）であり，この26年間に約111倍に増加している。この急激な増加の背景には，児童虐待防止法の制定などにより，虐待が子どもの人権侵害として社会的に認知されたことが考えられる。しかし，潜在的な虐待数の把握は難しいのが現状であり，また，虐待は，個人的，社会的要因が複雑に絡んで生じるため，雇用情勢の不安定化，家族形態や近隣関係の変化などを考えると，実数としての増加の可能性も捨てきれない。虐待相談の経路は，警察等（45%），近隣知人（14%），家族（8%），学校等（7%）であり，学校などからの相談件数が一定割合あることがうかがえる（厚生労働省，2017a）。また，被虐待者の年齢構成は，0〜3歳未満（19.5%），3〜6歳（25.6%），7〜12歳（34.0%），13〜15歳（14.2%），16〜18歳（6.7%）であり，学齢期以上の相談が半数を超える（厚生労働省，2017b）。

■ 2）虐待が子どもに及ぼす影響

虐待は，外傷などの被害に留まらず，子どもの脳を含む心身の発達に長期的で重大な影響を及ぼすこと，次世代に引き継がれるおそれがあることが明らかとなっている。虐待の影響を表3-3-2にあげる。杉山（2009）は，一般疾患を「車のタイヤがパンクをした，ラジエターが故障したといった部分のトラブル」とし，虐待を「車が水没をしたようなもので，タイヤも，エンジンも，どこもかしこもさまざまな問題が一度に生じる」と被害の大きさをたとえ，中核にある病理を「愛着障害と慢性のトラウマ」としている。ボウルビィ（Bowlby, 1969）は，母性的人物に対する子どものきずなを愛着（アタッチメント）と呼んだ。子どもは，恐怖などの不安感情が生じたときに保護者に接近する行動を生まれつきもつ。そして，保護者から安心させてもらうなかで自分や他者への信頼感を構築する。加えて，安心した関係のなかで，探索行動や学習活動，遊

154 第3部 教育臨床の諸問題

表3-3-2 **虐待が子どもに及ぼした影響**（家庭裁判所調査官研修所，2003）

身体への影響	①死亡　　②身体的外傷　　③低身長，低体重，肥満 ④その他（貧血，皮膚病，第二次性徴の遅れ，夜尿など）
知的発達への影響	①言葉の遅れ　　②学習の遅れ
情緒，心理面への影響	①過敏さと傷つきやすさ ②感情のコントロールの悪さ（感情の抑え込み，感情の爆発） ③慢性的な欲求不満　　④自己イメージの悪さ
行動への影響	①身辺自立の遅れ（基本的な生活習慣獲得の遅れ） ②落ち着きのなさ　　③自傷行為　　④食行動の異常 ⑤トラウマによる反応　　⑥粗暴な言動　　⑦非行
対人関係への影響	①虐待に関連する対人関係を避ける傾向 ②適切な距離を保てない傾向　　③赤ちゃんがえり ④相手の期待を先取りした行動　　⑤大人への不信感，絶望感 ⑥同世代の子どもとの関係を結べない傾向

びなどの発達に必要な活動に集中できる。また，保護者が子どもに調子をあわせさまざまな感情を調節するやりとりを通じて，子ども自身で感情調節が可能になるとともに，そのような保護者との関係はその後の対人関係の鋳型ともなる。前述の杉山は「愛着障害の存在は，自己の核となるものの不安定さ，および自律的情動コントロール機能の脆弱さをひきおこし……容易にトラウマが自我の中核に届く構造がつくられる」とし，愛着障害とトラウマの悪循環を説いている（杉山，2009）。虐待は，子どもの健やかな発達の機会を奪い不必要で有害な経験を与える行為であるが，その環境でも子どもは必死に適応しようとする。子どもが表すさまざまな症状や問題は，過酷な状況のなかで子どもが生き延びるために身につけた手段であると認識し，その背景を理解する必要がある。また，虐待の影響は，受けた時期や程度，保護的因子の有無によって異なるため，子ども一人一人に合わせた対応が必要となる。

■ 3）学校における虐待対応の重要性

　虐待は，子どもにとって重大で長期的な悪影響を及ぼす権利侵害であるにもかかわらず，さまざまな理由で子どもからSOSを発しにくいこと，保護者は虐待であるという認識が乏しい場合が多いこと，家庭という密室で行われやすいことなどから発見が容易ではない。そのなかで，日常的に子どもに関わる学校

や教職員は，子どもの状態や変化に気づきやすく，虐待を発見しやすい立場にある。また，先の被虐待者の年齢構成をみても，学齢期に対応されているケースが少なくない。虐待対応における学校や教職員が果たす役割への期待もより大きくなっており，児童虐待防止法では，平成16（2004）年と19（2007）年の改正により，学校や教職員における虐待の早期発見，早期対応，また虐待防止や虐待を受けた子どもへの支援への積極的な関与が強化された。虐待がどの家庭にも起こりうるという認識に立つこと，落ち着きがない，非行，不登校など，何らかの難しさや困難をもった子どもの背景に虐待の可能性を疑うことが，子どもの心身の状態やその変化を敏感に察知し虐待の早期発見につながる。表3-3-3にて虐待を疑う兆候をあげる。

　虐待は，発生要因が複雑であるため，その対応は，子どもと保護者への対応，教育，福祉，医療，司法などさまざまな領域にまたがる複数の機関との連携など多岐にわたる。教職員一人での解決はまれであり，迅速で効果的な対応には組織としての動きが重要となる。第2節では，事例を提示し虐待対応について述べる。

表3-3-3　虐待早期発見のチェックポイント―保育所・幼稚園・学校など集団生活の場で（千葉, 2006）

子どもの様子	
乳児	・表情や反応が乏しく笑顔が少ない　・特別の病気がないのに体重の増えが悪い　・いつも不潔な状態にある　・おびえた泣き方をする　・不自然な傷がある　・時折意識レベルが低下する　・予防接種や健診を受けていない　　など
幼児	・表情の深みがない　・他者とうまくかかわれない　・かんしゃくが激しい　・不自然な傷や火傷の跡がある　・傷に対する親の説明が不自然である　・他児に対して乱暴である　・言葉の発達が遅れている　・身長や体重の増加が悪い　・衣服や身体がつねに不潔である　・基本的な生活習慣が身についていない　・がつがつした食べ方をしたり，人に隠して食べるなどの行動が見られる　・衣服を脱ぐことに異常な不安を見せる　・年齢不相応の性的な言葉や性的な行為があらわれる　・他者との身体接触を異常に恐がる　　など
学童	＊幼児に見られる特徴を含みその他に ・万引き等の非行がみられる　・落ち着きがない　・虚言が多い　・授業に集中できない　・家出をくりかえす　・理由がはっきりしない欠席や遅刻が多い　　など
親の様子	
・教師との面談を拒む　・孤立している　・被害者意識が強い　・苛立ちが非常に強い　・夫婦仲が悪い　・酒や覚醒剤，麻薬の乱用がある　・子どもの扱いが乱暴あるいは冷たい　　など	

2 事　例

1）事例1：子どもや保護者への関わりおよび校内連携

概　要

　A児（小学校低学年，男児）。家族構成は，父親，母親，きょうだい4人。知的障害があり特別支援学級に在籍。人懐こく明るいが，叱られると関係を遮断する。風呂に入らず，着替えもほとんどしないため，異臭が漂う。朝食をほとんどとらずに登校し，給食をガツガツ食べた。他のきょうだいも衛生面での問題が指摘されていたが，A児は特にケアされていない様子であった。以上より，ネグレクトが疑われた。

経　過

①A児との関わり（担任として）

　A児は，担任を見ると飛びついて身体接触を求めるなど，一見，信頼関係が簡単に結べるようであったが，時間割やチャイムに従わず，それを修正しようとすると関係を断ち切るような挑戦的な行動が見られた。そのため，初期には信頼関係の構築に努めた。身体的接触や共同作業を授業の中に多く取り入れることを心がけ，時間割はA児に選択させた。ただ，チャイムの合図による始めと終わりは明確にした。やがて挑戦的な関係の遮断はなくなり，チャイムの合図によって行動調整が可能となった。少しずつ教科学習を取り入れ，逸脱には言語による修正や表情を使った罰提示を導入し，ほめる，共感する，叱る→許す，のメリハリを意識して関わった。この頃には，担任を他の教師と区別し，担任が教室を離れるとA児は不安になり職員室に様子を見にきた。信頼関係の安定，学習活動の定着とともに，さまざまな事柄に対して興味関心の幅が広がり，交流活動の時間を広げて対応した。他児との交流が深まり，他児と同様の学習や活動をしようとする意欲が増した。また，担任が近くにいなくても，安心して学校での活動に取り組むことができるようになった。

②保護者との関わり

　連絡帳の記入に返事はなく，家庭訪問を試みたが両親に会うことはできず，家庭との連絡はほとんど取ることができなかった。きょうだいの担任と協力し，家庭との連絡は，母親が返事をする担任を中心として行うこととした。

第3章 虐 待　157

　③校内連携
　管理職，養護教諭，各きょうだいの担任からなる報告会を定期的にひらき，情報と方針の共有に努めた。その中で，A児との関わりにおける養護教諭との役割分担や保護者への連絡担当など，教職員の役割分担を話し合った。
　④その後
　ある冬の日，きょうだいの話より，両親が数日不在となることが発覚。当日，きょうだいより欠席の連絡が入り，不審に思った関係担任全員が家庭訪問した。屋内に入ると，A児たちは着るものもなく布団にくるまり，低体温状態であった。事態を重くみた管理職の判断で，児童相談所に通告となった。

考　察

①子どもへの関わり（安全・安心感の構築，信頼関係の構築）

　本事例では，他のきょうだいに対する衛生面での問題も指摘されていたが，知的障害をもつA児に対して，他のきょうだいよりも一層ケアがされていない様子であった。このように虐待は，きょうだいの中でも特定の子どもが対象となる場合もあること，子どもに知的障害や発達障害など何らかの難しさがある場合は虐待のリスクとなることを知っておく必要がある。

　虐待を受けている子どもに対しては，教職員が子どもの安全・安心の対象となるように，子どもとの信頼関係を大切にした関わりが重要である。そのためには，子どもの日々の様子に気を配り，声をかけ，子どもに関心をもっている姿勢を丁寧に示す必要がある。A児は，小学校低学年であり，身体接触を求めてきたことから，身体的接触や共同作業を意識する関わりを取り入れ，時間割もある程度A児にあわせた対応を行った。そのような関わりの中で，A児は担任との間に安全・安心な感覚や信頼関係を築いていき，それを土台に学習活動やさまざまな事柄に対する興味関心，他児との交流が生じてきたと考えられる。逸脱などの行動を修正する場合にも，本事例のように信頼関係を第一に考えつつ，まずチャイムの合図による区切り，次に教科学習の取り入れなど，優先順位と目標を定め，その対応の効果を評価し次の対応に活かす取り組みが求められる。

158 第3部 教育臨床の諸問題

虐待を受けている子どものなかには，歪んだ愛着関係から，教職員を困らせる態度をとることがある。A児の身体接触を求めるかと思えば挑戦的に関係を遮断してくる一貫しない態度もその一つであろう。また，その後の担任がいないと不安になる，担任への後追い行動なども信頼関係が深まったがゆえの行動であると考えられる。虐待を受けている子ども，愛着障害にある子どもがとりやすい行動，その経過を知っておくことで，冷静な対応が可能になる。

②校内連携（チームで関わること）

虐待は，子どもと保護者への対応，複数の関係機関との連携が必要になる。組織としての対応が求められ，それに応えられる体制づくりが必要となる。本事例では，関係教員の報告会を定期的に設け，子どもや保護者の重要な情報や支援方針の共有，および役割分担を明確にしていた。虐待事例では，保護者に虐待を行っているという自覚が乏しく，また保護者自身が対人関係の構築しづらさを抱えている場合もあり，教職員は保護者への対応に苦慮することが多い。その場合も，教職員一人で抱え込もうとはせず，関係教職員と協力することで，本事例のように保護者が最もつながりやすい担任が窓口となり保護者との連絡を担うという役割分担が可能となる。保護者との連絡，子どもの安全確認という点では，児童相談所との連携はもちろんであるが，地域の保健師による訪問，民生委員の訪問など，地域のネットワークが活用できることもある。このようにチームで関わることが，幅広い対応を可能にし，子どもを守ることにつながり，教職員一人一人を燃え尽きから守ることにもつながる。

■ 2）事例2：他機関との連携

概　要

B男（中学生，男児）。学習意欲なく，遅刻・欠席が多い。夜間帰宅や外泊がみられる。健康観察では空腹の訴えが多く，給食は他の生徒の倍以上食べた。また，必要な治療も受けられていなかった。以上より，ネグレクトが疑われた。

経　過

①校内連携

養護教諭が校内の関係教職員のコーディネートを行い，B男の身体的

な状況把握に関しては養護教諭，B男のカウンセリングはスクールカウンセラー，家庭との連絡は担任というように役割分担をして関わった。また，管理職には養護教諭より適宜経過が報告されていた。

②他機関との連携

　長期休暇中の安全が危惧されたため，校長が児童相談所に通告した。その後，児童相談所職員と校長・担任・養護教諭との間で話し合いがもたれた。すぐには事態が動かず，その間は校内での対応となった。その後，あるきっかけを機に，両親が子どもの受け入れを拒否する事態となり，本人も家庭から離れたいとの希望を担任に話したため，校長が児童相談所に連絡した。B男は，一時保護所での生活の後，児童養護施設入所に伴い転校となった。

③その後

　施設入所後，安定した生活の中でB男は学習に力を入れるようになった。担任は手紙等を届けるなど，細く長く関わりを続けた。

考　察

①他機関との連携

　虐待は，保護者や子どもの問題から社会的，経済的要因まで複雑に絡み合って起こる。そのため，教育機関の枠を超え，福祉，医療，司法などの複数領域にまたがる長期的な支援が必要となることが少なくない。本事例では，子どもの安全確保のため，児童相談所による一時保護から施設入所となった。子どもの安全が危惧される時点で児童相談所に通告し話し合いをもっていたことが，事態が動いた際の迅速な対応につながったと考えられる。機関どうしの連携が円滑に進むためには，校内連携と同じく，重要な情報と支援方針の共有，および役割分担が重要となる。支援方針の判断や複数機関にまたがる対応のため，記録を残すことが有効である。虐待を疑った時期やその根拠，傷がある場合は傷の部位や程度を詳細に記録する。また，子どもの話した言葉を言葉どおりに記録する，伝聞情報と直接確認した情報を区別する，事実と推測を明確にするなど，正確な記録を心がける必要がある。また，他機関との連携では，その他に，職員同士が面識をもつなどの日頃のやりとりも重要な要素となる。

②施設入所後の児童への配慮

　施設入所は，子どもにとって安全と安心を確保するものである。しかし，施設入所に伴い，施設が校区外にあるなどの理由で，子どもが住み慣れた環境から離れることを余儀なくされる場合も少なくない。子どもは保護者との関係のみではなく，友人，学校や教職員，地域との関係の中で生活しているのであり，慣れた環境を離れることが子どもに大きな喪失感を与えることにはあまり注目されていないようである。子どもの望みと状況を考慮したうえで，修学旅行などの大きな行事をこれまでの学校で終えたのちに転校するなどの措置も必要であろう。本事例では，担任が，施設入所後も子どもに手紙を届け，新しい生活が安定するまで見守る関わりを続けた。このように，学校や教職員が新しい環境に子どもがなじむまで細く長く関わりを続けるということが，保護者からの養育を受けることが困難であった子どもの，周囲の大人は自分を見捨ててはいないという感覚をわずかでも育てることになればと願うものである。

引用文献

Bowlby, J.　1969　*Attachment and Loss, Vol.1 Attachment.* London: The Hogarth Press. （黒田実郎・大羽蓁・岡田洋子（訳）　1976　母子関係の理論 I 愛着行動　岩崎学術出版社）

千葉茂明　2006　虐待を見逃さないチェックポイント—子どものどこに注目するか—　児童心理　臨時増刊，**837**，74.

家庭裁判所調査官研修所（監修）　2003　児童虐待が問題となる家庭事件の実証的研究—深刻化のメカニズムを探る—　司法協会　1.

厚生労働省　2013　子ども虐待対応の手引き（平成25年8月　改正版）　http://www.mhlw.go.jp/ seisakunitsuite/bunya/kodomo/kodomo_kosodate/dv/dl/120502_11.pdf

厚生労働省　2017a　平成28年度　児童相談所での児童虐待相談対応件数（速報値）　http://www.mhlw. go.jp/file/04-Houdouhappyou-11901000-Koyoukintoujidoukatei kyoku-Soumuka/0000174478.pdf

厚生労働省　2017b　平成28年度福祉行政報告例の概況　http://www.mhlw.go.jp/toukei/saikin/hw/ gyousei/16/dl/gaikyo.pdf

杉山登志郎　2009　こころの科学叢書　そだちの臨床—発達精神病理学の新地平　日本評論社　87-89.

推薦図書

杉山登志郎　2016　こころの科学叢書　子と親の臨床—そだちの臨床2　日本評論社
　（発達障害と虐待との関連，社会的養護，治療法などが広く学べます。引用文献の本と2冊セットで読みましょう。）

友田明美　2017　NHK出版新書523　子どもの脳を傷つける親たち　NHK出版
　（虐待の脳への影響が丁寧な実証研究によって明らかにされています。）

（河野伸子）

第 4 章

発達障害

1　発達障害児の抱える諸問題

「発達障害」とは，広義には知的障害や身体的な障害を伴う，乳幼児期から生じる発達遅延全般を指すが，2004 年に制定された「発達障害者支援法」の登場により，近年では「自閉症，アスペルガー症候群その他の広汎性発達障害，学習障害，注意欠陥多動性障害，その他これに類する脳機能の障害であり，通常低年齢において発現するもの」（「発達障害者支援法」より）として一般的に理解されている。前述に加えて，特に知的障害を伴わない発達障害を，狭義の「発達障害」として位置づけることもある。なお，発達障害者支援法は，切れ目なく発達障害者の支援を行うことが特に重要であることに鑑みること及び障害者基本法の基本的な理念にのっとること等を規定するもの（第 1 条関係）とすることを目的に 2016 年に改正された。また，改正発達障害者支援法では，「発達障害者の定義を以下の通りとした（第 2 条第 2 項及び第 3 項関係）。

（1）「発達障害者」の定義を，発達障害がある者であって発達障害及び社会的障壁により日常生活又は社会生活に制限を受けるものとした。

（2）「社会的障壁」の定義を，発達障害がある者にとって日常生活又は社会生活を営む上で障壁となるような社会における事物，制度，慣行，観念その他一切のものとした。

発達障害の診断は困難である。診断は子どもの物的な客観所見によるものではなく，子どもの「行動」を医師が見聞きすることにより評価される。医師の「行動」に対する捉え方によって，診断名が異なってくる可能性がある。また，発達障害の本質が「発達」であるため，「発達障害」と「通常発達」との相違は発達の連続線上の相対差にすぎず，明確に「発達障害」と「通常発達」に境界

162　第3部　教育臨床の諸問題

線を引くことができないのである（滝川, 2007）。

　このような理由から，発達障害の早期発見・早期支援が困難となる。発達障害児は，まさに人生の出発点から多くの社会的リスクを抱えて生きていくこととなる。

■ 1）一次障害としての困難
　発達障害は以下のような困難によって特徴付けられる。

(1) 対人面・社会面の困難
　表情やジェスチャーといった体の動き，微妙な言い回しや場の雰囲気，文脈の流れなど，社会的な相互作用場面における些細ではあるが重要な情報をキャッチすることができない。あるいはそういう情報にあまり注意が向かない。結果として相手の感情を理解することができなかったり，場にそぐわない言動をしてしまったりする。

(2) 学習面の困難
　「読む」「書く」「話す」「聞く」「推論する」「計算する」といった学習活動のうち，ある特定の活動やスキルの習得に困難を示す。その背景には，雑多な情報から重要な情報を探し出すことの困難さ，見たり聞いたりしたことを記憶にとどめていることの困難さ，記憶した内容を頭の中で操作することの困難さ，順序立てて計画的に遂行する能力の困難さなど，認知的な問題が横たわっていると考えられている。

(3) 運動発達面の困難
　力のコントロールがうまくいかなかったり，見たとおりに動作できなかったり，手と足をばらばらに動かしたりすることができないといった，粗大運動面での困難を示す。また，はさみが使えなかったり，定規で線を引くことができなかったり，笛の穴を押さえられなかったりといった，微細な運動においても困難を示す。

(4) 注意集中面・感情面の困難
　思いついたらすぐ行動してしまう，これといった目的もなく動き回ってしまう，あまり周囲に注意を払わずに行動してしまう，などの注意集中面での困難さを有する。また，自分の感情をコントロールできずに爆発してしまったり，感情が先んじて状況判断ができなくなってしまったりすることもある。

上に述べた困難のうち，最も特徴的な困難によって診断名が割り振られる。例えば，DSM-5 における神経発達障害（Neurodevelopmental Disorders）においては，対人面・社会面の困難が見られる場合は，「自閉スペクトラム症 / 自閉症スペクトラム障害（Autism Spectrum Disorder）」となる。また，学習面での困難が主症状であれば「限局性学習症 / 限局性学習障害（Specific Learning Disorder）」，注意集中面の困難が主であれば「注意欠如・多動症 / 注意欠如・多動性障害（Attention-Deficit/Hyperactivity Disorder）」というように診断名がつくのである。

　しかし，発達障害児は複数の困難を複雑に絡ませながら有していることが多い。つまり，一人の子どもが学習面での困難と注意集中面での困難を併せ持つ場合，あるいは対人面での困難と注意集中面での困難を併せ持つ場合など，困難が重複している場合が少なくない。また，年齢を重ねるにつれ困難の様相が変容し，診断名が変更になる場合もある。

■ 2）二次障害としての困難

　発達障害児の一次障害は，他者との相互作用場面において困難を引き起こす可能性が高い。よって，二次障害は容易に形成されやすくなる。特に，以下のような場面で二次障害のリスクが生じる。

（1）安定した母子関係の不全

　たとえば自閉的傾向のある乳幼児の場合，見つめ合って笑う，母親の見ているものに目を向ける，といった愛着の基本となる非言語コミュニケーションに困難を示す。母親は子どもから愛着の手応えを得にくい状況となる。また，基本的な愛着行動の発達が見られる場合であっても，いつもじっとしていない，すぐにかんしゃくを起こすなど，情緒・行動面での特徴が，親に「育てにくい」と感じさせ，結果として安定した母子関係が築かれにくいことが多い。被虐待児の中に発達障害児が含まれることが少なくない。発達障害が要因となって虐待が引き起こされるのか，虐待が後天的な発達障害を生み出すのか，この点はいまだ議論の渦中にあるが，どちらの可能性もあり得ることであり，あるいは両者の要因が互いに絡んでいると考えるのが適切であろう。つまり，発達障害児は不適切な養育を受けるリスクが高く，このことがさらに困難を深刻にする

のである。

(2) 社会生活を営むうえでの困難

①学習場面

認知的な偏りの大きい子どもの場合，学習を進めていく際にその子の認知特性にあった学習方法が必要となる。しかし，その子の学習でのつまずきが「偏った認知特性」に起因するものと気づかれることは少なく，単に「集中力のない子」あるいは「憶えるのが苦手な子」というラベリングに終わり，適切な学習支援が提供されず，結果として学習の機会が失われる。学習が定着しないまま次に進むため，理解できない部分が拡大していく一方となる。

また，忘れ物が多かったり，片付けがうまくできなかったり，計画的にことを運ぶことができず，円滑な学校生活を送るのに支障をきたす場合も多い。

②友人関係

行動や感情のコントロールの難しさから，友達とトラブルになることが多く，「けんかっ早い子ども」「トラブルメーカー」としてレッテルを貼られやすい。子どもなりの理由があって行動を起こすが，その理由が他者に理解されにくかったり，理由をうまく説明できなかったりするために，行動の理由をくみ取ってもらえない場合も多い。

また，突飛な行動をしたり，他者の意図を理解しない言動をしたり，興味・関心がずれているといったことが，他者からの反感を招いたり，いじめの対象となったりする場合もある。

(3) 自己肯定感の低下および他者への敵意の増大

他者からの不適切な関わりや理解のされにくさ，または叱責などの否定的態度は，結果として「自分はダメな存在である」という自己肯定感の低下へとつながっていく。また，「誰も自分をわかってくれない」と周囲に対しての失望や恐怖，敵意，被害感を募らせる要因ともなる。自傷などの自己破壊的な行動，極端に社会からひきこもった状態，反社会的行動，さらには触法行為という大変深刻な事態を引き起こす可能性を増加させる。

発達障害の診断が困難であると同様に，一次障害と二次障害を判別することも困難である。一次障害の診断材料となる行動のいくつかが二次障害により引

第4章　発達障害　165

き起こされている場合があり，先天的な問題がないにもかかわらず社会的に不適切な関わり（虐待など）により発達障害様の状態を呈する場合もある。

　発達障害の早期発見，早期支援に求められることは，障害診断の精度ではなく，子どもの支援ニーズがどこにあるのか，「ニード判定」が主軸となるようにパラダイムシフトしていくことではないだろうか。

2　発達に偏りを示す子どもへの支援の実際
―「不登校」への支援から見える発達障害―

　本節では，学校教育において現在最も深刻な問題の一つである「不登校」に焦点を当て，不登校と発達障害との関連性，およびその支援のあり方について，二つの事例をもとに検証する。両事例とも，筆者がスクールカウンセラーとして対応したケースである。

1）事例1：まったく外出できなくなってしまった中学生男児

概　要
　A男。中学2年生。母親と姉（高2）との3人暮らし。父親はA男が生後3ヶ月時に死別。母親は近くでパートタイムで働いている。
経　過
　B中学校の校長よりSCに「ひきこもってまったく登校できないA男の母親と面談してもらえないだろうか」との依頼があった。
①母親との面接
　小学5年から登校を渋りがちになった。6年時はほぼ全欠状態で卒業式は出席することができなかった。中学校は入学式から一度も登校しておらず，現在はまったく外出することができない。家の中をうろうろしており，落ち着いて座っていられない。同じDVDを繰り返し何度も見ている。本や漫画の気に入ったページを開き，伏せて部屋中に並べている。自分のことをほとんどしなくなり，母親任せになっている。
　A男が中1のときに母親のみ適応指導教室を見学。その際，C病院を勧められ，その後母親のみ受診。C病院では自閉スペクトラム症の疑いがも

たれた。

SC は A 男をより具体的に知る必要性を感じ，母親に家庭訪問が可能か
どうかを確認すると，母親は快諾した。

②家庭訪問

SC の家庭訪問に拒否的な様子は見られなかったが，他者に関心を示す
様子もなかった。常同行動と固執が顕著に観察された。一方向的で抑揚の
ない話し方，一語文での会話がほとんどで，言語発達の遅れも感じられた。

母親によると，「お風呂にまったく入りたがらない。髪の毛を切りたが
らない。プラモデル作りなどの好きだった活動をしなくなった」など，他
の精神疾患発症の可能性を疑う報告もあった。小学 5 年時に，A 男自らの
希望で近くの精神科を受診したが，何の問題もないと言われ今に至ってい
るそうである。

③小学校担任からの聞き取り

小学校での状況を確認するために，A 男の出身小学校を訪問した。3，4
年当時の担任からの聞き取りの結果，「成績は中程度であった。自分から
他者に働きかけるということはほとんどなかったが，他者から働きかけら
れれば受け答えをすることができた。言葉のやりとりで疑問に感じること
はなかった。こだわり，パニックなどは気づかず，担任している間，発達
障害を疑ったことはなかった。5 年生になり，担任が代わったことで直接
的な関わりはなくなった。5 年生の 1 学期後半から教室にいられなくなっ
たようだ。別室登校していたが，別室で一人机の周りをぐるぐる歩き回っ
ていた。常同行動はそこから始まったのかもしれない」とのことであった。

④外部機関との連携への動き

二度目の家庭訪問時に，母親から憔悴しきった様子で，A 男の破壊行
動が増加していることが報告された。A 男は，足指に靴下を挟めては離し，
挟めては離し，を繰り返しながらうろうろしていた。母親，学校と外部機
関との連携について検討した結果，近隣の児童福祉施設のコーディネー
ター（D 氏）と連絡を取ることにした。D 氏は 2 週間に 1 回程度の家庭訪
問を実施することとなった。また，これと同時に，医療機関につなぐため
に児童相談所への母親の相談も勧めた。

⑤児童相談所の訪問

その後，破壊行動がひどく夜も寝ずにうろつく A 男は，C 病院より処方

された抗精神病薬を服薬するようになった。服薬してまもなく，A男は薬が効きすぎるのかよだれを垂らしたりぼんやりしていることが多くなってしまった。体がだるいのか自室の布団でごろごろしていた。

　母親が児童相談所に行った結果，児童相談所のワーカー，心理士，医師が訪問することが決まったため，その場にSCとD氏も同席することとなった。

　児童相談所職員の来訪日，A男は多くの来客にもあまり気にすることなく，いつもとほとんど変わらずDVDを見ながら部屋をうろうろしていた。しかし，指でTシャツの襟元をつまんで揺らす常同行動が生起し始めていた。手が機能的に使用できなくなりつつあるように感じられた。

　E医師はA男の行動観察，母親からの聞き取りを実施し，自閉スペクトラム症の疑いを母親に告げた。母親や姉のストレスの状態，A男の服薬調整の必要性を考慮に入れ，入院治療が勧められた。

　⑥入院

　治療方針が明確になっていないため，母親は入院を迷っていたが，学校，D氏，SCで協議を重ねた結果，現状打開のために母親に入院を勧めた。その後F病院（E医師の勤務病院）に入院が決まったと母親より電話があった。

　⑦病院での面会

　母親からの要望を受け，B中学校の養護教諭とともに面会に行った。A男は母親がいるにもかかわらず，面会に拒否的ですぐに自室に戻ろうとする様子があった。常同行動が前にも増して増え，奇声も発していた。

　D医師が不在のため，担当看護師との話となった。知能検査を途中まで実施することができたとのことであった。パニックはなく，日常生活の流れに従って行動している。ただ，他者との関わりはまったくない。服薬調整はめどが立ってきた。思春期ということも考慮し，これ以上の入院には否定的。服薬治療以外に，SSTや作業療法等は実施していないとのことであった。

　A男の入院によって家庭は一応の安全が保たれたが，A男自身の社会的引きこもり，常同行動は改善されなかった。今後，A男の療育的支援のために特別支援学級への入級あるいは特別支援学校への転校等も視野に入れる必要性があるように思われた。

168 第3部　教育臨床の諸問題

⑧病院でのケース検討会

　F病院にて，B中学校校長，E医師，児童相談所のワーカーと心理士，D氏，母親，SCでケース検討会が開かれた。A男は自閉スペクトラム症およびうつと診断された。他害行動は見られなくなったが他者との関わりもほとんどなくなってしまった。服薬調整が安定してきたことと，病院内では社会生活を再構築する手段が少ないことから，退院することが望ましいとのことであった。

　病院の判断を受け，D氏の勤務する児童福祉施設への入所および特別支援学校への転校手続きが検討された。施設への入所に向けて，F病院と施設とで連携し，病院に入院しながら施設生活に慣れるための「仮入所」を1ヶ月間実施することとなった。「仮入所」の際は母親も同行することとなった。

⑨その後のA男

　A男は仮入所にすっかり慣れ，施設入所が決定した。A男は少しずつ笑顔が戻り，同年代の学園生と手をつないで移動する場面も見受けられるようになったとのことである。

　新年度，母親より近況報告があった。施設から特別支援学校まではスクールバスで移動するが，隣の席に座る生徒と談笑しながら登下校するそうである。学校生活も軌道に乗り始めたと母親からの弾んだ声であった。

考　察

　A男の問題はかなり深刻であったと考えられる。A男は「不登校」という学校との隔絶だけの問題ではなく，社会全体からひきこもって生活していたのである。A男の問題はどこにあったのであろうか。

①早期発見の遅れ

　まずはA男の発達の遅れあるいは偏りに疑問をもたれながらも，誰にも発達障害の可能性を指摘されずにきたことである。母親は言葉の遅れを心配しつつも，心配にふたをしようとする状況が見え隠れする。小学校では受動的なコミュニケーションを個性の範囲として受け止めていた。さらに，学校での不適応が表面化した直後も，医療機関において彼の困難を見つけることができなかった。乳幼児健診や学力検査など，過去の客観的な指標が手に入れられな

かったため，現時点では，発達のどの部分につまずきがあったのかを確認することはできない。

②早期支援と機能的対応の遅れ

次に，学校不適応に対して，早期の支援がなされなかったことがあげられる。また，彼が学級への入室が困難になってしまった要因について機能的に検討することもなく，集団からの「隔離」という対応だけが取られた。学級以外からの支援もなされず，校内連携やケース検討が実施された痕跡もない。その後Ａ男は学校に足が遠のき，Ａ男がいなくなった学校は表面上何事もなくなったが，Ａ男の状態はさらに悪化していった。

③状況の悪化に伴う支援の困難

Ａ男が引きこもって後，常同行動の増加に伴い，他者とのコミュニケーションの機会や意欲がさらに奪われてしまった。通常，本人の行動レパートリーや社会的相互作用の様子から，支援者は彼らをアセスメントし支援内容のヒントを得ていく。しかし，極端に行動レパートリーが制限され，こちらからの関わりにあまり手応えを示さないＡ男の支援内容を検討することは，大変困難であった。外に出ようとしないＡ男を，支援機関に引っ張り出すこと自体容易なことではなかった。

④Ａ男に必要な支援とは

Ａ男との関わりの中で手応えを感じた場面が少しだけある。彼には好きなキャラクターや物語があった。SCがその話題をＡ男にすると，必ず何らかの応答があった。数ターンのコミュニケーションになることもあった。支援の手がかりになる第一歩は「外界に示している興味・関心は小さいことでも拾う」ことであろう。そして，そこに共感できる他者の存在があってコミュニケーションが成立し，信頼関係が形成され，徐々に社会が広がっていくのではないだろうか。他者からの関わりに傷つき，不適応を示したＡ男ではあったが，やはり求めていたものも他者からの関わりだったのではないだろうか。小学校4年生までのＡ男はちょっと変わっていたけれどクラス内では好かれる存在であったという。5年生になり，このような他者との関係性が崩れ，周囲からの肯定的な手応えが得られにくくなったのではないだろうか。そして他者との相互作用が断ち切られた結果，自分の感覚刺激との相互作用である常同行動が増

170　第3部　教育臨床の諸問題

加していったのではないかと考えている。
　彼が回復していくきっかけとなったのは，SC からの働きかけでも薬物でも
なく，同年代からの暖かい関わりであった。

■ 2）事例2：学校への行き渋りを示した小学生男児
　次の事例は，上の事例の反省を生かしたケースと考えている。子どもの発達
特性をアセスメントし対応を検討した結果，登校渋りが改善したケースである。

概　要
　G男。Y年度小学校5年生。入学当初から，学習の遅れや学習への意欲
の低さが心配されていた。小4時にH小学校にSCが配置され，当時の担
任の依頼で，授業場面をしばしば観察，あるいは学習支援を行っていた。
小4の3学期頃より，毎日遅刻して登校するようになった。
経　過
　①保護者との面談
　Y年3月にG男の母親から面談依頼があった。遅刻の背景に学習への
意欲が低下していること，幼少の頃から理解できることとできないことに
差があることなどが語られた。また，股関節の異常から小学1年時に長
期入院をし，院内学級に通級経験があるとの報告もあった。本来はおしゃ
べりがとても好きということであったが，最近自信がないのかあまり友人
に話しかけられないということであった。また，主張性の低下に伴い，学
力が低いことと外見的なことも相まって，クラスメイトから馬鹿にされる
こともしばしば見られるようになったという。遅刻の間接的な要因として，
学習の困難さ，クラス内での居場所のなさが予想されたため，SCが知能検
査の実施とそれをもとにした支援の検討を提案したところ，保護者が快諾
した。
　②行動観察の実施
　Y年5月に2回，授業場面の行動観察を実施した。離席，離室は見られ
なかったが，教師の方を見て話を聞いたり，指示に従って課題を遂行した
りする様子は見られなかった。授業内容が頭に入らないのか，ぼんやりし
ている様子も見られた。教師の示した箇所を目で探すことが困難であると
感じられたため，SCが個別的に見る箇所を指し示すと課題に取り組むこ
とができた。

③知能検査の実施と結果

　Y年6月に知能検査を実施した。その結果，全般的な知的機能の水準は境界域にあった。また，G男の強い能力，弱い能力としては，以下のものが推定された。

　　・強い「言語的推理」「視覚的処理」「空間」「図形の認知」「同時処理」
　　・弱い「知識の蓄え」「複雑な言語指示」「初期環境の豊かさ（影）」「知的好奇心と努力（影）」

④G男への対応

　検査結果をもとに，強い能力を漢字の学習に応用するなど，具体的な学習の進め方についてG男本人に説明をした。

⑤学校の対応

　a）検査の所見をもとに，担任教師と支援策について話し合った。

　b）校内研修会を開催し，この中でG男の事例をもとに発達障害および，知能検査と学習支援との関連性について理解を深め，G男への支援についてさらに検討を加えた。

　c）G男の検査結果および校内研修をもとに，校内ケース会議が開かれG男の通級指導が検討された。

　d）管理職，担任，母親，SCで，通級指導教室への入級を検討し，G男の希望を確認したうえで入級が決定した。

　e）通級指導教室での指導方法について指導教室担任とSCが話し合った。

⑥G男の変化

　検査実施翌日より，G男は学校に遅刻することがなくなった。また，通級指導教室ではG男の語彙力の少なさを補うとともに，G男が好みやすいパズル形式で漢字の学習を取り入れたところ，苦手だった漢字に興味を示し始めた。通常学級では笑顔が増え，係活動に積極的に取り組む様子が見られるようになった。

考　察

　本事例は，不登校に発展する可能性を未然に防いだケースとして捉えられる。具体的な支援のポイントについて，以下にまとめる。

①客観的なアセスメントデータの収集

　本事例では，母親からの聞き取りや実際に不適応を起こしている場面での行動観察に加え，知能検査というアセスメントツールを用い，G男を理解するた

めのより客観的な情報を得ることができた。早期の対応であったため，G男は
不適応場面に何とかとどまっている状況であり，実際にどこで困難を示してい
るのかを直接観察することができた。さらに，知能検査を用いることで，G男
の認知特性について詳細に理解することが可能であった。

②校内連携体制の構築

　G男の事例をもとに，校内で研修の場を設けたり，複数回のケース会議を開
催することにより，担任教師だけでなく，学校全体でG男を理解することがで
き，一貫性のある支援が可能となった。

③アセスメントデータをもとにした支援策の検討

　アセスメントから得られた情報を，単なるラベリングではなく支援方法を検
討するための情報として活用された。

④G男本人へのフィードバック

　アセスメント結果をG男本人にフィードバックすることは，G男を，ただ単
に他者から支援を受けるだけの受動的な存在ではなく，得意な面，苦手な面を
理解し，うまくできるためのヒントを自ら活用することにより，より能動的に
困難に対応できる，いわば自助（リソース）効果を高める可能性が期待された。

3　おわりに―支援者として必要な視点―

　発達障害児への支援は，困難さを理解することから始まる。しかし，それと
並行して，彼らのできることや，興味・関心など，肯定的な側面についてもき
ちんと見ていく必要がある。支援のヒントは，否定的な側面よりもむしろ肯定
的な側面から得られるのである。

　彼らは彼らなりに懸命に社会に関わろうとしているのである。それを受け止
める社会の側の姿勢によって，その困難が大きくも，小さくもなるように思える。

引用文献

滝川一廣　2007　発達障害再考―診断と脳障害論をめぐって―　そだちの科学，**8**，4-16.

（佐藤百合子）

第5章

自傷・自己破壊的行動

▍1 自傷行為とは何か

■ 1) 狭義の自傷行為

　自傷行為とは，狭義には，「リストカットなどの身体切傷のように，身体表面に直接的な損傷を加える行為」(Hawton, Rodham, & Evans, 2006 松本・河西訳 2008) を指す。ウォルシュ (Walsh & Rosen, 1998 松本・山口訳 2005) によると，「自らの手で故意に行われ，致死的でなく，社会的に容認されない性質をもつ，身体を害する行為，あるいは，身体を醜くする行為である」と定義されており，イライラ，緊張，怒り，空虚感，抑うつ感などといった不快な感情を紛らわせる目的で行われることが多い。

■ 2) 教育現場に増える自傷行為

　このような自傷行為は，昨今の学校現場における重要な課題になっている。
　山口・松本 (2005) の調査では，女子高校生の14.3%に，身体を切る自傷行為の経験があり，そのうち6.3%は，10回以上の経験があった。また，濱田ら (2009) は，高校生男女を対象に，「体の一部を強くぶつける行為」「髪の毛を抜く行為」等，身体を切る以外の方法も含めた6種類の自傷行為について調査を行っているが，そのうち一つでも経験があると回答した者は，全体の41.2%にのぼったという。その平均開始年齢は，11～13歳の間であり，思春期という時期と密接に関係している。さらに，松本ら (2009) の調査では，小・中・高校および特別支援学校において，自傷する児童・生徒への対応経験をもつ養護教諭は，全体の8割以上にのぼっている。こうしたことから，いかに自傷行為が，近年の教育現場において，深刻な問題となっているかがわかる。

3) 自傷行為と自己破壊的行動

自傷行為は，飲酒・喫煙，薬物乱用，摂食障害などと密接に関連していることが，さまざまな研究から明らかにされている。そのため，近年，自傷行為に関わる専門家の間では，自傷行為を広く捉えようとする視点が多く見受けられる。

たとえば，川畑（2009）は，「広義での自傷は慢性的自殺と呼ばれる過食・嘔吐や薬物依存，そしてまた過度のタトゥー，ボディピアスなども含まれるであろう。より広く捉えると，親に当てつける形での不登校や万引き，家出なども自分の身や人生を犠牲にして何かを訴えているのであり，『自分を傷つける』という意味では自傷に含まれると考えられる」と述べている。その他，「自暴自棄的な飲酒や車の運転」（青木・松下，2009），「援助交際や不特定多数との性交渉，避妊しない性交渉，バイクの暴走行為を繰り返す，暴力団相手に喧嘩を売るといった無謀な行動」（松本，2009a）なども，広義の自傷行為に含まれるとされている。

松本（2009a）は，自傷行為を表す"deliberate self-harm"という用語を，「故意に自分の健康を害する症候群」と訳し，狭義の自傷行為に加え，「摂食障害」「薬物乱用」「暴力危険行為」「性非行」をも含めたより包括的な概念として提示している。そのうえで，「摂食障害やアルコール・薬物乱用，自殺の意図によ

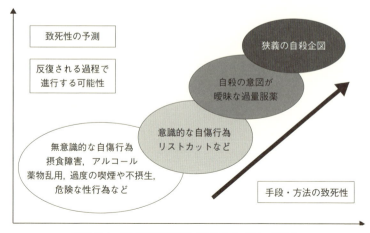

図3-5-1　自己破壊的行動スペクトラム（松本，2009a）

らない自傷行為，意図のあいまいな過量服薬，致死性の高い狭義の自殺行動とのあいだには，「故意に自分の健康を害する症候群」の連続的な関係が存在し，それぞれのあいだを相互に移行しながら，時間経過に伴って，より致死性の高い自己破壊的行動へと進行していく可能性がある」と述べ，こうした連続性を，「自己破壊的行動スペクトラム」として示している（図3-5-1）。

このように，自傷行為とは，狭義には「意図的・直接的に身体を傷つける行為」を指すのであるが，無自覚な行動であっても，長期的にみればその健康を損なう行為全般に対して用いる視点である。松本（2009a）によると，自傷行為は，反復されるうちに嗜癖（アディクション）化してしまい，次第に「死にたい」気持ちへとつながってしまうという。「『生きるため』の行為の反復が結果的に死をたぐり寄せて」しまうのである。自らも自傷行為に苦しんだ経験をもつターナー（Turner, 2002）の，「自傷は私にとりつき，ついには生活を壊し始めた」という言葉は，こうした苦しみを表しているものだろう。

それゆえ，援助者は，一見奔放な生徒の行動に対しても，「自分勝手なことをしている」と一蹴するのでなく，より広い視点から，それらが生徒自身を傷つけ，より深い苦しみへと至る危険性を孕んでいないかということに，注意深く目を向ける必要があると考えられる。

2 自傷行為に対する援助の在り方

1) 自傷行為のもつ影響力

自傷行為とは，より広い視点で捉えうると述べてきたが，ここではおもに，狭義の自傷行為，すなわち，故意に自分の身体を傷つける行為に対する援助の在り方について考えてみたい。というのは，その行為は直接的で過激であるがゆえに，周囲にさまざまな強い感情を惹き起こすものであり，そのことが援助を難しくする大きな要因となるからである。援助者が抱きやすい感情について，以下に紹介する。

ウォルシュ（Walsh, 1998，邦訳2005）は，自傷者との出会いによって，「苦悩，思わず後ずさりしたくなるような畏れ，あるいは，精神的な衝撃や不快感，さらには（臨床現場でその人を援助しようとしている人の場合は）理解し助け

176 第3部 教育臨床の諸問題

てあげたいという気もち」が生じると述べている。

　一般に，自傷行為は「間違ったこと」「正しくないこと」と考えられ，特に，社会一般的な常識を重んじる「学校」という場においては，なおさらであろう。その行為は，「嫌悪感」や「不快感」を生じさせるがゆえに，私たちは行為を禁止したくなったり，自傷者との関わりから撤退したくなったりするかもしれない。実際，筆者自身も，リストカットの傷を見せた生徒に対し，即座に「切ることは禁止」と伝えた結果，二度と顔を見せなくなった事例もあった。思うに，そうした筆者の態度は，その生徒の苦しみを理解するということから，遠くかけ離れていたのであった。人は，自分の理解が及ばないものごとに対して，「あれは異質なものである」と，自分との関係から切り離してしまいたくなるのではないか。

　一方で，その行為の痛々しさゆえ，周囲の者は名状しがたい痛みを感じ，「何とかしてあげたい」という，強烈な救済願望を惹き起こされる場合もある。しかし，そうした気持ちが，必ずしも援助的であるとは限らない。青木・松下（2009）は，「治療者のうちに湧き起こる『助けてあげたい』という気持ち（救済願望）は，一生懸命やっているのに自傷が止まらないとき，やがて『何度言ったらわかるんだ』という怒りに反転することがある。それが，自傷をさらに深刻なものにしていくことがある」と述べ，援助者は，「熱くならないように，しかし，冷たくもならないように，心がける必要がある」と注意を促している。

　また，援助者が，自傷行為に一喜一憂する態度は，他者をコントロールする手段として，自傷行為を定着させてしまう危険性もある。ウォルシュ（1998，邦訳2005）は，「自傷者は，他者に対する自傷行為の影響の大きさにすぐに気づくはずである。すると，まもなく，彼らは，他者からの反応を引き出したり，終わらせたりする手段として自傷行為を用いるようになるだろう」と述べている。最初はささいなきっかけであっても，周囲の対応によっては，それが「対人関係をコントロールする」という意図をもってしまい，自傷行為の強化を招いてしまう危険性を，私たちは自覚しておかなければなるまい。

　このように，援助する側にさまざまな強い反応を惹き起こす自傷行為であるが，自傷者の援助においては，継続的に関わること，支持を繰り返すことで，自己否定的な患者の自己効力感を高めることが大切とされている（松本，2009b）。

第5章　自傷・自己破壊的行動　　177

私たちは，その過激な行動のみに目を向け，道徳的な規準によって批判することを慎まなければならない。あるいは，救済者願望に突き動かされて，対象者との適度な距離感を失うこともまた，真に援助的であるとはいえない。こうした事態を避け，毅然とした中にもあたたかさを失わない対応を保つためには，「その人が何に困っているのか」ということを真に理解しようとする態度が欠かせないと考える。

■ 2) 何に困っているのか

　ここで，筆者がスクールカウンセラーとして関わった一つの事例を紹介したい。なお，プライバシーに配慮して，事例の性質を損なわない程度に，事実に改変を加えてある。

> **事　例**
> 　A子は中学3年の女子である。短髪でボーイッシュな雰囲気であるが，長く伸びた前髪が目の大部分を覆っている。養護教諭の勧めで，相談室にやってきた。話を聞くと，それまで仲のよかった部活の友人と行き違いがあり，相手の態度が冷たくなったという。その友人のブログに「うざい」等の書き込みがあり，名指しではないが，自分のことに違いないと思った。それ以来，気分の落ち込みがひどくなり，他の友人に対しても，「嫌われてるんじゃないか」と相手の反応をひどく気にしてしまう。やる気もなくなり，課題を仕上げることもままならない。しかし，友達に相談することは，「迷惑をかけてしまう」「場の空気を壊してしまう」ことになるため，人前では明るくふるまっており，「頼れる人がいない」とうつむく。
> 　さらに話を聞いていくと，A子は「元々，気持ちを溜めこんでしまう」ところがあり，「溜めこんだものが，膨らんでどうしようもなくなるとリストカットをしてしまう」と打ち明ける。「初めて切ったのは中1で親とけんかしたとき。親はいつも怒ってくるから嫌い。それ以来，イライラするとときどき切っている」「イライラして，家族に当たってしまうときもあるけど，そのあと悲しくなって，落ち込んでしまう。だから自分の中で抑えようとするんだけど，そうするとどんどん溜まってしまって……」「自分でもわからないくらい，自分の気持ちを遠くに押しやってい

178 　第 3 部　教育臨床の諸問題

る気がする。泣きたいけど泣けないのがずっと続いている。もやもやする。自分でも自分の状態がよくわからない」と語った。

　筆者はまず，A 子が話に来てくれたことをねぎらい，今の不安や，心細い気持ちなどを聴いていった。そして，「いつも気持ちを押し込めていたら，ときどき爆発しちゃうね。どんどん押し込めたら，下の方はいったい何だったのかもわからなくなっちゃう。なんかもやもや，ぐちゃぐちゃする。それってきついよね」と話し，継続的にカウンセリングしていくことを提案した。A 子も，「最近は切ってもすっきりしなくなった。このままじゃダメだと思う」と了承した。

　カウンセリングの中では，A 子の自信のなさや，不安定な対人関係のあり方を確かめていくと同時に，A 子が今までに本当はどんな気持ちを抱いてきたのか，筆者が言葉を補いながら，少しずつ言葉に表していった。同時に，A 子の許可を得て，部活の顧問や担任教師に事情を伝え，クラスや部活内での環境調整も行った。A 子は，進路のことで親と激しく衝突するなど，紆余曲折はあったが，自傷行為は次第におさまっていった。その後も，友達との関係で不安定になることは続いたが，無事に志望校に合格し，卒業を迎えた。

考　察

　この事例において，A 子の困りはどこにあったのか。以下に，筆者なりに理解したことをまとめる。

①現実の人間関係

　まず，部活内での友人関係のもつれが，A 子にとって最も大きな問題であった。第一に，彼らが直面する現実的な人間関係を扱い，どこでつまずき，どんな行き違いが生じているのかを整理することが大切だろう。そのうえで，ときに現実的な環境調整を行うなど，「自傷行為をやめるよう励ますだけでなく，クライエントが自傷を続けてしまう背景に対して，介入を図ることが治療に役立つ」（Turner, 2002）場合も多いと考えられる。

②自己の不安定さ

　こうした背景には，A 子の抱える自己の不安定さがあるといえる。特に思春期は，急激な身体的変化や，自意識の高まりにより，「自己肯定と自己否定，

ナルシシズムと自己嫌悪が交錯する思春期独特の不安定な精神状態」が生じ，「自己というものが非常にあやふやなもの，分裂したものにみえてくる」（市川，1992）時期である。こうしたなかで，新たな自分を確立していくためには，他者との親密な関係が欠かせない。市川（1992）によれば，人は他者の存在を介して，自己というものを確認するのであり，この時期に他者から否定されたり，肯定的な関係を結べないことは，強い不安や疎外感を生みだすことになる。そして，「そういう自己培養がなくなると，自己のみによって自己を確認するという一種の悪循環が始まって，自己自身が貧困化し，わけの分からない不安定な存在になって」しまうのである。このようにみてくると，自傷とは，他者との関係性を切に望みつつもかなわず，自らの身体を使って自己確認を行おうとするが，そうすることでますます他者との関係性から遠ざかり，自分を見失っていく行為のように思われる。特に，それまでの成育歴において，適切な自己肯定感や他者への信頼感が培われていない場合，思春期にその問題が深刻な形で現れることが多い。援助者はまず，他者として，彼らの存在をしっかり受け止める姿勢で，話を聞くことが大切だと考える。

③人に頼れないこと

　A子は，自分自身のきつさを素直に周囲に伝えることができず，表面的に明るい自分をつくろっていた。ホートンら（Hawton et al., 2006）の調査によると，自傷に及んだ青少年のうち，全体の53%が，「行動におよぶ前に援助を求めようとはしなかった」と回答し，その理由のほとんどが「助けてほしくなかったから」「これまでも自分ひとりで切り抜けてきたから」「自分の問題だから」というものだった。松本（2009b）は，自傷者にとって，援助希求能力の乏しさ，すなわち「正直な気持ちをいつわって，誰にも助けを求めずにつらい状況に過剰適応すること」こそが，一番の克服すべき問題だと指摘し，まずは，自傷によって自分の苦境を伝えたことを評価する態度が大切だと述べている。

④気持ちを言葉にすることの難しさ

　自傷行為をした経緯を本人に尋ねても，「なんとなく」「むしゃくしゃしたから」など，漠然とした理由であったり，前後を覚えていないことが多いとされる。松本（2009a）は，自傷行為について，「身体の痛み」を使って「心の痛み」に蓋をすることと説明しているが，A子の場合も，同じようなことが起こって

いたと思われる。名前もつけられず，葬られ，押し込まれた気持ちは，からだの中に充満し，出口を求めて「もやもや」や「イライラ」となって，その身体を揺さぶるのだろう。事例のなかでは，こうした身体感覚をともに感じ，形にならないA子の気持ちを，筆者が言葉を添えながら，少しずつ言葉で表現していった。こうしたなかで，A子は，蓋をすることなく，自分自身の痛みに触れることが可能になっていったと考えられる。

3 自傷行為の背景として考えられること

対象者の困りは，一人一人個別のものであり，事例ごとに丁寧にその困りを理解していく必要があるが，自傷行為との関わりが多く指摘される背景について，以下にあげておく。

・喪失体験（親との離別等）
・いじめ
・性的虐待・身体的虐待
・発達障害・知的障害
・境界性パーソナリティ障害
・統合失調症

ここでは詳述しないが，こうした背景を知っておくことは，事例に応じた適切な援助を考えるうえで重要であると考える。自傷行為が，彼らが抱えるこうした背景のサインになっていることもある。

4 援助にあたって心がけたいこと

援助にあたって，心がけておくべきことについて，多くの専門家の間でおおむね見解が一致しているものを以下にまとめる。

①制限しない

自傷行為について，一方的に禁止や制限をかけることは，対象者を心理的に追いつめ，約束を守れないことによる罪悪感や見捨てられ感を高め，自傷行為がより重症化する危険性があるといわれている（川谷，2005）。本人なりの解決

方法というポジティブな面も認めつつ,「でも,心の痛みを自分のことばで表現できるようになるといいね」(松本,2009b) と言い添える態度が大切とされている。ただ,表面的にわかったふうを装って自傷行為を容認することは,その重大性を無視することにほかならない。そうではなく,「今はそうせざるを得ない」という苦しみに共感するということだろう。

②代替案を探す

自傷行為は,本人なりの努力だとしても,「一時的に当初の精神的な苦痛を緩和させ,その場を凌ぐため」の「未熟な防衛手段」である (川畑,2009)。より適切に,自分の気持ちを落ち着かせる方法をみつけることが大切である。その結果,自分自身をコントロールできるようになることが,彼らの自尊心を高めることにもつながる。これも,一方的に押しつけるのではなく,それを一緒に探していくやりとり自体が,彼らを勇気づけるものになるのだろう。

③自傷がすぐにおさまったとき

過剰適応しやすい彼らは,援助者に見捨てられまいとして,いい子を演じてしまうことが少なくない。一見,自傷行為がおさまったように見えても,「裏ではますます『悪しき自分を受け入れてもらえない』といった不満が募り,自傷していることもある」(川畑,2009)。こうした点にも注意したい。

④一人で抱えない

先述したように,自傷行為は,関わる者にも大きな痛みをもたらし,心身ともに大きなエネルギーを必要とする。一人で抱えることは大変難しく,信頼できる仲間とチームで支援に当たることが大切である。たとえ援助者であっても,つらいものはつらいし,痛いものは痛いのだ。自分の限界をみきわめ,決して一人で何とかしようと思わないことが大切と考える。

5 おわりに

以上,自傷行為の理解とその援助の在り方について概説したが,決してマニュアルはない。松本ら (2009) は,養護教諭の約65%が,自傷行為に「どう対応したらよいかわからなかった」と回答したことについて,「他方で私は『対応がわかる』と考えている約35%の養護教諭のことが,いささか心配になって

182 第3部 教育臨床の諸問題

きます」と述べ，すべてをわかったつもりになり，個々の生徒の対応に頭を悩ませなくなることへの警鐘を鳴らしている。援助者は，その行為に慣れてしまうことなく，しかし圧倒されずに，関わり続け，理解しようとし続ける態度を保つという，難しい在り方を要求されている。繰り返しになるが，日々変化する厳しい教育現場のなかにあって，こうした態度を支えるものは，仲間同士のサポートにほかならないと考える。すなわち，「自分の苦労をねぎらい，分かち合い，互いに褒め合い，愚痴り合う仲間であり，困難なケースに一緒に立ち向かってくれるチームメイト」（松本，2009a）である。援助する側にも，対人希求能力を養うことが必要なのかもしれない。

引用文献

青木省三・松下兼宗 2009 自傷行為と攻撃性について考える 児童青年精神医学とその近接領域，**50**（4），410-413.

Hawton, K., Rodham, K., & Evans, E. 2006 *By their own young hand: Deliberate self-harm and suicidal ideas in adolescents*. Philadelphia, PA: Jessica Kingsley.（松本俊彦・河西千秋（監訳） 2008 自傷と自殺—思春期における予防と介入の手引き— 金剛出版）

濱田祥子・村瀬聡美・大高一則・金子一史・吉住隆弘・本城秀次 2009 高校生の自傷行為の特徴—行為ごとの経験率と自傷行為前後の感情に着目して— 児童青年精神医学とその近接領域，**50**（5），504-515.

市川 浩 1992 精神としての身体 講談社

川谷大治 2005 クリニック診療における自傷行為 精神療法，**31**（3），265-271.

川畑友二 2009 自傷と攻撃性，その精神力動的理解 児童青年精神医学とその近接領域，**50**（4），414-418.

松田文雄 2005 自傷行為の入院治療 精神療法，**31**（3），272-279.

松本俊彦・今村扶美・勝又陽太郎 2009 児童・生徒の自傷行為に対応する養護教諭が抱える困難について 養護教諭研修会におけるアンケート調査から 精神医学，**51**（8），791-799.

松本俊彦 2009a 自傷行為の理解と援助—「故意に自分の健康を害する」若者たち— 日本評論社

松本俊彦 2009b 自傷行為への対応 児童青年精神医学とその近接領域，**50**（4），422-428.

Turner, V. J. 2002 *Secret scars: Uncovering and understanding the addiction of self-injury*. Century City, MN: Hazelden.（松本俊彦（監修） 小国綾子（訳） 2009 自傷からの回復—隠された傷と向かい合うとき— みすず書房）

Walsh, B. W., & Rosen, P. M. 1998 *Self-mutilation: Theory, research and treatment*. New York: Guilford Press.（松本俊彦・山口亜希子（訳） 2005 自傷行為—実証的研究と治療指針— 金剛出版）

山口亜希子・松本俊彦 2005 女子高校生における自傷行為—喫煙・飲酒，ピアス，過食傾向との関係— 精神医学，**47**，515-522.

（金澤美紀）

コラム3　摂食障害 ◇◇◇◇◇◇◇◇◇◇◇◇◇◇◇◇◇◇◇◇◇◇◇◇◇◇◇◇

　摂食障害は女性に多く，主に拒食症と過食症に分かれる。拒食症は，自らの意思
で食事量を減らし，極端に痩せた体型を維持する。過食症とは，むちゃ食いがとめ
られず，ときに体重増加を防ぐために下剤を使用したり，嘔吐に走る。拒食症から
始まり，途中で過食嘔吐が起こることは珍しくない。拒食期には活発に動きまわり，
過食期には気分が沈み無気力になる傾向がある（下坂，1999）。

　摂食障害は，社会的背景，個人の特性，家族関係の特性と，さまざまな角度
から論じられている。社会的な背景は，ダイエットブームがあげられる（生野，
2008）。本人の特性としては，低い自己評価があげられる（青木，1996）。体重を
コントロールできることで，達成感を得て，人とは違う優れた自己イメージを保
とうとする。家族関係では，父親役割が不在のなか，親の不満の受け皿として，
あるいは親の願望を映す鏡として，「よい子」でいた者が多いとする説がある（下
坂，1999）。そのため，自己評価が不安定になり，本来の自分が何を求め，何を感じ
ているかがわからなくなるという。

　発症の契機はさまざまで，思春期から始まることが多い。それは，自分の体型に
目が向きやすくなることや，これまでの「よい子」である基準が揺らいでくること
や，親離れの入り口に立つ時期で不安定になりがちなことが関係している。また，
女性として成熟したくない思いが，拒食につながることがある。他には，友達との
ダイエット競争や，部活等での挫折体験，親しくしていた人と別れるといったこと
などが契機にある。競争関係が契機だと，人と比べて優れていないと関心を向けて
もらえないと思っていたり，劣等感が強いことが多い。大事な関係で別れを経験し
たことが契機だと，喪失感を抱えきれず，対人関係でなかなか安心できないのかも
しれない。摂食障害から回復するには，まずは身体面の健康を管理し，それに伴っ
て情緒面の成長が鍵となる。

　一般に，拒食症は病気の自覚がなく，活発でいることが多い。一方で，過食は，
むちゃ食いをしたくないのにしてしまうという困りをもっているので，援助を求
めやすい（切池，2010）。摂食障害にかかる人は，依存して守ってもらいたいと
思っていても，相手を信頼できる安定した力が育っていないことが多い（青木，
1996）。たとえば，「人に依存すると，自分を完璧にコントロールできなくなる」と
いう思いや，「相手に嫌われないようにすることで必死」という思いがある。その
ため，自発的に援助を求め，治療を継続することが難しくなる。それでは，周囲が
摂食障害に気づくサインに，どのようなものがあるだろうか。拒食症であれば，著
しい痩せが見られ，血圧が低く，低体温，無月経といった身体的特徴がある。学校

の教員から見て，生徒の拒食症が疑われる場合は，定期的に保健室で身体面のフォローをしていくと，医療機関につなぐ時期の目安にもなる（高宮，2010）。過食嘔吐は，手に吐きダコがあったり，冷蔵庫の中の食べ物が夜の間になくなっていることがある。家族が本人の食生活の異変に気づいた場合，身体へのケアを優先させ，医療機関を訪ねることが勧められる。

　回復の過程は，一直線ではない。拒食も過食も，本人には存在感を得るための拠り所であり，ときには勝利感も味わえる，生き方の一面である（下坂，2001）。この生き方を手放していくなかで，孤独感，惨めな自己イメージ，無力感に目が向き，治りかけては拒食と過食を繰り返すことがある。この過程を支えてくれるものは，自分をとりまく大人たちの関係が信頼できると感じられるような環境である。そのため，家族と学校と医療がともに協力できることが望ましい。学校では友人関係で孤立したり，授業に出られない可能性がある。家では，親への過度な要求と，食事をめぐる攻防で，親が疲弊することもある。さらには，万引きや自傷行為等の問題が出ることがある。これは，正当に関心を向けられ正当に保護されたいと願っていても，自分が何を求めているかがわからず，違った形で表現されているのかもしれない。本当に欲しい愛情と保護が適切に得られないことは，摂食障害の人がもつ困りである。逸脱行動に歯止めをかけることは，本人を守ることを意味する。無理に頑張ることだけを評価せず，気持ちに目が向けられ，上手に頼ることを体験的に学べる環境が必要である。

引用文献

青木紀久代　1996　拒食と過食―心の問題へのアプローチ―　サイエンス社　61-65, 96.
切池信夫　2010　摂食障害とは　こころのりんしょう［特集］摂食障害，**29**（3），356.
下坂幸三　1999　拒食と過食の心理　岩波書店　221-230, 170-190.
下坂幸三　2001　摂食障害治療のこつ　金剛出版　148-152.
生野照子　2008　予防の視点―健康なダイエットと病的なダイエット―　臨床精神医学，**37**（11），1413.
高宮静男　2010　Q&A集　こころのりんしょう［特集］摂食障害，**29**（3），340.

（服部晴希）

◆·◆·◆·◆·◆·◆·◆·◆·◆ 第 6 章 ◆·◆·◆·◆·◆·◆·◆·◆·◆

子どもの精神医学と薬

▐ 1　はじめに

　現在，精神疾患は一定の診断基準に基づいて診断されており，一般に米国精神医学会の DSM-5（APA, 2013）や世界保健機関の ICD-10（WHO, 1994）が用いられる。これらの診断基準では，記載された症状が一定数揃うことが診断要件とされ，誘因や症状形成メカニズム，患者の人格などは基本的に考慮されない。DSM-5 では DSM-Ⅳ-TR での多軸診断を行わず，各診断を併記しながら心理社会的要因と状況的要因は別に記載するとしている。子どもの臨床では，さらに広く本人の精神発達や環境の評価まで含めた総合的な見方が必要である。

　子どもの精神医学（児童精神医学）がカバーする領域は，狭義の精神疾患にとどまらず，各年代における精神発達の諸問題や母子関係，社会的問題などを含む広範囲に及んでいる。またその研究手法も，疫学的，生物学的，神経心理学的，精神療法的など多岐にわたっている。

　教育臨床に児童精神医学が果たす役割は，子どもの評価（見立て，アセスメント）における一つの視点を提供することであろう。子どもが示す種々の行動や反応へ適切に対応するためには，適切な評価をすることが不可欠である。その際，それが身体疾患や精神疾患の一症状ではないかを最初に検討することが重要であり，何らかの基礎疾患が疑われれば速やかに医療機関との連携を図ることが望ましい。そしてその疾患の特徴や重症度に応じた教育的関わりが求められる（第 2 部第 3 章を参照）。

　本章では，最初に事例を通じて子どもの総合的評価と児童精神医学の役割を考え，次に代表的精神疾患をいくつか紹介し，最後に治療法の一つである薬物療法について概説する。疾患の詳細については成書（Goodman, 2005 など）を

186 第3部 教育臨床の諸問題

参照されたい。なお，事例は本質を損なわない範囲で改変している。また便宜
上，保護者あるいは養育者を親と表記している。

2 子どもの総合的評価

本事例に適切に関わるには，子どもをどのように理解したらよいだろうか。

> **事例**
> 　15歳，男子。起床困難と不登校を主訴に母親に連れられて受診した。
> 診察中，些細なことを契機に母子で激しい口論となり，母親に皮下出血
> が複数あるなど母親への暴力が明らかとなった。一方で機嫌の良いとき
> は母親にベタベタと甘えてくることも多かった。本人の話では，両親の
> しつけは厳しく体罰を伴うこともあった。成育歴・発達歴から，幼小児
> 期からの多動性，衝動性，攻撃性，不注意などが明らかとなった。

筆者は学校教員らとの事例検討会を継続するなかで，齊藤（2007）が提唱し
た不登校の多軸評価をもとに，総合的評価（表3-6-1）を試みてきた。この中
で精神疾患は第1軸，第2軸に分類される。本書に記載された発達の評価や情
緒の評価は第2，3軸の評価を行う際に参考になると思われる。
　本事例では，基盤にある注意欠如・多動症（ADHD）が見逃されてきたこ
と（第2軸），そのために両親や学校が不適切な関わりを続けてきたこと（第
4軸），アタッチメント（愛着）形成が不十分なまま思春期での両価性が亢進し

表3-6-1　子どもの総合的評価（多軸評価）

第1軸	**背景疾患の評価** 身体疾患および発達障害以外の精神疾患を評価する
第2軸	**発達障害の評価** 知的水準の評価を含む
第3軸	**情緒的発達の評価** Erikson の発達課題や Bros の青年期論などを参照する
第4軸	**環境の評価** 家族，学校，仲間集団，地域について評価する
第5軸	**緊急度の評価** 問題水準と保護機能のバランスを考慮して判定する

第6章　子どもの精神医学と薬　**187**

家庭内暴力に至ったこと（第1，3軸），暴力は重大な精神疾患によるものではないこと（第1軸），仲間関係をうまく構築できずに不登校に至ったこと（第1，3，4軸），などを評価することが必要である。その結果として，両親や学校にADHD，思春期心性，仲間集団との関係について心理教育をすることが重要な介入であることがわかる。また本人とこれまでの歴史を振り返りながら，本人の思いや感情を共有し，必要な場合には薬物療法も行いながら，将来の夢や希望をイメージしていくことが望ましい。

3　子どもで見られる精神疾患

子どもではどのような精神疾患が認められるのだろうか。表3-6-2にDSM-5の大分類を示す。この中で神経認知障害群とパーソナリティ障害は定義上子どもに診断することはなく，性機能不全群や物質関連障害および嗜癖性障害群，医薬品誘発性運動症群も稀である。今後の研究のための病態としてイ

表3-6-2　精神疾患の分類（DSM-5大分類）（APA, 2013）

1. 神経発達症群
2. 統合失調症スペクトラム障害および他の精神病性障害群
3. 双極性障害および関連障害群
4. 抑うつ障害群
5. 不安症群
6. 強迫症および関連症群
7. 心的外傷およびストレス因関連障害群
8. 解離症群
9. 身体症状症および関連症群
10. 食行動障害および摂食障害群
11. 排泄症群
12. 睡眠 - 覚醒障害群
13. 性機能不全群
14. 性別違和
15. 秩序破壊的・衝動制御・素行症群
16. 物質関連障害および嗜癖性障害群
17. 神経認知障害群
18. パーソナリティ障害群
19. パラフィリア障害群
20. 他の精神疾患群
21. 医薬因誘発性運動症群および他の医薬品有害作用
22. 臨床的関与の対象となることのある他の状態

ンターネットゲーム障害があげられており，インターネット関連の診断が加わる可能性が示唆されている。上記以外の疾患はすべて，高校生以下の子どもが罹患する可能性があることに留意すべきである。なお発達障害は神経発達症群としてまとめられた。ここでは発達障害以外の代表的疾患をいくつか概説する（国立特殊教育総合研究所，2006）。

■ 1）不安症群および強迫症

（1）全般性不安症

　この特徴は日常生活の多数の出来事や活動に対する制御不能な過度の心配や不安である。落ち着きのなさや緊張感，集中困難，イライラ感といった精神症状や，易疲労感，睡眠障害，頭痛，動悸，息苦しさ，下痢などの身体症状を伴う。将来の出来事についての非現実的な心配が共通してみられる不安で，一般的に年長者がより多くの症状を示す。3ヶ月有病率は0.8〜2.4％と報告されており（Dulcan, 2006），分離不安症より年長者に多く，女子に多くみられる。この障害をもつ子どもは，もともと神経質で不安をもちやすく，自信がもてずに他者に従順な傾向がある。同時に完全主義で，完璧でない行為について過度の不満を感じる傾向も併せもつ。

　適切な環境調整と，支持的な精神療法により次第に自信をもてるようにする。認知行動療法や遊戯療法も有効な治療技法である。薬物療法では抗不安薬や選択的セロトニン再取り込み阻害薬（SSRI）などの抗うつ薬が使用されるが，薬物単独では効果が不十分な場合が多い。

（2）社交不安症

　基本的特徴は，よく知らない人の前に出るような社会的状況に対する顕著で持続的な恐れである。そうした状況に曝されると，泣く，かんしゃく，立ちすくみのような不安反応が誘発される。動悸や発汗，手のふるえ，下痢，顔のほてりといった身体症状を伴うことも多く，緘黙を認める場合もある。

　近年の疫学調査では，児童思春期での有病率は5〜15％である（Dulcan, 2006）。強いストレス体験や恥をかくような体験に引き続いて突然生じることもあり，潜在的に徐々に発症することもある。持続的な経過をたどることが多いとされる。

　治療に関しては，抗不安薬や抗うつ薬を中心とした薬物療法と認知行動療法

が行われている。不安から生じる身体症状を緩和するために，自律訓練や筋弛緩法などのリラクセーションを併用することも有用である。

(3) 分離不安症

　分離不安は，子どもが親，特に母親から離れるときに示す不安一般を意味し，それ自体は病的ではない。何らかの社会機能障害を生じる場合に診断される。基本的特徴は，家や親から離れることに対する過剰な不安で，常に母親を追い求めたり外出困難になる。年少者の不登校では，大なり小なりこの分離不安障害が関与する。分離の場面に直面すると，頭痛や腹痛，吐き気といった身体症状が出現することもある。3ヶ月有病率は，1.0～4.3%と報告されているが（Dulcan, 2006），小児期から青年期にかけて有病率は減少する。

　治療では，親が疾患について理解し，子どもに対して十分な安心感を供給できるようにガイダンスすることが重要である。親は自分の養育に問題がなかったかと自責的になることも多い。また時には，親が不安定で，意識的あるいは無意識的に子どもと密着する場合もある。親の気持ちを十分に汲みながら，不安への適切な対応方法を伝えることが必要である。症状が強い時はSSRIなどの薬物療法も行う。

(4) 強迫症

　強迫は不安に対する防衛の1形態であり，真面目あるいは几帳面という側面は適応的に機能することが多い。強迫症では，自分の意思に反してある考えが執拗に心に浮かんできたり（強迫観念），ある行為を繰り返さないと気がすまない（強迫行為）ために日常生活に支障をきたす。前思春期である小学校高学年頃から発症頻度が増加する。年少者の場合，家族に強迫行為を肩代わりさせる「巻き込み」を示す割合が高いことが特徴である。

　治療ではSSRIとクロミプラミンという抗うつ薬の有効性が確立されている。そして恐怖刺激に暴露させ，その後の強迫行為をがまんさせる認知行動療法（暴露反応妨害法）との併用が有効である。

■ 2）適応障害

　基本的特徴は，明確な契機（ストレッサー）に対して不適応状態が生じたもので，著しい情緒的または行動的症状が出現する。ストレッサーは単一の場合

190 第3部 教育臨床の諸問題

も複合的な場合もあり，反復や持続する場合もある。そしてストレス状態開始後3ヶ月以内に出現し，ストレス状態が終結すれば6ヶ月以内に消失すると定義されている。思春期では問題行動で反応する場合も多く注意を要する。

治療では，ストレッサーを同定し，その除去や改善が可能かどうかを検討するが，原因にこだわり過ぎない方が治療的なことも多い。本人がもつストレス対処能力を高めることが重要である。過去の対処法や利用可能な社会資源，支援者の有無などをチェックし，改善点を検討する。一時的にストレス状況下を離れて休養することが対処能力の回復に寄与することもある。短期間の対症療法的な薬物療法も有効で，特に不安や抑うつ感，不眠などは薬物で症状緩和を図ることも回復に役立つ。

■ 3）転換症と解離症

かつてヒステリーと呼ばれ，誤解も多い疾患である。現在は，転換と解離という二つの概念で理解され，子どもに比較的多くみられる。

（1）転換症

基本症状は，運動機能あるいは感覚機能に影響を及ぼす症状が存在していること，あるいはそれらの機能に何らかの欠陥があることである。失立失歩，失声，喉の閉塞感，手足の感覚麻痺などが生じる。この症状や欠陥に心理的要因が関与していると考えられる。転換という言葉は，見出される身体症状が無意識的な心理的葛藤の「解決」として機能し，そのことで不安を減少させているという仮説に由来する。診断には身体疾患の除外が必須で，詳しく状況を聞いて判断することが大切である。

身体症状に対しては意図的な無視をすることが治療的である。そして真の課題である悩みの解決を探すことが重要になる。無意識的な心理的要因を明らかにするより，現実的な問題解決を話していった方が効果的な場合も多いと感じている。年少児などは遊戯療法などの非言語的治療方法が選択される。薬物療法はあくまで補助手段である。転換性障害の子どもにも当然何らかの身体疾患が発症しうるため，常に一定の身体チェックは必要である。

（2）解離症

解離とは，感情や記憶，意思の同一性が失われた状態で，記憶がない（健忘）

という訴えで気づかれることが多い。被虐待児などにみられる多重人格も，現在は解離性同一性障害としてこの中に含まれている。解離は未熟な防衛機制と考えられており，本人が危機的状態にあり，かつそれを直視できないほど追いつめられた結果として，一時的に記憶や感情を切り離したと解釈できる。

　治療では，解離自体を問題にするのではなく，背後にある危機的状態の解決が重要である。本人に十分な保証と自信を与えながら，問題解決に向き合えるように支援する。

■ 4）気分障害

　従来気分障害とされていたものの代表的疾患に，うつ病や躁うつ病（双極性障害），より軽度の抑うつ状態が慢性的に持続する気分変調症がある。

(1) うつ病

　基本的特徴は，抑うつ気分（あるいはイライラ感）と興味・喜びの低下，さらに体重減少（あるいは増加），睡眠の障害，焦燥感，疲れやすさ，気力の減退，罪責感，集中力の減退，死についての反復思考などが2週間持続することである。思春期では抑うつ症状が反社会的な行動で表現される場合がある。有病率は児童で2.0%程度，思春期になると4.0〜8.0%と報告されている（Birmaher, 1996）。児童では男女ほぼ同数で，思春期になると女子に多くなる。

　抑うつ状態と思われた場合，自殺願望の有無の確認が必須である。「消えたい気持ちはないか」「死ねたら楽と思ったことはないか」など表現を変えながら質問する。認められれば緊急に医療機関受診とする。

　治療は休養と薬物療法が主体である。薬物療法では，SSRI が第一選択薬であり，必要に応じて睡眠導入剤や抗不安薬を併用する。子どもでは心理社会的要因の関与も大きいため，家族への心理教育や家族療法，学校を含めた環境調整，子ども自身への支持的関わりなどの精神療法的アプローチが不可欠である。再発率が高いため，回復後も少なくとも1年間はフォローする。

(2) 躁うつ病（双極性障害）

　近年，子どもの双極性障害が注目されている。抑うつ状態の子どもの治療において，快活で活動性が高く，社会機能に大きな支障を生じていない軽躁状態（軽躁病エピソード）を見逃さないことの重要性が指摘されている。双極性障

害の場合には，抑うつ状態でも気分安定薬の投与が望ましい。近年，双極性の概念が拡大していることから，今後さらに診断が増える可能性がある。

(3) 気分変調症

　慢性的抑うつ気分あるいは苛立たしさが1年の半分以上で持続的に認められ，さらにうつ病の症状のいくつかを伴うことが基本的特徴である。症状自体はうつ病より軽度であることが多いものの，慢性的経過をたどるために心理社会的障害は必ずしも軽度とはいえない。有病率は，児童では0.6％から1.7％，思春期年代で1.6％から8.0％と推定されている（Birmaher, 1996）。

■ 5) 統合失調症

　統合失調症の基本症状には，幻覚や妄想などの陽性症状と，感情の鈍麻，意欲低下（無為），自閉，無関心などの陰性症状がある。有病率は0.3〜0.7％で（APA, 2013），好発年齢は10代後半から30代半ばだが，中学校年代から次第に増加する。抑うつ症状や強迫症状が初発症状であることも多く，また不登校からひきこもりの生活になった子どもが間もなく統合失調症を発症したという例もある。

　治療は抗精神病薬が必須で，早急な受診が不可欠である。一般的に陽性症状の方が薬物に反応しやすく，比較的短期間で症状が治まることが多い。陽性症状の改善後，一時的に過眠になり活動性が低下する時期（消耗期）があり，その後徐々に回復する（回復期）傾向がある。少しずつ行動を促し，活動レベルを維持していくことが大切だが，負荷量については医療機関と協議する。

▋ 4　薬物療法

　薬物療法は重要な治療技法の一つであるが，その必要性や意味は疾患ごとに異なる。統合失調症のように疾患の本態に作用する治療から，身体症状の緩和のような対症療法までさまざまである。表3-6-3に主要な薬物について効果と標的症状をまとめた。

　精神科領域での薬物使用には誤解があると思われる。一つは「脳・精神への作用」への怖れであり，次に万能思想ともいえる「薬を飲めば治る」という考

えである。脳への影響について完全に保証することは困難であり，長期的影響は不確実である。しかし年余にわたる薬物投与が行われるのは比較的例外であり，また薬物による症状改善により得られる社会経験やQOL（生活の質）の改善が子どもの成長・発達に寄与する意義を考慮することも重要である。

　薬への万能思想は明らかに誤った考えであり，薬物療法を行う場合，個々の薬物について標的症状を具体的に設定することが重要であることを理解してもらう必要がある。標的症状に対する効果以外の作用は副作用であり，副作用が治療的に働く場合もあれば有害反応として表出される場合もある。

　現在，厚生労働省が小児での有効性・安全性を認めた精神科の薬物は徐々に増加してきているが，種々の研究成果や臨床経験に基づき，親の同意を得て主治医判断で使用しているのがまだ多数である。また厚生労働省が認めた効能とは異なる効果を期待して使用することも多い。たとえば向精神薬をイライラ感や攻撃性の軽減目的に用いることは一般的である。したがって，どのような目的で何を標的症状としているかを確認しながら治療にあたっている。

　精神科領域では，有害反応の出現を抑える目的と必要最小限の投与量とする

表 3-6-3　主要な薬物の効果と標的症状

薬物	効果	標的症状など
向精神薬	鎮静作用 催眠作用 抗不安作用	イライラ感 攻撃性，衝動性 自傷行為 チック（第一選択薬）
抗うつ薬	抗うつ作用 抗不安作用 催眠作用	抑うつ症状 不安症状 強迫症状・恐怖症状 不眠
抗不安薬	抗不安作用 催眠作用	抗不安作用 心身症の緊張緩和 不眠
気分安定薬 （抗てんかん薬とリチウム）	気分安定作用 抗てんかん作用	抗躁作用 抗けいれん作用 衝動性，攻撃性
中枢神経刺激薬	ドパミン神経・ノルアド レナリン神経賦活作用	多動性，衝動性 不注意

ために投与量を漸増することが多い。ベストな状態は，効果が十分で有害反応がまったくない状態である。効果，有害反応ともに認められない場合には投与量が不十分な可能性があり，十分量まで増量することが望ましい。また効果出現まで時間のかかる薬物が多いことから，「効かない」とすぐに中断することのないように服薬指導を行う。十分な効果判定まで数週間を要することもある。

研究や臨床経験で投与薬物を決定するが，薬物と患者には相性があり，効果，有害反応とも個人差が多い。また服薬が指示どおりに行われなかった結果として有害反応がみられることもある。

こうした事情を考えると，効果や有害反応の疑問が生じた場合，速やかに主治医に確認することが重要である。緊急に対応すべき有害反応は二つあり，一つは，急な高熱，関節の動きが固くなる，手が震える，意識消失などが複合して出現する場合である。第二に目や口の中，顔面が腫れる，むくむ症状や水疱形成が進行してきた場合であり，いずれもすぐに主治医に連絡する必要がある。

薬物療法は万能ではないが，重要な治療技法であり，十分な連携と注意深い使用により子どもの症状改善と社会機能回復に有効である。

引用文献

American Psychiatric Association 2013 *Diagnostic and Statistical Manual of Mental Disorders*, 54th ed. Washington, D.C.: American Psychiatric Association.

Birmaher, B., Ryan, N. D., Williamson, D. E., et al. 1996 Childhood and adolescent depression: A review of the past ten years, Part I. *Journal of American Academy of Child and Adolescent Psychiatry*, **35**, 1427-1439.

Connor, D. F., & Meltzer, B. M. 2006 *Pediatric psychopharmacology fast facts*. New York: W. W. Norton.

Dulcan, M. K., & Wiener, J. M. 2006 *Essentials of child and adolescent psychiatry*. Washington, D.C.: American Psychiatric Association.

Goodman, R., & Scott, S. 2005 *Child psychiatry*. 2nd ed. Blackwell.（氏家 武・原田 謙・吉田敬子（監訳） 2010 必携児童精神医学 岩崎学術出版）

国立特殊教育総合研究所 2006 慢性疾患，心身症，情緒及び行動の障害を伴う不登校の経験のある子どもの教育支援に関するガイドブック 国立特殊教育総合研究所

齊藤万比古 2007 不登校対応ガイドブック 中山書店

World Health Organization 1994 *International classification of diseases*. 10th ed. World Health Organization.

推薦図書

市川宏伸（監修） 2004 子どもの心の病気がわかる本 講談社

滝川一廣 2017 子どものための精神医学 医学書院

（清田晃生）

第7章

学校の危機管理・危機対応

1　学校の危機管理・危機対応の必要性

　近年の日本社会では，児童生徒の自殺（いじめによる自殺も含む），教師の自殺など突然の死，教師の不祥事の発覚，学校の管理外の事件・事故による児童生徒の死傷（性犯罪や交通事故に巻き込まれる，水難など），児童生徒による殺傷事件，学校管理下における事件・事故による児童生徒の死傷，家庭や地域で生じた殺傷事件（自殺や殺人の目撃，きょうだいの虐待による死亡など），地震・津波・水害・噴火などによる自然災害，原発の爆発と放射性物質汚染などの人災，児童生徒の親の自殺や交通事故死など，命や安全な生活が脅かされるような事態が数多く発生している。そのような事件・事故や災害に接して，強い衝撃や不安・緊張を受けた場合，その後の心身の調子に影響を与え，さらにはその後の成長や発達に大きな障害となることが明らかにされつつある。したがって，学校の常日頃からの危機管理や危機対応の重要性や，「児童生徒への心のケア」の必要性が叫ばれている。

　また，そのような事件・事故や災害など，児童生徒や学校全体を巻き込む突発的で衝撃的な出来事が生じることによって，学校コミュニティ全体が機能不全に陥ることを，「学校コミュニティの危機」と呼ぶ（窪田ら，2005）。さらには，危機対応に追われる教職員にも「惨事ストレス」が発生することも明らかになっており「教職員の心のケア」も必要となってくる。

　これまでに，学校や児童生徒が体験してきた痛みや苦しみ・悲しみ，その後の危機対応や継続的支援から多くの教訓を得て，平成22（2010）年7月に文部科学省が「子どもの心のケアのために―災害や事件・事故発生時を中心に―」というマニュアルを作成した。その後，平成23年（2011）年3月11日に，東

196　第 3 部　教育臨床の諸問題

日本大震災が発生し，その後も，自然災害は，日本各地で猛威をふるい続けており，子どものみならず，コミュニティや日本社会を脅かし続けている。災害後の子どもに生じる様々な問題の調査を実施したうえで，文部科学省は平成 26 年（2014）3 月に「学校における子供のこころのケア―サインを見逃さないために―」を作成した。学校現場における必携書である。

2　学校コミュニティの危機の際の反応

1）個人レベルのストレス反応

　危機的な出来事を体験すると，児童生徒は心（感情）の症状と身体の症状の両方を表しやすい。症状は，出来事の種類・内容・ストレスを受けてからの時期によって変化する。強い恐怖を伴う事件・事故の場合には，恐怖・不安が強く生じ，身近な人の死などの喪失体験の場合には，悲しみ・無力感・自責感などが強くなる。情緒不安定や体調不良，筋緊張による身体の痛み，睡眠障害などは，年齢に関係なく発生し，また発達段階によって異なる症状がみられる。

　幼稚園から小学校低学年までは，現実的に何がどのようになったのか理解しにくいという認知発達的な特徴もあり，腹痛，嘔吐，食欲不振，頭痛などの身体症状が現れやすく，恐怖心を訴えることなく，興奮，混乱などの情緒不安定が現れやすい。また，行動上の問題としては，落ち着きがない，親へのしがみつき，これまで楽しんでいたことを楽しめなくなるなどの症状が現れやすい。

　小学校高学年以上になると（中学生や高校生も含む），身体症状とともに，元気がなくなりうつ様の状態になってひきこもる，ささいなことで驚く，夜間に何度も目が覚めるなどの症状が現れるようになり，大人の急性ストレス障害と同じような症状が現れやすくなる。「急性ストレス障害」（Acute Stress Disorder ;ASD）とは，「再体験症状」「回避症状」「覚醒亢進症状」を中心とした症状である。これらは，異常な体験をしたときに発生する正常な反応であり，ストレス体験の 4 週間以内に現れ，2 日以上 4 週間以内持続した場合に，そのように呼ぶ。このような反応が 4 週間以上持続した場合は，「外傷後ストレス障害」（Posttraumatic Stress Disorder ; PTSD）と呼ぶ（日本精神神経学会，2014）。

第7章 学校の危機管理・危機対応　　197

　発達障害の子どもや，身体的な病気・障害をもつ子ども，さらにはアレルギーを持つ子どもなどに対しては，事件・事故，災害時には，一層の配慮が必要となる。

　児童生徒だけではなく，学校関係者（教職員や管理職）や保護者も，急性ストレス反応や外傷後ストレス障害を発生する可能性がある。特に，大人では，認知面の反応（記憶の障害，集中力の障害，思考能力の低下，決断力の低下，判断力の低下，問題解決能力の低下など）も生じさせやすい。学校の管理職や教職員がこのような反応を強く起こすと，事件・事故後の対応をスムーズに行うことができず，学校の危機・混乱を長期化させることになりかねない。また保護者が混乱した状態であると，子どもへのマイナスの影響は大きくなる。

■ 2) 学校（集団・組織）レベルの反応

　事件・事故や災害などの危機的な出来事を体験すると，学校（集団・組織）レベルでは，「人間関係の対立」「情報の混乱」「問題解決システムの機能不全」といった状態を生じさせる（窪田ら，2005）。

　個々人が危機的な出来事によりゆとりをなくしており，自分と異なった反応をしている人を受け入れることができなかったり，排除したり，攻撃してしまうことも発生し，対人関係の対立を生みやすくなったり，もともとあった対人関係の対立を顕在化する。さらには，事件・事故の責任を他者に転嫁し，批判・攻撃が始まり，対立が悪化することがある。

　また，情報の混乱が発生し，必要な情報が伝わらないだけではなく，誤情報が流れて，不安と混乱・憶測などを助長させることがある。それらが，さらに二次被害などを発生させていくことにもなる。危機的な場面では，毅然とした対応と同時に，必要な情報は文章化して教職員や保護者とも情報共有し，ずれを防ぐことが必要となる。

　さらに，問題解決システムの機能不全が発生する可能性がある。学校での意思決定は，通常は職員会議で行われるが，危機的事態では即座の判断と決定が求められ，通常のシステムでは対処できない。適切な時期に適切な対応を行うことによって，大半の健康な児童生徒の反応は収束可能であるのにもかかわらず，不適切・不十分な危機対応しかできなくなり，ストレス反応の緩和・低減

198 第3部 教育臨床の諸問題

や安心・安全な日常性の取り戻しが一層遅れていくという悪循環に陥ることとなる。

3 危機介入・緊急支援と危機対応

1) 危機介入の実際（事例）

　児童生徒や学校が危機事態になり，大きくダメージを受け，機能マヒが発生している際に，個人や学校が適応でき危機対応できる水準まで機能回復することを助けることを「危機介入」という。そのような初期における危機介入・緊急支援を行うチーム（CRT: Crisis Response Team 緊急支援チーム）が，活動実績をもっている。大分県では，大分県の職員とボランティア（臨床心理士，保健師，精神科医など）から構成されたメンバーが，大分県教育委員会と連携しながら，学校コミュニティと児童生徒への緊急支援に3日間入り，そのあとは，学校の管理職・教職員，スクールカウンセラー，教育委員会などが継続的な危機対応をしていくという流れになっている。架空の事例を以下に提示する。

事例：登校時の交通事故

　Aさんは，ある日曜日，朝9時から始まるサッカー部の練習に参加するためヘルメットをかぶり自転車で登校していた。横断歩道の手前で停止し，同部のBさん・Cさんと話していたところ，自動車が突入してきてはねられ，Aさんは即死，Bさんは意識不明の重体，Cさんは膝と肘の擦り傷の軽症となった。目撃したDさんが中学校の顧問に事故を伝えた。

　①初期対応

【1日目】

　顧問が現場に駆けつけたときには，警察による現場検証が始まっていた。顧問は，警察からそれぞれの搬送先を確認し，校長に連絡を入れ，Aさんが搬送された病院に急行した。校長は，教頭に連絡を入れ，早急に3名の保護者に搬送先を伝え，被害生徒の担任は病院へ急行するように伝えた。また，全教職員およびスクールカウンセラー（以下 SC と記す）の招集を行い 11 時に教職員会議を実施すること，本日の全部活動の中止，各顧問が帰宅を促す際に，生徒が事故現場を通らずに帰宅できるように

声掛けを行うよう指示した。サッカー部の残った生徒には，活動中のテニス部の顧問があわせて連絡をするよう指示し，様子が心配な生徒がいたら，保健室を利用し，保護者に迎えに来てもらうよう指示した。校長は，市と県の教育委員会に事故の報告を行い，職員の派遣を依頼した。また，教頭に県の CRT に派遣依頼を行うよう指示した。顧問と校長は被害生徒が搬送された病院を行き来し，事態を見守った。教頭は上記任務終了後，事故現場に駆けつけ，警察と連携しながら事故の発生・概要について情報を収集し，D さんの担任を急行させ，事情聴取が終わるまで D さんとその保護者のそばにいるよう指示し，学校に戻った。記者が次々と来校していたため，校長と相談し，現状説明（記者会見）を 16 時に公民館で開催することを決め，記者クラブに開催の時間と場所を連絡し，敷地内からの退去を願った。教頭は他の教職員とともに現場にいる各担任と連絡を取り合い，怪我や事故の情報を収集し，遅れてきた教職員が同じ情報を確認できるよう事故の概要と発生後の対応，収集した情報について，いつ，どこで，誰が何をしたのかがわかるように模造紙に記入した。生徒や保護者，記者の目に触れないよう職員室はカーテンで遮蔽した。校長は 13 時に PTA 役員会を開催することを決め，教頭が役員に連絡した。1 時間ほどして，県・市教育委員会，CRT が次々と到着し，これまでの情報を共有する会議をもった。11 時に教職員会議を開き，集まった教職員に事故発生の時間，場所，死傷者数と名前，状況，これまでの対応について報告があり，情報の共有がなされた。事故の概要については警察発表だけを確かな情報として扱い，情報が錯綜・混乱しないよう配慮することを確認した。当面は，①遺族，被害生徒，その家族の気持ちに寄り沿うこと，②心のケア（生徒，保護者，教職員）をしながら，③学校の日常活動を回復することを方針とした。教育委員会の派遣職員と CRT の紹介があり，CRT の隊員より教職員への心理教育がなされ紙面が配布された。明日は休校せず，1 限時に生徒に事故の説明と心のケアを行うこと，当面登校時には現場となった通学路に教員が立つこと，部活は葬儀まで自粛し，平日は行うものの日曜は当面自粛，火曜日の遠足は延期，授業内容も「命」等に触れすぎないか学年会で検討することとした。その後，今日の予定（13 時 PTA 役員会，14 時学年会，15 時教職員会議，16 時記者会見，サッカー部生徒の心理教育，17 時サッカー部保護者会，18 時全体

の保護者会，20時教職員会議）について説明があり，教職員の役割分担（保護者班，報道対応班，警察対応班，通学路安全班，ケア班，電話対応班，情報班）を行った。職員会議終了後，校長は被害生徒の担任とともに再び搬送先や家庭を訪問し，他の生徒や保護者，報道関係者に事実を伝えることについて了解を得，それぞれに伝える具体的な内容についても了解を得た。また，遺族に通夜や葬儀に教職員や子ども，保護者の参列について意向を伺った。その結果，葬儀はクラスメイトとサッカー部で希望する生徒が参列し（参列できない生徒は教室でお別れをする），通夜は，保護者の同伴のもと希望する生徒が参列することとなった。校長は13時には学校に戻り，PTA役員に事故の発生と学校のこれまでの対応，今後の見解や方針について説明を行った。一方，被害生徒以外の生徒に対しては，職員会議終了後，各担任（副担任）が電話を入れ，生徒に様子を尋ね，明日の1限がHRとなり，その際に説明すること，誰かに話したい気持ちがあれば学校に心の相談員がいるので今からでも利用してよいこと，今夜，保護者会が開かれることを伝え，保護者に交代してもらった。保護者にも子どもの様子を尋ね，急ではあるが夜に説明会が開催され，その場で生徒の心のケアについても話があること，明日は休校ではなく平常どおりであることが伝えられた。14時の学年会にて，電話から把握された事故後に搬送される様子を目撃した生徒や事故現場を見た生徒等が報告され，事故現場を通学路としている生徒等影響が大きいと思われる生徒の把握を行った。CRTも同席し，教員と相談を促す生徒について合意する作業を通して，教員の不安や考えを表明できる時間が得られた。15時の教職員会議では，被害生徒の家族の意向が伝えられ，記者会見や保護者会の配布資料（心理教育，相談体制等）や会場設営等の資料が配布された。16時の記者会見には，CRTも同行し，校長からの説明後，CRTより心のケアについて説明を行った。同時刻にサッカー部の生徒は，顧問より事故の説明，被害生徒の様子が伝えられ，Aさんの遺族はAさんの分も勉強や部活に一生懸命取り組んで欲しいと思われていることを伝えた。その後，CRTが個別に10分程度の心理教育面接を実施した。保護者に対しても顧問より同様の説明がなされ，今後の部活の方針について話し合いがなされ，CRTより保護者への心理教育が実施された。18時の保護者会では，教育委員会職員やCRTの紹介がなされ，校長からの説

第7章　学校の危機管理・危機対応　201

明と質疑，CRT からの心理教育と質疑，保護者会後の個別相談が行われた。また，欠席した保護者を把握し，配布資料を翌日生徒に持ち帰ってもらうこととした。20 時に教職員会議が開かれ，明日の予定（通学路の安全確保，1 限をホームルームに変更，相談までの流れ，欠席した生徒への対応，通夜の対応，記者会見）が連絡され，CRT より心理教育の進め方が説明された。

【2 日目】

　生徒への伝達は，全校一斉では過換気等の連鎖が考えられるため，より安全であるクラス単位で実施した。まず，校内放送で校長から事故や被害生徒の様子が伝えられ，全校で黙祷を捧げた。校長は遺族の言葉を伝え，辛いながらも日常を続ける学校の方針を伝え，CRT を紹介し悩みを抱え込まず話をするよう伝えた。その後，担任は紙面を用いた心理教育を行い，一人一人の心身の状態を気にかけていること，悲しみへの反応はさまざまであり（気持ちが高ぶる人，何も感じない人，落ち込む人），みんなが異なることを前提に，その人の反応を尊重し，互いを思いやる気持ちをもって過ごすことを伝えた。また，通夜と葬儀の案内を配布するが，参列しなくてもお別れができる旨を伝え，各自の気持ちに委ねること，辛いときには無理をしないよう伝えた。副担任も同席し生徒の様子を観察し，気になる様子を示した生徒に声をかけ相談を促した。個別相談は保健室を待合室にし，空き教室等を用い，4 部屋を設けた。授業中でも一人を付き添わせ，保健室に向かわせた。養護教諭が受付・配室・集計を行い，以前から関わりのある生徒や長期の関わりが必要な場合は，SC が面接を受け持つように配慮された。生徒の様子に応じて保護者に迎えをお願いした。欠席者は担任から電話を入れ，被害体験が重い場合には担任と SC で訪問することとした。HR 後，生徒会役員が集まり，折り鶴を折ることを決定し，全校生徒に周知した。14 時に記者会見を開催し，保護者会での様子や相談を利用した生徒数が報告された。校長は，午前中の相談件数が多かったことから，CRT が引き上げる 4 日目から SC の追加派遣（担当の SC の常時勤務等）を教育委員会に要請した。CRT は顧問や被害生徒の担任等と授業の空き時間や放課後に話ができる時間を設けた。通夜に参加した教職員は，通夜前後は参列生徒の様子を観察し，配慮の必要な生徒の把握を行った。

202　第 3 部　教育臨床の諸問題

【3 日目】
　CRT 隊員より養護教諭やケア班の教員に配慮が必要な生徒の報告が行われた。葬儀に参列できない生徒はクラスで，副担任と出棺の時間に合わせて黙祷を行った。希望者は B さんに手紙を書き，クラスの代表が担任とともに届けた。
　②中期対応
　葬儀の翌日に遺族宅を訪問し学校にある遺品について話し合い，クラスの生徒とも話し合ったうえで，記念になるものを教室に置かせてもらうようお願いし，机は初七日で端に移動し，四十九日で天に昇ったことを受けて教室からなくすこととした。B さんの対応は，警察の被害者支援と連携して行い，学校外の機関との役割分担を行った。SC 派遣の人数や頻度を徐々に元に戻していった。
　③長期対応
　始業式や終業式などの節目に，希望者には手紙を書いてもらい遺族に届けた。加害者の送検や起訴，裁判開始，判決に応じて，生徒の動揺に配慮した。卒業アルバムや卒業式について，生徒や遺族と話し合いをもった。

■ 2) 緊急支援と緊急対応の概要

　事例で提示したように，緊急支援チームによる支援と学校による危機対応は連動・協力して動いていく。まず，緊急支援チームは，学校コミュニティや教職員に対しては，児童生徒に落ち着いて対応できるようになるための体制づくりを支援する。そのために，①危機的状況下で発生しやすいストレス反応と対処方法について情報提供や心理教育を行う，②教職員自身が事件・事故をどのように体験し，現在どのような状態であるかについて表現する機会を，個別・グループなどでもつ，③児童生徒への対応についての研修を行い，教職員間で情報共有を図ったうえでの，クラスや学校での事実報告の仕方や，こころとからだのチェックリストの実施の仕方，個別面談や家庭訪問のもちかたについて理解を図る。また，教職員自身も急性ストレス反応を生じやすいので，そのことへの理解と対応を心がけるように説明する必要もある。
　児童生徒対象には，①クラス集会や全校集会などを開催して事実報告を行う，

②児童生徒の「健康観察」をよく行うとともに，必要に応じて「こころとからだのチェックリスト」を実施する，③クラスの児童生徒に対しては個別面談や家庭訪問を行い，特に気になる子どもは SC につなぐなどを，初期段階で行う，④特に，障害や慢性疾患のある子どもの場合，平常の状況に比べてさまざまな困難がある状況になっている。したがって，不安・恐怖への配慮や，障害特性や症状の悪化に対する十分な配慮が必要となる。

保護者に対しては，緊急保護者会を開催し，校長から文章化した正確な事実報告を行い，学校の取り組みについて説明・報告を行う。さらに，児童生徒が示しやすいストレス反応と家庭での対応について説明・依頼を行う。保護者からの相談を受けやすい体制を整えておき，その情報についても提供する。

特別な配慮が必要ではないかと思われる児童生徒や保護者，教職員については，SC や養護教諭，担当教員，学校医などが窓口となって，医療機関をはじめとした地域の専門機関につなぎ，連携と協働のもとに支援を継続的に行う。

初期の危機対応により，学校が平常の状態で再開されて 1 週間までの危機対応の動きや，6 ヶ月後までの危機対応の動きについては，文部科学省のマニュアル（2010, 2014），静岡大学（2011）「支援者のための災害後のこころのケアハンドブック」などを参照されたい。さらに，事件・事故，災害の 1 年後は「アニバーサリー」となり，いったん収まっていた反応・症状が再燃することがあるが,「心理教育的情報提供」により，混乱や不安感の増大を防ぐことができる。今日の日本社会では，常日頃からの危機管理と，子どもへの防災教育や減災教育（窪田ら，2016）も必要な時代となっている。

引用文献

窪田由紀・向笠章子・林 幹男・浦田英範 2005 学校コミュニティへの緊急支援の手引き 金剛出版
窪田由紀・松本真理子・森田美弥子・名古屋大学こころの減災研究会 2016 災害に備える心理教育―今日からはじめる心の減災― ミネルヴァ書房
文部科学省 2010 子どものこころのケアのために―災害や事件・事故発生時を中心に―
静岡大学 2011 支援者のための災害後のこころのケアハンドブック http://www.shizuoka.ac.jp/info/care_hndbk.pdf

（武内珠美，事例：西村 薫）

コラム4 心身症 ◇◇◇◇◇◇◇◇◇◇◇◇◇◇◇◇◇◇◇◇◇◇◇◇◇◇◇◇

　「最近の子どもたちは覇気がない」などとよくいわれる。なるほど，朝の保健室をのぞくと，「だるい」「あたまが痛い」「おなかが痛い」と訴える子どもたちであふれている。私がスクールカウンセラーとしてかたわらに寄せてもらい「よく来たね」と声をかけると，彼らは登校するまでにこのような体の不調と闘い，行こうか休もうかと逡巡し，大層な努力を払ってここまで来たのだという。登校はしたものの，じっとかがみこんでいる子どもや，ソファーにもたれかかって，ぐったりしているこの子どもたちは，まさに覇気がない状態を呈しているといえよう。また，「熱がある」「眠れていない」「食欲がない」と訴え，実際熱を出したり，ふらふらとして立てなかったりして，登校できない子どもたちもいるのである。子どもたちの保護者は，さまざまな病気の可能性を考え，病院を受診させるが，異常が認められないことが多い。当面の症状に対して薬が処方される場合もあるが，保護者が期待するほど改善される気配がなく，毎日のように，かのような症状を訴え続けることもあり，保護者はお手上げ状態である。当の本人にしてみれば，身体の不調をなかなか理解してもらえず，「気持ちの持ちよう」とさえいわれることがあるという。それでは，この子どもたちは，病気と偽って学業を怠けているのであろうか。私の目には，苦しそうに背中を丸めてひざを抱え込み，長いため息をつき，身体のあちこちを掻き，またある瞬間には顔色を変えてトイレに駆け込む彼らの姿が，重篤な病気を呈しているように映るのである。彼らの一部は，心身症であると思われる。
　心身症とは，「身体疾患の中で，その発症や経過に心理社会的因子が密接に関与し，器質的ないし機能的障害が認められる病態をいう。ただし神経症やうつ病など，他の精神障害に伴う身体症状は除外する」（日本心身医学会，1994）と定義され，病名ではなく病態であるといわれている。心理社会的要因というのは，平たくいえば，子どもを取り巻く環境から受けるストレスのことである。私たちは，常日頃からさまざまなストレスを経験して生活している。ストレスのない生活を送ることは皆無に等しい。ストレスはさまざまな不安や不満，葛藤を呼び起こす。そこで，私たちは生き抜くためにさまざまな防衛手段を用いて，なんとか処理していくのである。しかし，ストレスが非常に強烈なものであったり，長期にわたるものであったり，また複数のものであったりするときに，「もう，これ以上耐えられません」と心が悲鳴を上げ，身体にサインを出すといわれている。このサインに対し，身体面の診察と検査を経て，器質的な身体病変や機能的障害が認められ，それを引き起こしたものがストレスであると明らかにされた場合，心身症と認められる。症状の例として，過敏性腸症候群や胃潰瘍・頭痛・ぜんそく・じんましん・円形脱毛症・頻

尿・めまい・チックなど，消化器から神経まで広範囲にあげられる。

　さて，ではなぜストレスが身体の健康を害するのであろうか。一因として考えられることは，子どもの言語能力がまだ発達の途中であるということである。つまり，子どもは不安や悲しみや恐怖や怒りなどの負の感情を言語化して伝えることが難しく，表情やしぐさ，泣き声など非言語的表現で訴えてくるのであるが，保護者をはじめとする大人たちがそのサインを十分に受け取れないと，次第にその問題を外へ出そうとし，解決の手段として症状を呈するのであると考えられている。もともと，大変まじめで良い子であり，親や先生に心配をかけず，自己犠牲を払い努力家で几帳面な子ども，つまり，過剰に適応する傾向のある子どもが，心身症になりやすいともいわれている。

　心身症の子どもたちへの心理的援助の方法の一つとして，プレイセラピー（ゲーム・箱庭・おもちゃ・描画など）や言語面接などがある（第2部第4章を参照）。子どもたちに関わる者が専門的な知見をもち，理解しようとする姿勢で会い続けていくうちに，子どもたちは安心して自己の内面を絵や遊びに投影して表現し，少しずつではあるが症状が回復していったという事例が，遊戯療法を行う各機関から報告されている。また，保護者や教師など周囲の大人の配慮で，子どもへのストレスがほど良く軽減されたり，環境が整えられることによって，子どもが伸びやかに活動するようになり，いつのまにか元気になっていったという事例もある。症状のみに着眼するのではなく，別の形で繰り返す問題の出し方があることを予想し，将来の自立へ向けた援助，子どもをとりまく家庭，地域社会への支援を構造的に継続的に行うことが必要であろうと考えられる。

引用文献

日本心身医学会教育研修委員会（編）　1994　心身症の新しい診療指針　心身医学, 31, 537-576.

（有馬圭子）

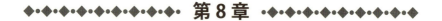

第8章

学習と進路

1 学習の問題への援助
―PASSモデルに基づく支援戦略の基本―

　学習に関する援助を考える際には，認知心理学が最も大きな示唆を与えてくれる。ここでは，K-ABCやDN-CASの理論的基礎（第2部第5章を参照）となっているPASSモデルに基づいた支援を紹介する。しかし，PASSモデルに基づいた支援は，決して学習に関するものに限定されるものではなく，行動面，生活面，社会性においても適用可能である。また，第2部第6章で述べた行動分析学的な支援を検討する際にも，刺激提示（課題提示）の仕方などに重要な示唆を与えてくれる。

　ここでは，継次処理または同時処理に困難を示す場合の支援，プランニングに焦点を当てた支援，注意に困難を示す場合の支援の基本戦略を示し，その具体的な事例を提示する。

1) 継次処理または同時処理に困難を示す場合の支援

　このような場合の解釈と支援方針についてカービィとウィリアムス（Kirby & Williams, 1991）は，以下のように考えている。
　①継次処理または同時処理の潜在能力が低い場合
　その子どもに欠如している認知処理に焦点を当て続けるよりは，得意な処理を用いた指導法（長所活用型指導）を計画する。
　②継次処理または同時処理が本来あるべき水準まで発達させられていない場合；その処理のスキルを改善する方が望ましい。
　③継次処理または同時処理を用いるのが最適な場面でもそれを用いようとし

ない場合

本来，この傾向は能力の欠如（上記①）から生じるのではないが，スキルの水準の低さ（上記②）から生じているのかもしれない。この場合は，スキルの訓練（上記②）とあわせて，方略指導（「プランニングに焦点を当てた支援」を参照のこと）が必要となる。

なお，①の場合は，その子どもに得意な処理があることに気づかせるために，そのことを子どもと一緒に確認したり，子どもにフィードバックしたりすることが必要である。以下，①の例として同時処理に困難を示す小学生への漢字の読み指導（佐藤，2005）を提示する。

■ 2）言語理解（聴覚）が強い小学生への漢字の読み指導

対象の子どもは，通常の学級に在籍し，通級指導を受けている小学6年生の男児（A児）であった。母親からの主訴としては，教科学習を中心に理解が劣るので，知能検査をしてほしいということであった。K-ABCを実施した結果，継次処理尺度94 ± 10（90％信頼水準。以下同様）＞同時処理尺度74 ± 8＞習得度59 ± 6で，数や言語に関する知識・能力の獲得に際して，継次処理能力（機能水準段階（以下同様）「平均の下」〜「平均」）および同時処理能力（「劣っている」〜「平均の下」）を十分に応用していないことが考えられた。しかし，継次処理尺度は，強い下位検査である〈手の動作〉とそれ以外の下位検査に，また同時処理尺度は弱い下位検査とそれ以外の下位検査に分けられることから，プロフィール分析表を用いた解釈から推定されたA児の強い能力である「言語理解（聴覚）」を活用した指導を展開することとした。ただし，「新しいことば（例：固有名詞など）を，なかなか覚えられない」との母親からの情報を考慮し，読み方を強調するのではなく，その読みや漢字の空間構成に関するエピソード的な言語情報を強調した指導が必要であると考えられた。

そこで，以下のような指導法を実施した。まず，A児が唱えカードを読み，指導者は5枚の中から正しい漢字カードを選択した（図3-8-1参照）。その後，指導者は漢字カードと唱えカードをA児の眼前で対提示し，指導者による正しい読み方をA児に模倣させた。次に，指導者が唱えカードを読み，A児が5枚の中から漢字カードを選択した。指導者はその正誤に関するフィードバッ

図3-8-1 絵と唱えことばカード（左）および絵文字と漢字カードの一例
（宮下ら，1992より抜粋）

クを与えた。誤反応の場合は，正しい読み方を教え，その後，漢字カードと唱えカードをA児の眼前で対提示し，指導者による正しい読み方をA児に模倣させた。この結果，指導対象の漢字の読みが獲得された。このような指導法は「漢字カード→漢字の読み」の関係を成立させるために，唱えことばを用いた見本合わせであると考えられ，A児の得意な「言語理解（聴覚）」を活用したものである。ちなみに，同様のカードを用いたとしても，絵文字と漢字カード（図3-8-1参照）における「絵文字」を強調した指導法も考えられるが，これはどちらかというと同時処理的なアプローチと考えられる。

3）プランニングに焦点を当てた支援

苦手な処理を要する状況で方略を使用する。これは，上記の③スキル訓練と方略指導の併用も含むものである。以下，構成活動に困難を示す小学5年の男児に対して構成活動の遂行に必要な方略の指導を試みた事例（佐藤ら，1995）を提示する。

対象となった子どもは，通常の学級に在籍する小学5年の男児（B児）であった。母親からの主訴は，算数と体育に困難を示すというものであった。WISC-R（CA10:6）の結果はVIQ97，PIQ72，FIQ84であり，K-ABCの結果は継次処理76±10≒同時処理68±9＜習得度99±6であった。VIQや習

得度の結果からは，本や新聞を中心に獲得してきた知識の蓄えは割とあると考えられるものの，PIQ，同時処理，継次処理の低さからは，新奇な課題の解決に困難を示しており，視空間課題のみならず手順に沿って課題解決することの弱さも考えられた。このため，A児の場合とは異なり，得意な認知処理を活用した指導法ではなく，方略に焦点を当てた指導法を試みることとした。

　B児は，算数を苦手としていたこともあり，算数を直接指導した際には課題場面からの逸脱が見られたため，四角形同士が合成された図形の面積を算出する課題（以下，面積課題）を直接指導するのではなく，このような課題解決に必要な「図形の分割」「図形の合成」「遂行過程のモニター」「見本との照合や訂正」といった方略を指導することとした。このため，指導課題としては，ウェクスラー知能検査などを参考にした積木構成課題を用い，そこで獲得された方略の転移を査定するための課題として面積課題を用いた。指導期は3期からなり，それぞれの期での標的は以下のようなものであった。指導期1では，構成要素に分割する線（以下，分割線）入りの見本デザインと構成全体の枠組み（ふち縁）の提示により，積木構成が成功することであった。指導期2では，分割線なしの見本デザインに，適切な分割線を鉛筆で描かせたうえで，積木構成が成功することであった。指導期3では，分割線なしの見本デザインに，B児が必要に応じて自発的に指で分割線を描き，積木構成が成功すること，および，遂行途中や構成後に見本と照合し，必要があれば訂正することを標的とした。以上のような援助設定のみならず，指導期1のセッション1開始時には，複雑な図形課題を解決する際に必要なこと（「要素への注目」と「方向の把握」）を教示し，各セッション開始時，および終了時にB児に確認し，言語化できなかった場合は，その都度教示した。また，指導期3のセッション1では「遂行途中，および構成後に見本と照合・修正すること」が課題遂行において重要であることを教示した。

　以上の結果，積木構成課題の遂行のみならず，面積課題の遂行も促進され，積木構成課題の解決に必要な方略が面積課題の遂行の際に転移したことが示唆された。このような指導は，子どもにとって苦手な，場合によっては嫌悪性の高い課題（B児の場合は面積課題）に関する技能を直接教授するのではなく，そのような課題遂行に必要な方略を含む課題（B児の場合は積木構成課題）を

体験することで，苦手な課題に関する方略を使用する力を発達させ，またその方略を言語化することで，獲得した方略に自覚的になるように促され，方略を適切な場面で使用できるようになることが意図されている。

4) 注意に困難を示す場合の支援

　課題に注意を焦点化させたり，注意を持続させたりするための自己制御に関する指導や環境調整が必要である。薬物療法が必要な場合もあるが，それに関しては第3部第6章を参照のこと。以下，知的障害のある男子生徒に対して注意の制御に焦点を当てた見本合わせ課題を通して書字および読字行動の促進を試みた事例（増南ら，2004）を提示する。

　対象となった生徒は，特別支援学校（知的障害）の中学部1年に在籍する男子（C児）であった。PVT（絵画語彙発達検査）の結果は語彙年齢4:0であった。指導の標的は，自分の名前が書かれた平仮名カードを視写することと，そのカードを読むことであった。指導1期では8マスの見本刺激に対する同一見本合わせ課題（図3-8-2左側参照）を実施した。その後，指導2期では2マスの見本刺激に対する同一見本合わせ課題（図3-8-2右側参照）を実施した。いずれの場合も，1試行ごとに指導者の指差しにより，見本刺激への注意を促した。また見本刺激の提示の際には，その文字の音を指導者が対提示し，C児に復唱させた。正反応には賞賛を随伴し，誤反応の場合には，指導者が正刺激を空白におくことで，正反応のモデル提示をした。これらの手続きにより，C児は，自分の名前の視写が可能になり，自発書字も増加した。また，読字に関し

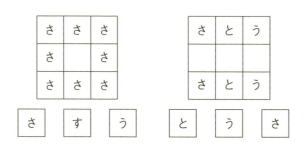

図3-8-2　指導1期（左）と指導2期（右）の見本刺激（上）と比較刺激（下）
(増南ら，2004を改変)

ては，自発的に表出可能なものが増加した。

　この指導においては，両指導期においても複数のマスによる見本刺激の提示
と指導者による見本刺激への指差しがあり，それらによってC児の注意を見本
刺激に定位することができ，その結果，書字，および読字の獲得が促進された
と考えられた。指導1期で用いた見本刺激では，それぞれの文字に対する注意
の定位の促進が，指導期2で用いられた見本刺激では，文字の配列順序への注
意の定位の促進がなされたと考えられた。

2　進路に関する問題—SSTと合理的配慮—

　進路指導とは，生徒の個人資料，進路情報，啓発的経験および相談を通じて，
生徒がみずから，将来の進路の選択，計画をし，就職または進学して，さらに
その後の生活によりよく適応し，進歩する能力を伸長するように，教師が組織
的に指導・援助する過程をいう（文部省，1961）。その後，1999（平成11）年頃
から，キャリア教育という用語も使われるようになり，現在に至る（中央教育
審議会，1999；キャリア教育の推進に関する総合的調査協力会議，2004）。キャ
リア教育とは，「児童生徒一人一人のキャリア発達を支援し，それぞれにふさ
わしいキャリアを形成していくために必要な意欲・態度や能力を育てる教育」
と定義されている（キャリア教育の推進に関する総合的調査協力会議，2004）。
中央教育審議会（1999）やキャリア教育の推進に関する総合的調査協力会議
（2004）では，小学校からのキャリア教育が提言されており，発達的視点をもっ
てキャリアを捉え，適切な時期に適切な支援を行う必要性が示されている。そ
の際には，表3-8-1に示すような職業的（進路）発達段階，職業的（進路）発
達課題が参考になる。また，キャリア教育を実践していく際には，①卒業後の
姿を思い浮かべ，具体的に考えていく，②十分な情報提供を行い，子どもの意
志を尊重する，③学習面での援助を保障する，といった点も必要になってくる
（足立，2003）。

　また，近年では，特別支援教育や発達障害者支援の浸透に伴い，通常学級担
任の教師も含め支援者は，保育所・幼稚園−小学校−中学校−高等学校−大学
といった一般的な学制のみならず，ライフステージにおける多様な進路の選択

表 3-8-1 学校段階別に見た職業的（進路）発達段階，職業的（進路）発達課題
(国立教育政策研究所生徒指導センター, 2002)

小学校段階	中学校段階	高等学校段階
職業的（進路）発達段階		
進路の探索・選択にかかる基盤形成の時期	現実的探索と暫定的選択の時期	現実的探索・試行と社会的移行準備の時期
職業的（進路）発達課題		
・自己および他者への積極的関心の形成・発展 ・身のまわりの仕事や環境への関心・意欲の向上 ・夢や希望，憧れる自己イメージの獲得 ・勤労を重んじ目標に向かって努力する態度の形成	・肯定的自己理解と自己有用感の獲得 ・興味・関心等に基づく職業観，勤労観の形成 ・進路計画の立案と暫定的選択 ・生き方や進路に関する現実的探索	・自己理解の深化と自己受容 ・選択基準としての職業観・勤労観の確立 ・将来計画の立案と社会的移行の準備 ・進路の現実吟味と試行的参加

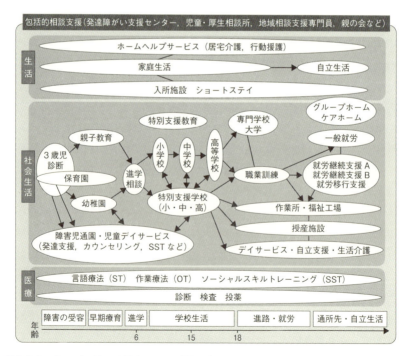

図 3-8-3 チャートでわかるライフステージ早見表（大分県発達障がい者支援センター ECOAL, 2007）

可能性を把握しておくことが求められる。図3-8-3にはその際の早見表をあげたので，ご参照いただきたい。このような多様な進路選択と関連して，小学校，中学校，高等学校，特別支援学校ではキャリア教育の推進と充実が求められている。また，そのような文脈からも，依然としてSST（social skills training: 社会的スキル訓練）への注目は高く，教育機関等においても数多くの実践が積み重ねられている。また，わが国では，2014（平成26）年1月に「障害者の権利に関する条約」が批准され，2016（平成28）年4月1日には「障害を理由とする差別の解消の推進に関する法律」が施行され，学校教育においても，障害のある子どものニーズに応じ，適切な合理的配慮（reasonable accommodation）の提供がなされるよう体制の整備が求められている。

　そこで，本節ではSSTにおける2つの大きな問題点と，それをどのように解決していくかを提示する。1点目は，SSTで標的となるスキルが「対人関係技術」に偏していることである。もう一つは，スキル訓練という名称からも見て取れるように，当該のスキルを個人の属性と捉え，もっぱらその対象者への訓練を施しているという点である。また，合理的配慮の提供に関して，ここでは進路に関わる事例を提示する。

■ 1）SSTにおける標的行動に関する問題

（1）社会的スキルの定義

　たとえば，リンとマークル（Rinn & Markle, 1979）は，「対人的な文脈の中で他者の反応に対して子どもが影響を与える際に用いる言語的ないしは非言語的な行動レパートリー」と定義している。コムズとスラビィ（Combs & Slaby, 1977）は，「社会的に受容されるか，あるいは価値をおかれている特殊なやり方で，ある社会的文脈において，その個人にも，相手にとっても，さらには相互的に，利益となるように他者と相互交渉する能力」と定義している。また，戸ケ崎・坂野（1996）は，「適切な対人関係を保つために，自分の考えや感情を適切に伝えたり，あるいは，適切に相互作用を維持したりするための術（すべ）」と定義している。以上より，社会的スキルとは，「対人的な文脈の中で，適切な対人関係を保つために，社会的に受容されるか，価値をおかれているやり方で，他者の反応に対して子どもが影響を与える際に用いる言語的ないしは非言語的

な行動レパートリー」ともいえよう。

(2) SST で標的とされる行動

　前述した社会的スキルの定義から，以下のような行動が SST では標的とされてきた。たとえば，金谷（1994）では，発達障害のある幼児に対して，他児に注目する行動，他児との協力・援助行動等を標的とした SST が実施された。また，佐藤ら（1993）では，攻撃的な幼児に対して「人に何かを頼む（asking）」「人の頼みを受け入れる，または受け入れられないときにそれを断る（response）」「仲間の遊びに加わる（entry）」を標的とした SST が実施された。これらの他には，「自分の感情や意見を率直に表す」「アイコンタクト，声の大きさ，話の反応潜時と持続時間，笑み，表情を適切に表す」等の社会的問題解決スキル，「相手の話を聞く」「質問する」「遊びや活動に誘う」「協調的なグループ活動に参加する」「順番を守る」等の友情形成スキルがある（佐藤，1996）。

(3) 社会的スキルから適応行動へ

　蘭（1996）は，社会的スキルとして，自己に関する行動（結果を受入れること，責任のある行動，セルフ・ケアなど），環境に関する行動（環境への配慮，食事の際の行動，歩行上のマナーなど），課題に関する行動（質問と応答の仕方，注意の集中，クラス討論の仕方，課題の質を高めるなど），対人行動（他者への援助，会話の技術，遊びのルールの順守など）をあげている。ここであげられているものは，第 2 部第 5 章における適応行動と同様のものである。社会的スキルが，先述のように「対人的な文脈の中で，適切な対人関係を保つために（中略）用いる言語的非言語的な行動レパートリー」ならば，それは何も対人関係に関する技術のみをさす必要はなく，適応行動という概念（第 2 部第 5 章参照）から子どもの社会性を考えていく必要がある。職場での適応に関しても，社会性や社会的スキルの重要性が指摘されているが，これに関しても同様で，対人関係技術のみならず，適応行動という観点から考えていく必要がある。殊に，近年注目されているのは，コーピングスキルおよび遊びと余暇であり，著者が相談場面で関わった事例においても離職転職を繰り返すものは，日本版 Vineland Ⅱ適応行動尺度においてこれらの領域に落ち込みがみられる。これらは，就労の際に突然学習すべきものではなく，発達段階に応じて期待されるスキルを幼児期から学習していくことが求められる。

■ 2）SSTから社会的相互作用へ

　前述のように社会的スキルは，「行動レパートリー」「能力」「術」のように，個人の属性として捉えられてきた。このため，学習（たとえば，観察，モデリング，リハーサル，フィードバックなど）を通して獲得されるもの（Michelson et al., 1983）として，SSTは実施されてきた。しかし，ある個人に社会的スキルを獲得させたとしても，それが日常場面で維持するか否かは，他者も含めた環境との相互作用の結果にゆだねられている。たとえば，ある子どもがSSTによって他者への質問を上手にできるようになったとしても，日常場面において彼から質問された人が適切に応答しなかったら，彼からの他者への質問は消去されてしまうだろう。また，ある子どもが，SSTによってレストランでの食事の注文が可能になったとしても，その子が生活している地域にレストランがなかったり，その子（もしくは家族）の生活様式にレストランでの食事というのがなかったりしたら，SSTで獲得したレストランでの食事を注文するという行動は，日常生活において発揮されることはないだろう。以上より，社会的スキルを個人の属性として捉えるのみならず，個人と環境との相互作用，つまり第2部第6章で述べた行動分析学的なアセスメントに基づく必要がある。

　たとえば，佐藤ら（2002）は，統合保育場面において，発達障害のある子どもとその同級生，および保育士の社会的相互作用を行動分析学的にアセスメントした。その結果，①ある子どもの反応に対する他者の反応そのものが，強化機能を有している可能性が示唆され，その関係は保育士とは成立しているものの，子ども同士では成立していないこと，②子ども同士が好みを共有できる並行遊びを，保育士がセッティングすることで，子ども同士の相互作用が増加する可能性があること，③対象児と保育士との相互作用を，同級生とのものに転換していく手続きが必要なこと，④子ども同士の相互作用中に，それとは無関係な行動を保育士がとることで，子ども同士の相互作用が終結してしまうこと，が考えられた。これらに基づいた子ども同士の相互作用拡大を意図した支援を第一著者（支援者）が行ったところ，子ども同士の相互作用の持続時間は増加し，それは支援者のいない場面においてもみられた。このことから，社会的相互作用をアセスメントし，子ども同士の相互作用を拡大させるための環境（人的環境も含む）調整的な手続きも含んだ支援の有効性が示唆されるとともに，

216　第3部　教育臨床の諸問題

支援者においては，口先だけの評論家然とした助言ではなく，子どもが生活する環境に身を投じて，子どもと環境との相互作用をどのように調整，変容できるかを実践し，証明することが日常場面で関わっている教員や保育士，保護者にとって実現可能な助言となることが示された。

■ 3) 合理的配慮の提供

　先述のように，わが国では，2014（平成26）年1月に「障害者の権利に関する条約」が批准されたが，ここでの原則は "Nothing about without us（当事者本人を抜きにして当事者のことを決めるな）" である。つまり合理的配慮が教育的配慮や個別の配慮などと異なるのもこの点にあり，対話による合意形成によってなされなければならない。

　ここでは，ある自閉スペクトラム症のある高3男子生徒の大学入試における合理的配慮について記す（門目・半林，2016：佐藤・佐藤，2017）。本生徒は，理系の研究者になる夢を持っており，国立大学進学を目指していた。しかし長時間文字を書くことには苦痛を感じており，書字障害の診断もなされ，授業，模試，定期考査においてICTを活用していた。そこで，書字障害の診断書，学校での支援実績に関する書類，そしてWAIS-Ⅲの検査結果を添えて，センター試験でのチェック解答，二次試験でのパソコン利用の申請を行った。その結果，センター試験では，チェック解答が認められた。しかし，二次試験においては，WAIS-Ⅲの検査結果からは，書字に関しての配慮はできないという回答があった。このため，KABC-Ⅱを実施し，その検査結果を添えて再度申請した。その結果，パソコン利用は認められなかったが，時間延長が認められ，その合理的配慮のもとで受験し，合格した。

　このように合理的配慮とは，申請者側の希望する配慮がなされるかなされないか，提供者側がそれを許可するかしないか，といったことではなく，対話により合理的な一致点を見つけていくことが必要である。

引用文献

足立由美子　2003　進路指導面の支援　國分康孝・國分久子（監修）　石隈利紀・朝日朋子・曽山和彦（編）　育てるカウンセリングによる教室課題対応全書8　学習に苦戦する子　図書文化　198-200.

蘭　千壽　1996　子どもの対人関係の育ち　発達の遅れと教育，**466**, 10-13.

キャリア教育の推進に関する総合的調査協力会議 2004 キャリア教育の推進に関する総合的調査研究協力者会議報告書—児童生徒一人一人の勤労観，職業観を育てるために—

中央教育審議会 1999 初等中等教育と高等教育との接続の改善について（答申）

Combs, M. L., & Slaby, D. A. 1977 Social skills training with children. In B. B. Lahey & A. E. Kazdin (Eds.), *Advances in child clinical psychology*, Vol.1. New York: Plenum.

門目紀子・平林ルミ 2016 高校・大学入試でのICT利用の事例 近藤武夫（編著） 学校でのICT利用による読み書き支援—合理的配慮のための具体的な実践— 金子書房 61-76.

金谷京子 1994 発達障害幼児の社会的スキル獲得指導 特殊教育学研究, **31** (5), 31-37.

Kirby, J. R., & Williams, N. H. 1991 *Learning problems: A cognitive approach*. Toronto: Kagan & Woo.（田中道治・前川久男・前田 豊（編訳） 2011 学習の問題への認知的アプローチ PASS理論による学習メカニズムの理解 北大路書房）

国立教育政策研究所生徒指導センター 2002 児童生徒の職業観・勤労観を育む教育の推進について

増南太志・佐藤晋治・前川久男 2004 知的障害生徒の書字および読字行動の促進 日本特殊教育学会第42回大会発表論文集, 562.

Michelson, L., Sugai, D. P., Wood, R. P., & Kazdin, A. E. 1983 *Social skills assessment and training with children*. New York: Plenum.（高山 巌・佐藤正二・佐藤容子・園田順一（訳） 1987 子どもの対人行動—社会的スキル訓練の実際— 岩崎学術出版社）

宮下久夫・篠崎五六・伊東信夫・浅川 満 1992 『漢字が楽しくなる本』教具シリーズ1 101漢字カルタ 太郎次郎社

文部省 1961 中学校 進路指導の手引き（学級担任用）

大分県発達障がい者支援センターECOAL 2007 発達障がい者支援ガイド改訂版 大分県発達障がい者支援センターイコール http://122.249.210.94/ecoal/chart/chart_b.html（2011年5月25日参照）

Rinn, R. C., & Markle, A. 1979 Modification of social skill deficits in children. In A. S. Bellack & M. Hersen (Eds.), *Research and practice in social skills training*. New York: Plenum.

佐藤晋治 2005 聴覚的言語理解が強い小学生への漢字の読み指導—K-ABCのプロフィール分析に基づいて— 大分大学教育福祉科学部研究紀要, **27** (2), 285-301.

佐藤晋治・佐藤克敏・前川久男 1995 構成活動に困難を示す児童の構成方略の獲得とその般化 日本特殊教育学会第33回大会発表論文集, 786-787.

佐藤正二 1996 子どもの社会的スキル訓練 行動科学, **34** (2), 11-22.

佐藤庸子・佐藤晋治 2017 書字が困難な知的ギフテッドと考えられる高校3年生 小野純平・小林 玄・原 伸生・東原文子・星井純子（編） 日本版KABC-IIによる解釈の進め方と実践事例 丸善出版 246-256.

佐藤容子・佐藤正二・高山 巌 1993 攻撃的な幼児に対する社会的スキル訓練—コーチング法の使用と訓練の般化性— 行動療法研究, **19**, 13-27.

佐藤百合子・佐藤晋治・加藤元繁 2002 統合保育場面における発達障害児と健常児との社会的相互作用の促進に関する研究—機能的分析の適用とこれに基づく介入効果の検討— 心身障害学研究（筑波大学心身障害学系）, **26**, 141-152.

戸ケ崎泰子・坂野雄二 1996 第8章社会的学習 宮本茂雄・林 邦雄・金子 健（編著） 認知学習ハンドブック コレール社 209-236.

推薦図書

青山新吾・田中 誠・原 広治・廣瀬由美子・松下林子・肥後祥治・佐藤晋治 2017 特集新年度の子ども理解と授業づくり 特別支援教育研究, **716**, 1-27.

独立行政法人国立特別支援教育総合研究所（編著） 2012 特別支援教育充実のためのキャリア教育ガイドブック—キャリア教育の視点による教育課程及び授業の改善，個別の教育支援計画に基づく支援の充実のために— ジアース教育新社

菊地一文（編著） 2012 特別支援教育充実のためのキャリア教育ケースブック—事例から学ぶキャリア教育の考え方— ジアース教育新社

前川久男・中山 健・岡崎慎治（編） 2017 日本版DN-CASの解釈と事例 日本文化科学社

西川 純・深山智美 2017 特別支援学級の子どものためのキャリア教育入門基礎基本編—義務教育でつける「生涯幸せに生きる力」— 明治図書

218　第3部　教育臨床の諸問題

西川　純・深山智美　2017　特別支援学級の子どものためのキャリア教育入門実践編―子どもの生涯の幸せ
　　を保障する保護者と担任のナビゲート―　明治図書
小野純平・小林　玄・原　伸生・東原文子・星井純子（編）　日本版KABC-Ⅱによる解釈の進め方と実践事
　　例　丸善出版

（佐藤晋治）

… … … … … … … … … 第 9 章 … … … … … … … … …

保護者への対応

1 はじめに

　不登校，いじめ，虐待，障害のある子どもへの援助など，どの問題でも保護者への対応は重要なことがらである。しかしながら，さまざまな研究や調査を概観すると，実際にはおよそ 5 割から 8 割程度の教師が保護者対応に困難を感じているようである。

　保護者対応のゴールは，保護者が子どもを的確に理解でき，適切な関わりができるようになることであり，その結果，子どもが安心して学校生活を送り，心身の発達を遂げられるようになることである。ただ，そのゴールに向かう入口とルートは一つではない。まず，不登校やいじめなどの問題が生じた際に，保護者との連携を緊密にし，協力体制を整えていくことである（図 3-9-1 ルート a）。これにより，よいパートナーシップが形成されれば，迅速で適切な対応がしやすくなる。次に，特に問題がなくても，普段から保護者との間に信頼関係を築くことである（図 3-9-1 ルート b）。保護者が教師を信頼すれば，教

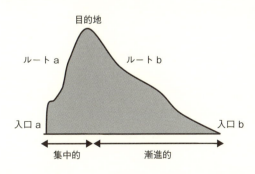

【ルート a】何らかの問題が生じた場合（入口 a），当該の問題に焦点を絞り，集中的に保護者との連携を強化していく対応をとる。

【ルート b】特に問題は生じていない場合（入口 b），日常の学級経営の中で，保護者との良い関係を構築・維持するための対応を進める。

図 3-9-1　保護者対応の目的地とルート

220　第3部　教育臨床の諸問題

師と子どもの間にもよい影響がもたらされるため，問題やトラブルの発生が予防され，また発生しても比較的早期に収束することが期待される。これら二つのルートのうち，教育臨床の領域で取り上げられることが多いのは前者の方だろう。

　この章では，主として，不登校やいじめといった何らかの問題が発生した場合の保護者対応について取り上げる。また，いわゆる「モンスターペアレント」など，やや困難な事例への関わりについても取り上げていくこととする。

▌2　保護者対応の基本─協力者となってもらうために─

　何らかの問題が生じた場合，保護者には協力者（共同援助者）となってもらい，一緒に子どもの問題に取り組んでいくことがきわめて重要である。そのために，以下のような姿勢や関わりが必要となる。

▓1）責めることなく，良き聴き手であること

　親と子はきわめて強い心理的絆で結ばれているものだが，日本ではこの絆が特に強かったり長い間持続する傾向があるのではないだろうか。

　この絆が強ければ強いほど，保護者は子どものことを自分のことのように感じる。たとえば，子どもの成功は自分の成功であり，子どもと同じように，あるいは子ども以上に喜ぶだろう。反対に，子どものつまずきは保護者にとって傷つき体験であり，わが子が不登校などになった場合，保護者のショックや落胆は相当なものである。そして，自分の子育てがまずかったのではないかと自分を責めたり，このまま子どもが「落伍者」になったらどうしようかという不安にかき立てられたりするのである。

　こうした気持ちになるのは保護者として無理からぬことだろう。しかし，保護者がこういった気持ちを一人で抱え込むと，次第に不安や焦りが増幅し，子どもはとても登校できる状態ではないのに一方的に登校を急かしたり叱りつけたりすることがある。こうなると，子どもはさらに傷つき，親子関係も悪化し，問題がこじれてしまう。

　ところが，私たちも，親子の絆が強いのは当然のことで，望ましいことだ

と考えているところがあるため，子どもの問題は親のせいだと考えたり，しばしば「親がこうでは子どもがかわいそうだ」「もう少し親が変わってくれたら……」と保護者を責める気持ちになりやすいのである。実際に，保護者にこうした言葉を浴びせてしまうこともあるし，言葉にしなくても態度ににじみ出てしまう。特に，援助者が若手の場合，年齢的にも経験的にも子どもの方に共感しやすいため，子どもに肩入れし，保護者を責める気持ちになりやすいといわれる。

　いうまでもなく，そうした態度は，保護者にとっては傷に塩を塗り込まれるようなものである。そして，私たちを信頼することができず，子どもの問題解決に向けて一緒に取り組んでいこうという気持ちを持てなくなってしまうだろう。

　したがって，まず私たちは，保護者がたいへん繊細・敏感で揺らぎやすい心性をもつということを知っておかねばならない。そして，保護者の立場や心情に配慮し，保護者を責めないことがきわめて重要である。これらのことは，多くの専門家が共通して強調する点である。これに加えて，村瀬（1996）は「良き聴き手であること」が，大井（1981）は「親から学ぶ気持ち」が必要であると述べている。ちなみに，ハンセン病のケアに尽力した精神科医の神谷美恵子（1943）は，いわれのない差別を受け，家族からも見放され，絶望の中を生きる患者を目の前にして，「何故私たちでなくてあなたが？」という気持ちで会い続けた。これも保護者対応を行う際の参考になる。繰り返しになるが，その問題を抱える子の保護者というものがいったいどのような気持ちで日々を過ごし，どのようにもがき，悪戦苦闘しているのだろうか，そして自分がその立場ならいったいどうだろうかと考えながら会うことが大切なのである。

■ 2）相互な関わりへの着目

　私たちは，子どもにどのような問題があるか，保護者にどのような問題があるかといった一方向的・静的な視点にとらわれがちだが，子どもと保護者（あるいは，きょうだい，友人，教師など）との間でどのような相互関係が展開されているかという両方向的・動的視点をもって理解を深めていかねばならない。

222　第3部　教育臨床の諸問題

> **事例1**
> 　A男は爪を噛む癖があった。担任が母親と会い，話を聞いてみるが，母親はなぜ爪を噛むのかわからないと首をかしげるばかりであった。そこで，担任が具体的に家でのやりとりを尋ねてみると「A男は夜ぐずぐずしてなかなか布団に入らないんです。それで私も焦るしイライラもするし，ついきつく叱ってしまうんです。するとA男は爪を噛み始めるのです」と気まずそうに話すのだった。母親との関係がうまくいっていないことは明らかだったが，担任は非難せず応じた。また，自分とA男の間でも似たようなことがあったことに気づき，「そういえば，この前，授業中にA男がもじもじしていたのできつく叱ったら，爪を噛み始めました。私もいけなかったのでしょうね……」と話した。すると母親は「A男を見ていると，歯がゆくなるやら，かっとしてしまう自分が情けないやらで……」と打ち明けた。
> 　その数日後，母親と話す機会があった。母親の表情は明るかった。母親によると「この前も，夜ぐずぐずしていたんですけれど，叱らずに本を読んでやったんです。するとA男が『お母さん大好き』と言って甘えてきたんです。私も愛おしい気持ちになりました。そうしたらその日は爪も噛まずによく眠っていました。ああ，この子はこういう安心をずっと求めていたんだな，と思いました」ということだった。

　良き聴き手として会いながら，具体的な相互関係に注目して対話を進めていくことで，母親はA男の問題を自分との関係で理解し，問題の意味や背景について重要な発見をするに至ったのである。そして，この母親は自らの力によって，子どもが必要とする対応を実践していったのである。

■ 3）共感と助言

　ここまでに述べてきたことは，いわゆる傾聴や共感を基本としたカウンセリング的関わり（第2部第4章を参照）と共通した部分が多い。これはいくら強調してもしすぎることのないものである。しかし，それをベースとしつつ，適宜助言やアドバイスを加えていくことも必要である。

　助言やアドバイスは，問題の性質，子どもの発達状況，親子・家族関係など

に関するアセスメント（第2部第3・5章を参照）に基づいてなされる必要がある。その詳細は他に譲ることとして，ここでは助言やアドバイスを行う際の一般的な注意点をとりあげておきたい。

> **事例2**
>
> 　B子は緊張してクラスに入れないということで不登校になった。担任が母親と話してみると，「学校に行かせた方がよいか，それとも無理をさせない方がよいか」と助言を求めてきた。担任は「とりあえずは無理をさせない方がよいのではないか」と応じると，母親は「そうですか，わかりました」とだけ言った。
>
> 　しばらくして，今度は「塾に行かせた方がよいかどうか」「外出させた方がよいだろうか」などと助言を求めてきた。担任は何か助言を与えた方がよい気もしたが，それを一旦留保して「そのことで迷うのには，何かお母さんなりの気持ちがあるのでしょうか」と尋ねてみた。すると，「学校にも塾にも行かず，だらだら過ごしているようで，私の方が不安になるのです。それに，同居している姑が私とB子をずっと見張っているかのような気がして落ち着いていられないのです」と話した。このことから，母親はずっと姑の顔色をうかがいながら肩身の狭い思いで過ごしてきており，B子にわがままを言ったり問題を起こさないようにさせてきたことがわかった。母親は「私の不安のせいで，B子を窮屈にしてきたのかもしれません。本当は私がもっとどっしりと構えないといけないのでしょうね」と振り返った。それ以来，母親のどこかおどおどした様子は減り，徐々に表情も明るくなっていった。それに伴い，B子も少しずつ元気を取り戻していった。

　このように，保護者から助言やアドバイスを求められることは少なくない。二者択一式の助言を求められることも多い。その際，いかに有効な助言やアドバイスを提供するかという点も重要であるが，そのことだけにとらわれると思わぬ落とし穴が待っている。第一に，いかに優れた助言であっても，共感的な態度に基づいていなければ，そして相手との信頼関係に支えられていなければ，ただの苦言やお説教になってしまう危険性がある。最悪の場合は，保護者は子どものせいで叱られたと感じて子どもを責めたり，援助者との関係が途絶

224 第3部 教育臨床の諸問題

えてしまう。第二に，助言やアドバイスに重きを置きすぎると，保護者の関心
が「〜させるべきか否か」という行動レベルに停滞し，問題の本質を見落とし
てしまう危険性がある。B子の母親の場合，アドバイスを求めることの背景に
は家での不安や窮屈さがあり，それはB子の心にも影を落としていたのである。
第三に，援助者がアドバイスを与え，保護者がそれに従うという構図が定着し
てくると，保護者が自分で問題の意味を考えたり問題に取り組んでいく機会が
失われる危険性がある。ときとして，保護者が過度に依存的になってしまう場
合もある。B子の事例では，担任がアドバイスをいったん留保することにより，
母親はB子への理解を深め，B子への関わりを適切なものに変化させていった
のである。

　繰り返しになるが，共感や傾聴だけではなかなか事態に変化が起こらないこ
ともある。しかし，助言やアドバイスさえしておけばよいというものでもない。
つまり，共感と助言は両方必要であり，問題はそのバランスにいかに注意を配
りながら関わるかということなのである。

3　協力者になりにくい場合

　ここまで，保護者に協力者になってもらうために必要なことを述べてきた。
しかし，現実には，以下のような点で困難な場合も少なくない。

1）保護者が抱える問題が大きい場合

　保護者自身が何らかの深刻な問題を抱えている場合がある。たとえば深刻な
悩みや傷つきといった心理的問題，精神疾患，重大な身体疾患，知的障害，生
活維持や子どもの養育が困難になるほどの経済的事情，子育てに関する特殊な
価値観や責任感の欠如などがあげられる。

　このような場合，保護者としての役割を遂行する余裕や能力がない可能性が
ある。図3-9-1でいえば，ルートaのような険しい道のりにもちこたえられる
体力がないのである。したがって，環境調整や地域資源の利用がより重要と
なってくる。たとえば，祖父母，親族，児童委員や民生委員，保健所や児童相
談所といった第三者の協力を積極的に検討する必要がある。また，現状ではど

第9章　保護者への対応　**225**

んなことならできそうかを保護者とともに考えたり，できたことやすでにでき
ていることを積極的に認め，それを継続していくように支えていくことが必要
となる。反対に，保護者自身の問題を解決しようとして踏み込みすぎたり，保
護者としての役割を求めすぎたりすると，思わぬ混乱が生じ，保護者との関係
が壊れることがあるので注意が必要である。

■ 2) 学校への不満やクレームに終始する場合

　学校に不満や要求をぶつけてくる保護者への対応が問題となっている。中に
は「運動会の放送がうるさい」「義務教育なのにどうして給食費を払わないとい
けないのか」といった理不尽な内容もある。これらは子どもの心や姿とは関係
なくぶつけられるものであり，保護者としての立場や責任が伴っていない。他
方，何らかの問題を抱える子どもの保護者が「どうして子どもの様子をもっと
詳しく連絡してくれないのか」「子どもがつらい思いをしているのに学校はあ
まりに無関心だ」と訴えることもある。これらは子どもの問題との関係で学校
に投げかけられるものであり，わが子の問題を抱える保護者という立場からの
要求である。いわゆるクレームへの対応では，この二者を区別して考える必要
がある。前者の場合，学校長などの管理職や教育委員会といったレベルでの対
応が必要となるが，後者の場合は，保護者の訴えを理解し，適切な支援につな
げていくという教育臨床的な対応が必要となる。

　以下に教育臨床的な対応が必要となるクレームの事例をあげてみよう。

事例3

　C男は以前から友達関係をうまく築くことができないところのある子
どもだった。ある日，C男は学校でいじめられ，情緒不安定となり，学
校に行けなくなった。C男の保護者はひどく怒り，何度も学校にやって
きては，担任に「どうしていじめが起こったのか」「教師はいじめを止め
ることができなかったのか」「再発防止のための指導やC男が学校に安心
して登校できるようにするための対策はどうするのか」と詰め寄るので
あった。

　担任は学校の玄関先で対応していたが，答えに窮してしまい，「でも，

私もC男君だけにかかわっているわけにはいかないのです」「でも，C男君にもなかなか友達とうまくかかわれないところがあるようです」「子どもは友達関係のなかで揉まれながら成長していくものだと思います」と応じた。すると，保護者の怒りはますます激しいものとなっていった。

　こうした保護者のクレームに，どのように対応していく必要があるだろうか。

（1）できるだけ丁寧に，誠実に対応する

　誰しもできることならクレームに対応したくないと思うし，早く火消しをしたいと思うものである。しかし，立ち話程度で手早くすませようとしたり，電話だけで結論を出そうとすると，保護者は不信感を募らせ，ますます怒る場合が多い。したがって，学校内の別室などにきちんと通して，しっかりと話を聞くことが重要である。

　また，保護者の話を聞いていると，反論したくなることがある。これは，反撃してやりたい気持や保身に走ろうとする気持ちが起こるためである。しかし，そこで「でも……」と反論すると，たいてい事態はこじれ，敵対的な関係に陥ってしまう。実際に事態がこじれ，長期化している事例の中には，クレームに丁寧で誠実な対応がなされないことから悪化したというものが少なくない。

（2）怒りの裏には傷つきがあると理解する

　クレームを執拗に繰り返す保護者のことを「モンスターペアレント」と呼ぶ場合がある。一般に，得体の知れない怪物，つまり理解しがたい対象のことを「モンスター」と呼ぶのであるから，その呼び名は私たちが相手を理解できないでいることの告白に他ならない。

　しかし，よく考えてみると，四谷怪談のお岩さんや映画のゾンビといったモンスターは，大切な人に裏切られたり無念の死を遂げたりといった深い傷つきを抱えていることが多い。つまり，クレームや怒りの背後には傷つきが潜んでいるのであり，相手が怒っているのは傷ついているからなのである。C男の保護者があれほど怒ったのは，愛するわが子が痛めつけられたという傷つきのためであり，味方になってくれるはずの担任が理解してくれなかったという傷つきのためでもある。私たちは，傷つきという視点から保護者のクレームを丁寧

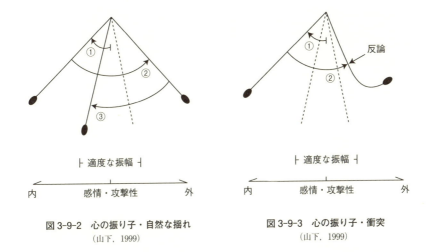

図 3-9-2　心の振り子・自然な揺れ
（山下，1999）

図 3-9-3　心の振り子・衝突
（山下，1999）

に理解する努力をしなければならない。

　山下（1999）は，こうした心の動きを「心の振り子」として説明した。それによると，通常，人の攻撃的な感情は適度な振幅の範囲内に収まっている（図3-9-2）。しかし，子どもが何らかの不適応を生じると，保護者は自分を責め，落ち込む（図3-9-3①：攻撃的な感情が強まり，自分に向けられる）。これが反転して他者に向かうと怒りやクレームとなる（図3-9-3②）。傷つきが深いほどクレームも激しくなるといえよう。そこで，「でも……」と反論すると，怒りやクレームは急激に強くなる。したがって，保護者のクレームがいかに理不尽と思えようと，それに対する反論は一時留保し，まずその背後にある傷つきやつらさを理解しようとすることが大切である。そのことが結果的に協力的な関係づくりに近づく道となるのである。

(3) クレームを活かす
　一般に，クレームは一方的で理不尽なものであり，相手の勝手な思い込みなのであるから，正面から受け止める価値はないと思われがちである。しかし，必ずしもそうではない。むしろ，実際に教師の関わり，クラスや学校のあり方にも何らかの問題があり，そのためにクレームが生じる場合が少なくないのである。C男の事例では，担任は本当にC男の性格特徴や困難を理解し，それに基づく配慮をしてきたといえるだろうか，また学級経営はうまくいっていただ

ろうか，いじめが起こったときの対応は適切だっただろうか，本当に保護者や他の教師と協力して子どもの教育を進めようとしてきたのだろうか。検討の余地があろう。

つまり，クレームを単に厄介な事柄とみなすのではなく，問題に気づき，改善していくための手かがりとして活用していくという視点が重要である。

(4) 個人で対応せず，組織で対応する

クレームに個人で対応するのは容易ではない。場合によっては援助者のメンタルヘルス上の問題を引き起こすこともある。したがって，学校全体や学年団といった組織で連携し，チームプレイによって対応することが必要である。こうした環境・風土があることによって，私たちはクレームを丁寧に理解し，よりよい教育のために活かしていくことができるのである。

4 おわりに

本章では，保護者対応の一般的・基礎的な部分を取り上げた。総じて重要なのは，保護者を十分に問題の理解や対応ができない「無力な人」にしてしまうのではなく，保護者なりにさまざまな発見や気づきができ，意味のある対応を実践できる「力のある人」とみなす姿勢ではないだろうか。クレームについても，相手は「同じクレームを繰り返すだけの人」ではなく，「何か重要なことを伝えている人」と捉えることが重要な場合があるものと思われる。

引用文献

神谷美恵子 1943 癩者に みすず書房編集部（編） 2004 神谷美恵子の世界 みすず書房 90-91.
村瀬嘉代子 1996 親への援助的アプローチ―援助者の内的・外的要因― 精神療法，**22** (5)，480-487.
大井正己 1981 親の治療 白橋宏一郎・小倉清（編） 児童精神科臨床2 治療関係の成立と展開 201-228.
山下一夫 1999 生徒指導の知と心 日本評論社 180.

(渡辺　亘)

あとがき

　先の「教育臨床の実際」の原稿を書いている最中，平成23年3月11日に，未曽有の東日本大震災が発生した。そのあと，東京電力福島第1原子力発電所の爆発と放射性物質による汚染という問題も発生し，約7年近くが過ぎようとしている。東日本大震災からの復旧・復興は少しずつ進められているところであるが，その後も，日本各地で，地震や噴火や豪雨災害などの自然災害が絶えず，我々の暮らしや安全や命が脅かされ続けている。私たちが住んでいる大分県でも，一昨年4月には，熊本大分大地震が発生し，人々は被害を受けると同時に，不安と恐怖に襲われた。昨年夏には，県内各地で，台風や集中豪雨による洪水や土砂崩れの被害を受けた。直接的な被害を受けた人たちも，直接的な被害を受けなかった人たちも，自助・公助・共助で助け合いながら復旧活動に励んでいるところである。日本社会全体で，防災や減災，安全な暮らし，暮らし方そのものについての再考や構えが必要な時代となっている。

　また，日本は，超少子高齢化社会となり，ついに人口の自然減少が始まった。生産労働人口は減少し，人手不足が叫ばれる中，「一億総活躍社会」や「働き方改革」が目指されてはいるが，過労自殺や過労死のニュースは絶えない。日本社会の経済は，上向きであると報道されても，多くの人々はなかなか経済の好調を実感できないでいる。人々は，一層都市部へと集中し，地方の過疎化は進んでいる。やせ細った人間関係の中で，子どもは「子ども食堂」に集ったり，貧しい高齢者は貧困の中で「孤独死」したり，ネットの中で「死にたい」とつぶやくと，「一緒に死にましょう」と誘われて，本当に死にたいわけではないのに殺されたりもしてしまう。

　一方で，グローバル化の波が押し寄せ，情報化も加速度的に進み続けている。人工知能を使った車の自動運転化や，様々な機能やサービスのロボット化もどこまで続くのかと思われるほどに進化し続けている。目には見えないが，私たちが生活している空間には，ネットが張り巡らされ，情報が激しく行き交って

いる。20年後には，人工知能化によって，我々の4割程度が職を失い，働かない人が多くなる社会の到来も予測されている。社会保障制度自体が見直されて，年金や母子家庭手当などではない，ベーシックインカムについても真剣に議論がなされる時代となっている。全世界的には，テロや民族紛争や，宗教的対立や，難民の問題や，国家間の緊張関係など，不安な要素で溢れている。日本も，テロや国際関係における緊張・緊迫と無縁ではない。

　社会・国家が文明化し，成長し，発展していき，技術革命がどんどんと進んでいくという，ある意味の『光』が強度を増す一方で，その『影や闇』も濃くなってきているといえよう。光の恩恵を受ける人や事柄もあるとは思われるが，光が強くなりすぎて発生してくる新たな問題や，影や闇に落ちる人たちの問題や，影や闇がもたらす問題なども多くなってくると考えられる。いや，すでに，たくさんの問題が発生してきているのではないかと憂うところである。しかしながら，我々には，その大きな変化や進化を止めたり，方向転換することはできない。社会的で全体的なうねりの方が，意図した人間の総力よりも，はるかに強いからである。

　このような社会の中，国の中で，私たち大人は生きていかなければならない。子どもたちは，そのような状況の中で，様々な影響を良くも悪くも受けながら成長し，もっと長く生き，社会や国と，生きている人々と自分の現在と未来を担っていかなければならない。まさしく「予測困難な時代に，一人一人が未来の創り手となる」のである。子ども時代は一度しかなく，人生の四季の中でみると短い。個人的にみると，人生の春と初夏に相当するような子ども時代を，きらきらとのびやかに生きることによって，その後の暑い夏と秋と冬という人生の充実が得られる。しかし，人間社会そのものがすでに冬の時代に入っているかのように見える。社会のめまぐるしい変化や自然災害などという激しい波や，荒々しい流れといったうねりの中を，生き延び，泳ぎ切る力を，子どもたちにつけさせなくてはならない。

　世の中の課題や問題は，アナログ的に坂道的に生じてくるだけではなく，デジタル的に階段状にしかも段差も大きく発生してくるかもしれない。しかしながら，いろいろな困難な課題にあふれ，どのような問題が起こってくるかわからない先行き不明な時代の中にいながらも，私たち大人は，困難さや課題と

いった波や流れに溺れてしまうことなく，しっかりと見つめ，よく考えて，前向きに，連携・協力して生きていく必要がある。そして，子どもたちの成長発達のために何を成せばよいか，子どもたちにこれからの社会で生きていく力を真につけるために，どのように機能していけばよいか，学校・家庭・社会の「チーム大人」として連携・協働して，考え，実践をし続けたいものである。

平成30（2018）年1月8日　成人の日に

　20年後の，日本社会の平和で支えあう健全な状態と
　そこで生きる子どもたちと大人たちが逞しく幸せであることを祈って

編者代表　武内珠美

事項索引

あ

ICD-10　185
愛着（アタッチメント）
　　153
　　——形成　61
　　——障害　4, 61, 153, 154
　　——理論　89
赤ちゃん時代　61
アクティブ・ラーニング
　　20
アスペルガー　22
　　——症候群　161
アセスメント　27, 77, 92,
　　103, 131, 170
遊び　98
アドバイス　222
アニバーサリー　203
安全基地　63
アンビバレント　59
胃潰瘍　204
怒り　226
生き方の転換期　34
生きる力　1
いじめ　2, 46, 92, 140, 141,
　　180, 219, 225
　　——集団の四層構造モデル
　　148
　　——の実態調査　140
　　——の発生機序　146
依存　183
　　——と自立の葛藤　69
一次障害　162
一斉授業の形態になじめない
　　子ども　2
逸脱行動　184
医療機関　184
WAIS-Ⅲ　108

Vineland Ⅱ適応行動尺度
　　214
WISC-Ⅳ　108
ウェクスラー知能検査
　　108
うつ病　191
うつや双極性気分障害　5
WPPSI　108
運動発達面の困難　162
ADHD（注意欠陥多動性障
　　害）　20, 161, 186
ADHD 様症状　4
ABC 分析　115
SST（social skills training；
　　社会的スキル訓練）
　　213
LD（学習障害）　22
LDI-R（Learning Disabilities
　　Inventory-Revised）
　　103
円形脱毛症　204
応答　95
　　——的環境　61
おねしょ　99
オフィスモデルのカウンセリ
　　ング　75
親子関係促進　36
親離れ　183

か

外傷後ストレス障害
　　（Posttraumatic Stress
　　Disorder；PTSD）
　　60, 196
開発的教育相談　41
解離症状　4
解離症　190

カウンセリング　46, 92, 93,
　　101, 137, 222
格差社会　4
学習面の困難　162
学年の教育相談計画　76
学力低下　1
過剰適応　179
過食症　183
家族歴　88
学校コミュニティの危機
　　195
学校選択制　20
学校評議員制度　20
家庭相談支援センター　25
家庭訪問　135, 137
過度な要求　184
過敏性腸症候群　204
カリキュラム・マネジメント
　　20
環境　184
　　——調整　135, 224
　　——との相互作用　216
危機介入　198
　　——・緊急支援を行うチー
　　ム　198
危機管理　195
危機対応　195
傷つき　226
機能障害　204
機能的対応　168
気分障害　191
気分変調症　192
基本的な生活習慣上のしつけ
　　62
虐待　46, 60, 131, 151, 219
　　——問題　3
ギャングエイジ　65

救済願望　176
急性ストレス障害（Acute Stress Disorder；ASD）60, 196
教育支援センター（適応指導教室）　47, 135, 137
教育相談　15, 71, 72, 74
　——体制　48
　　——づくり　76
　——機関　46
　——室　32
　——センター　47
　——年間計画　76
「教育相談や学校カウンセリング」に関する科目　13
教育の二極化　20
教育臨床　11, 72
　——学　13
　——実習　13
　——の考え方　71
　——の進め方　75
　——の学び方　79
教員や学校の困り　78
強化　116
　正の——　117
　負の強化　117
境界性パーソナリティ障害　180
境界例水準（BPO）　86
共感　94, 100, 102, 134, 222
　——的　93
教師としての発達　81
教職員の心のケア　195
競争関係　183
協働（コラボレーション）　78
強迫症　189
拒食症　183
記録　77
緊張　100
勤勉性　64
具体的知能　65
クラス担任へのサポート　78

グループカウンセリング　33
　——運営の7つのポイント　35
グループワークトレーニング　50
グレーゾーン　21
クレーマー　22
クレーム　225
グローバル化　20
Cross-Battery Assessment　112
経済格差　10
形式的操作　66
継次処理尺度　110
傾聴　94, 100, 102, 222
ケース会議（ケース・ミーティング）　49, 77
ケースマネジメント　92
　——の視点　14, 75
限局性学習症/限局性学習障害（Specific Learning Disorder）　163
健康観察　203
言語化　210
嫌子　118
故意に自分の健康を害する症候群　175
高1クライシス　79
好子　117
構成的グループ・エンカウンター　43, 50, 138
合成得点　108
高等学校中途退学　2
行動観察　170
行動分析学　115
校内委員会　26
校内ケース会議　171
校内連携　157
広汎性発達障害　104, 131, 132, 161
合理的配慮　23
コーディネーション　78
コーディネーター　49
コーピングスキル　214

こころとからだのチェックリスト　203
心のエネルギー状態のチェック　75
心の振り子　227
個人差　60
子育て支援の最前線　9
『子ども虐待対応の手引き』　151
子どもの心のケアのために　195
子どもの社会化　63
子どもの貧困　7
　——率　2
子どもの理解　36
個の場　33
個別支援　32
個別的対応　2
個別の支援計画　24
個別の支援（移行）計画　28
個別の指導計画　24, 28
コンサルテーション　78
コントロール　183

さ
最小限の励まし　96
再登校支援教室　32
挫折体験　183
三項随伴性　115
惨事ストレス　195
CHC モデル　110
支援教室登校のルール　32
支援的・問題解決的・治療的教育相談　76
支援ニーズ　103
自我　85, 86
　——同一性の獲得　67
刺激提示（課題提示）　206
刺激等価性　122
資源　135
事故　99
自己イメージ　184
自己管理　68
自己肯定感　179

索　引　　**235**

──の低下　164
自己効力感　176
自己制御　210
自己中心性　65
自己の不安定さ　178
自己破壊的行動　2, 175
──スペクトラム　175
自己評価　183
自殺　3
思春期　66, 98, 183
──・青年期　66
──内閉　89
自傷行為　173, 184
市町村福祉事務所　53
実践：ドゥーイング（Do）
　79
質問　95
児童
──期　64
──虐待の防止等に関する
　法律（児童虐待防止法）
　151
──精神医学　185
──生徒に対する心のケア
　73, 195
──生徒の困り　78
──相談所　25, 53, 159,
　166
──民生委員　25
指標得点　108
自分つくり　67
自閉症　161
自閉スペクトラム症／自
　閉症スペクトラム障
　害（Autism Spectrum
　Disorder）　22, 51, 163
嗜癖（アディクション）
　175
社会的自立　130
社会的相互作用　215
社会の形成者の育成　71
弱化　116
社交不安症　188
集団の場　33
習得尺度　111

出力　122
主任児童委員　53
受容　35
受理会議　48
巡回相談　47
小1プロブレム　79
障害者差別解消法　23
小学校外国語の教科化　20
消去　118
小中一貫教育　20
情緒の発達　186
情緒不安定　99, 225
焦点化　210
少年鑑別所　53
少年サポートセンター　53
少年補導センター　53
情報処理の問題　4
情報提供　36
情報の混乱　197
初回面談　48
初期対応　198
助言　92, 134, 138, 222
自律性の形成　62
事例検討会（ケース・カンフ
　ァレンス）　48, 77
新学習指導要領　1, 20
人格の完成　71
新型うつ　5
神経症水準（NPO）　86
神経症型　133
心身症　204
身体疾患　224
身体的虐待　152, 180
身体表現性障害　5
身体や体力の問題　4
診断基準　185
新版S-M社会生活能力検査
　107
じんましん　204
信頼関係　93, 134, 157, 219
心理アセスメント　82, 85
心理教育　202
心理検査　46, 93
心理社会的要因　204
心理社会的発達理論　89

心理的援助　205
心理的虐待　152
進路指導　67
進路の選択　211
スクールカウンセラー　27
──活用調査研究委託事業
　11
──派遣補助事業　12
スクールソーシャルワーカー
　25, 27
頭痛　204
ストレス　204
──反応　197
──マネジメント教育
　138
生育歴　88
制限　180
成熟　183
精神疾患　185, 224
精神障害　132, 136
精神病水準（PPO）　86
精神保健福祉センター　53
精通　124
性的虐待　152, 180
性的な自分との出会い　69
生徒指導　71, 74
──提要　73
性分化疾患　124
セクシュアル・マイノリティ
　（LGBT）　69
積極性　63
摂食障害　21, 174, 183
ぜんそく　204
選択的セロトニン再取り込み
　阻害薬（SSRI）　188
全般性不安症　188
専門機関　49
躁うつ病　191
早期支援　169
早期発見　168
総合的評価　185
相互関係　221
喪失感　183
喪失体験　60
相対的貧困率　1

相談カード　30
ソーシャルストーリー
　121

た

第一次性徴期　124
第一次反抗期　63, 89
ダイエットブーム　183
怠学・非行型　132
体験談　35
対人面・社会面の困難
　162
代替案　181
対話　93
他機関との連携　158
多軸評価　186
脱中心化　65
第二次性徴　66, 131
——期　124
第二次反抗期　68
多様化　129
地域の人的資源　14
チームアプローチ　26
チーム学校　26
チームによる対応・支援
　78
チック　205
知的障害　106, 180, 224
注意　210
——欠如・多動症／注意
　　欠如・多動性障害
　　（Attention-Deficit/
　　Hyperactivity
　　Disorder）　163
——集中面・感情面の困難
　162
中1ギャップ　79, 130
中間の場　33
中期対応　202
抽象的知能　65
長期対応　202
長所活用型指導　206
治療的家庭教師　137
通級指導教室　171
爪を噛む　222

DSM-5　185
DN-CAS認知評価システム
　111
適応行動　105
適応障害　189
転移　209
転換症　190
統合・貯蔵　122
統合失調症　180, 192
統合保育場面　215
同時処理尺度　110
同性愛　124
特別支援教育　2, 12
——の推進　2
特別支援コーディネーター
　24
トラウマ　153
トランスジェンダー　124

な

内的ワーキング・モデル
　61
仲間づくり　43
二次障害　78, 163
——型　132
2分の1成人式　65
日本語書字　122
日本版KABC-Ⅱ　110
入力　122
人間関係の対立　197
認知機能　108
認知心理学　122
盗み　102
ネグレクト　152
ネットいじめ　3

は

PARS　104
パーソナリティの機能水準
　86
バーンアウト　9
PASS尺度　111
8ヶ月不安　89
発達課題　60
発達検査　93

発達障害　2, 136, 161, 180
——支援センター　53
——者支援法　161
発達段階　60
パニック　99
場面緘黙　21
場面づくり　93, 100
犯罪被害　2
反射　96
反応性アタッチメント障害
　61
ひきこもり　55
引継ぎ　79
非行問題　2
評価：シーイング（See）
　79
評価システム　20
開かれた学校　25
頻尿　204
不安障害　188
複雑化　129
不登校　2, 33, 46, 89, 92, 128,
　165, 223
プランニング　208
フリースクール　137
プレイセラピー　46, 98, 205
プレ思春期　64
分離‐個体化理論　89
分離不安　21
——症　189
分離不安定型　133
米国精神遅滞協会　105
別室登校　2
ほう（報告）・れん（連絡）・
　そう（相談）　26
訪問相談　48
方略指導　207
暴力行為　2, 102
保護者　219
——への対応　219
母子関係の不全　163
母子分離不安　48

ま

慢性的自殺　174

索引　**237**

見捨てられ感　180
見立て　93
民生・児童委員　53
無気力　183
　　──・未熟型　133
無月経　183
無条件の肯定的な関心　94,
　134
むちゃ食い　183
明確化　96
めまい　205
面接相談　30
メンタルフレンド　137
メンタルヘルス　3, 228
　　──のアンケートによるス
　　クリーニング　76
目標と計画：プランニング
　　（Plan）　79

モニタリング力　65
モンスターペアレント　11,
　226
問題解決システムの機能不全
　197
問題歴　88

や
薬物乱用　1, 174
薬物療法　191
友愛プログラム　43
有害反応　193
ゆとり教育　15
ユニバーサルデザイン　23
よい子　132, 181
養護教諭　30
幼児後期　63
幼児前期　62

呼び出し面接　76
予防的・開発的教育相談
　75
予防的教育相談　41

ら
力動論的パーソナリティ理論
　85
両性愛　124
ルールのある遊び　65
劣等感　183
連携（ネットワーク）　20,
　26, 45, 75, 78, 92, 102, 130,
　133, 135, 219, 228
　　──体制の構築　172

わ
ワーキングプア　6

人名索引

A
阿部　彩　7
足立由美子　211
青木紀久代　183
青木省三　174, 176
蘭　千壽　214
有田美雪　77, 78

B
Birmaher, B.　191, 192
Bowlby, J.　61, 153
Bros, P.　186

C
千葉茂明　155
Combs, M. L.　213

D
Das, J. P.　110, 111
Day, H. M.　121
土居健郎　101
Doll, E. A.　106
Dulcan, M. K.　188, 189

E
Erikson, E. H.　61, 186
Evans, E.　173

F
藤井和郎　140, 148
Flanagan, D. P.　110
古井由美子　86, 87

G
Goodman, R.　185

H
濱田祥子　173
濱口佳和　89
Hawton, K.　173, 179
平林ルミ　216
Horner, R. H.　121

I
市川　浩　179
一丸藤太郎　101
生野照子　183
今井康親　121
石隈利紀　12, 41

石丸径一郎　124
伊藤水香　121
伊藤美奈子　12
糸賀一雄　56
岩室紳也　125

K

門目紀子　216
神谷美恵子　221
金谷京子　214
神田橋條治　137
菅野　純　131
菅野信夫　89
かしまえりこ　136, 137
川畑友二　174, 181
河合隼雄　12
河合伊六　119
河西千秋　173
川谷大治　180
Kernberg, O. F.　87
Kirby, J. R.　206
切池信夫　183
清永賢二　148
小林正幸　145, 146
小柳晴生　89
窪田由紀　195, 197, 203
熊谷恵子　121
楠　凡之　146, 147

L

Luria, A. R.　110, 111

M

前田重治　86
前川久男　111

Markle, A.　213
増井武士　138, 139
増南太志　210
松本俊彦　173-176, 179, 181,
　182
松下兼宗　174, 176
Michelson, L.　215
宮下久夫　208
森岡裕子　121
森田洋司　143, 144, 148
村瀬嘉代子　221
武藤　崇　121

N

鍋田恭孝　137
成田善弘　84
西川和夫　121

O

大庭重治　121
大井正己　221
小野瀬雅人　121
Ortiz, S. O.　110

R

Rinn, R. C.　213
Rodham, K.　173
Rogers, C. R.　94
Rosen, P. M.　173

S

齊藤万比古　186
坂野朝子　121
坂野雄二　213
佐藤晋治　106, 121, 122, 206,

208, 216
佐藤正二　214
佐藤庸子　216
佐藤容子　214
佐藤百合子　215
下坂幸三　183, 184
下山晴彦　82
Slaby, D. A.　213
相馬誠一　12
Steinberg, D. D.　121
杉山登志郎　153, 154
鈴木康之　133, 135, 137

T

田嶌誠一　135-137
高宮静男　184
高徳　忍　141
高塚雄介　143
武内珠美　77, 78
滝川一廣　162
鑪幹八郎　82
戸ケ崎泰子　213
Turner, V. J.　175, 178
Vygotsky, L. S.　114

W

Walsh, B. W.　173, 175, 176
Williams, N. H.　206

Y

山田　純　121
山口亜希子　173
山本　力　140, 148
山中康裕　89
山下一夫　133, 135, 227

著者一覧 （* は編者，五十音順）

有馬　圭子（ありま・けいこ）
大分県スクールカウンセラー
大分大学教育学部附属小学校スクールカウンセラー
担当：コラム4

上野　隆生（うえの・たかお）
大分市立坂ノ市中学校指導教諭
担当：第1部第2章

金澤　美紀（おおしま・みき）
元大分県スクールカウンセラー
担当：第3部第5章

川島　英行（かわしま・ひでゆき）
大分県中央児童相談所児童心理司
担当：コラム1

河野　伸子（かわの・のぶこ）
大分大学福祉健康科学部教授
担当：第3部第3章

清田　晃生（きよた・あきお）
(社)別府発達医療センター　大分療育センター
所長
担当：第3部第6章

佐藤　晋治（さとう・しんじ）*
大分大学教職大学院教授
担当：第2部第5章・第6章，第3部第8章

佐藤　百合子（さとう・ゆりこ）
大分県スクールカウンセラー
担当：第3部第4章

四童子　龍子（しどうじ・りゅうこ）
専門学校非常勤講師
担当：コラム2

高倉　和子（たかくら・かずこ）
元大分市立鶴崎小学校教諭
担当：第1部第1章

高山　美津子（たかやま・みつこ）
大分市スクールソーシャルワーカー
担当：第1部第4章

武内　珠美（たけうち・たまみ）*
大分大学名誉教授
担当：まえがき，序章，第2部第1章・第2章，
第3部第7章，あとがき

西村　薫（にしむら・かおる）
別府溝部学園短期大学教授
担当：第3部第7章事例

服部　晴希（はっとり・はるき）
京都市立病院臨床心理士
担当：コラム3

溝口　剛（みぞぐち・つよし）*
大分大学福祉健康科学部准教授
担当：第2部第3章，第3部第2章

吉野　昭子（よしの・あきこ）
大分県スクールカウンセラー
担当：第1部第3章

渡辺　亘（わたなべ・わたる）*
大分大学福祉健康科学部教授
担当：第2部第4章，第3部第1章・第9章

【編者紹介】

武内珠美（たけうち・たまみ） 大分大学名誉教授，公認心理師・臨床心理士。1985年広島大学大学院教育学研究科博士課程後期単位取得退学。主著に，『新版　心理臨床家の手引き』（共著，誠信書房），『よくわかる発達心理学』（共著，ミネルヴァ書房），『学校教育相談心理学』（共著，北大路書房），『女性のためのライフサイクル心理学』（共著，福村出版）など。

渡辺　亘（わたなべ・わたる） 大分大学福祉健康科学部教授。2001年広島大学大学院教育学研究科心理学専攻博士課程後期修了。主著に，『学校教育相談』（共著），『保育と教育に生かす臨床心理学』（共著，以上ミネルヴァ書房），『精神分析における未構成の経験』（分担訳，誠信書房），『時間のかかる営みを，時間をかけて学ぶための心理療法入門』（共編，創元社）など。

佐藤晋治（さとう・しんじ） 大分大学教職大学院教授。2000年筑波大学大学院心身障害学研究科博士課程単位取得退学。主著に，『インクルーシブ教育ってどんな教育』（共著，学事出版），『行動分析学研究アンソロジー2010』（分担執筆（再録），星和書店），『新しい実践を創造する学校カウンセリング入門』（分担執筆，東洋館出版），『臨床発達心理学概論―発達支援の理論と実際―』（分担執筆，ミネルヴァ書房）など。

溝口　剛（みぞぐち・つよし） 大分大学福祉健康科学部准教授。2001年広島大学大学院教育学研究科博士課程後期単位取得退学。主著に，『自己を追いつめる青少年の心』（共著）『さまよえる青少年の心』（共著，以上北大路書房），『精神分析における未構成の経験』（分担訳，誠信書房），『「五月病」からアイデンティティの旅へ』（大学と学生）など。

教育臨床の実際 ［第2版］
学校で行う心と発達へのトータルサポート

2018年5月20日　第2版第1刷発行　　〔定価はカヴァーに表示してあります〕
2023年4月10日　第2版第2刷発行

編　者　武内珠美
　　　　渡辺　亘
　　　　佐藤晋治
　　　　溝口　剛
発行者　中西　良
発行所　株式会社ナカニシヤ出版
〒606-8161　京都市左京区一乗寺木ノ本町15番地
　　　　　　　　Telephone　　075-723-0111
　　　　　　　　Facsimile　　075-723-0095
　　　　Website　http://www.nakanishiya.co.jp/
　　　　E-mail　　iihon-ippai@nakanishiya.co.jp
　　　　　　　　郵便振替　　01030-0-13128

装幀＝白沢　正／印刷・製本＝ファインワークス
Copyright © 2011, 2018 by T. Takeuchi, W. Watanabe, S. Sato, & T. Mizoguchi.
Printed in Japan.
ISBN978-4-7795-1281-0
本書のコピー，スキャン，デジタル化等の無断複製は著作権法上での例外を除き禁じられています。本書を代行業者等の第三者に依頼してスキャンやデジタル化することはたとえ個人や家庭内の利用であっても著作権法上認められておりません。